2023年版

工业企业技术改造升级投资指南

指南　解读　案例

中国国际工程咨询有限公司　　中国机械工业联合会
中国钢铁工业协会　　　　　　中国石油和化学工业联合会
中国轻工业联合会　　　　　　中国纺织工业联合会　　　编著
中国建筑材料联合会　　　　　中国有色金属工业协会
中国医药企业管理协会　　　　中国船舶工业行业协会
中国汽车工业协会　　　　　　中国电子信息行业联合会

电子工业出版社
Publishing House of Electronics Industry
北京·BEIJING

内容简介

为引导社会投资方向，指导企业技术改造，建设现代化产业体系，推进新型工业化，中国国际工程咨询有限公司联合11家行业联合会/协会，共同编制了《工业企业技术改造升级投资指南（2023年版）》。指南在整体架构上横向划分为电子信息、机械、汽车、船舶、民用航空航天、钢铁、有色金属、建材、石化与化工、医药、轻工、纺织12个行业；在各行业内，对相关产业规划、行动指南、发展目录等提出的主要任务和发展重点进行了梳理，纵向划分为基础能力、质量提升、智能制造、绿色制造、服务型制造和技术改造服务体系5个部分。

本指南提出了未来3年企业技术改造和创新发展的重要方向，希望成为工业企业技术改造升级的有效指引，成为各级政府相关部门、金融机构开展工业投资相关工作的重要参考。此外，本书还对指南的解读材料及典型案例进行了汇编，以便能为广大政府部门与企业读者提供实践性参考。

未经许可，不得以任何方式复制或抄袭本书之部分或全部内容。
版权所有，侵权必究。

图书在版编目（CIP）数据

工业企业技术改造升级投资指南：指南　解读　案例：2023年版 / 中国国际工程咨询有限公司等编著. —北京：电子工业出版社，2023.7
ISBN 978-7-121-46016-6

Ⅰ. ①工… Ⅱ. ①中… Ⅲ. ①工业企业－技术改造－工业投资－中国－指南 Ⅳ. ①F425-62

中国国家版本馆 CIP 数据核字（2023）第130586号

责任编辑：宁浩洛　　文字编辑：孙丽明
印　　刷：北京捷迅佳彩印刷有限公司
装　　订：北京捷迅佳彩印刷有限公司
出版发行：电子工业出版社
　　　　　北京市海淀区万寿路173信箱　邮编　100036
开　　本：787×1 092　1/16　印张：16.75　字数：288千字
版　　次：2023年7月第1版
印　　次：2023年7月第1次印刷
定　　价：128.00元

凡所购买电子工业出版社图书有缺损问题，请向购买书店调换。若书店售缺，请与本社发行部联系，联系及邮购电话：(010) 88254888，88258888。
质量投诉请发邮件至 zlts@phei.com.cn，盗版侵权举报请发邮件至 dbqq@phei.com.cn。
本书咨询联系方式：(010) 88254461，ninghl@phei.com.cn。

指导单位

工业和信息化部

编制单位

中国国际工程咨询有限公司

中国机械工业联合会

中国钢铁工业协会

中国石油和化学工业联合会

中国轻工业联合会

中国纺织工业联合会

中国建筑材料联合会

中国有色金属工业协会

中国医药企业管理协会

中国船舶工业行业协会

中国汽车工业协会

中国电子信息行业联合会

序

党的二十大报告指出，"坚持把发展经济的着力点放在实体经济上，推进新型工业化，加快建设制造强国、质量强国、航天强国、交通强国、网络强国、数字中国。"工业是立国之本、强国之基。党的十八大以来，在以习近平同志为核心的党中央坚强领导下，我国工业综合实力大幅提升，制造业规模连续十余年位居世界第一，产业体系保持完备，产业创新力、竞争力、抗风险能力显著提升，重大工程、重大项目建设取得一系列标志性成果，战略性新兴产业发展壮大，制造大国地位更加稳固，新型工业化步伐明显加快。

2022 年，面对复杂严峻的国内外形势和需求收缩、供给冲击、预期转弱三重压力，我国有效应对超预期因素冲击，经济社会大局保持稳定，工业经济平稳增长，发展质量稳步提升，工业在宏观经济大盘中的"压舱石"作用进一步显现。全年全部工业增加值首次突破 40 万亿元，其中制造业增加值达 33.5 万亿元，我国继续保持世界第一制造大国地位。

工业投资是拉动全国固定资产投资增长的重要支撑，据统计，2022 年，全国工业固定资产投资同比增长 10.3%，实现了平稳增长，对全国固定资产投资贡献率为 55.3%，处于历史高位。工业技术改造投资同比增长 9.1%，对工业投资增长的贡献率为 36.0%，对工业投资增长的贡献占据重要地位，有力推动了工业领域优化升级，促进了新技术新产品在传统产业的推广应用。

2022 年中央经济工作会议指出，要加大科技和产业投资，超前开展重大科技基础设施和关键核心技术研发能力建设；要放宽民间投资市场准入，鼓励和吸引更多民间资本参与国家重大工程和补短板项目建设；要加快数字化转型，推广先进适用技术，着力提升高端化、智能化、绿色化水平。为贯彻落实党中央部署要求，引导各地加快建设现代化产业体系，支持企业技术改造和设备更新，推动制造业高质量发展，在工业和信息化部指导支持下，中咨公司联合 11 家国家级行业联合会/协会，共同编制了《工业企业技术改造升级投资指南（2023 年版）》（以下简称《投资指南》）。这是继 2016 年版、2019 年版之后正式发行的第三个版本，集中了各行业领域资深专家智慧，重点突出、内容具体，充分体现企业为主体、市场为导向的原则，既为促进企业技术改造、引导有效投资指明方向，也为地方政府、金融机构促进企业技术改造提供重要参考。各工业企业可在此基础上，自主选择投资方向和重点，将有利于更好地形成有效投资。

接下来，中咨公司将联合各行业联合会/协会进一步做好《投资指南》的解读和宣传工作，加强跟踪调研，密切关注重点行业企业技术改造升级动态，更好地服务和支撑工业和信息化部相关工作。希望《投资指南》可以为广大工业企业技术改造升级提供有益帮助！

编 者

2023 年 7 月

关于公开出版工业企业技术改造升级投资指南（2023年版）的通告

咨高技〔2023〕627号

为引导社会投资方向，指导企业技术改造，建设现代化产业体系，推进新型工业化，中国国际工程咨询有限公司联合中国机械工业联合会、中国钢铁工业协会、中国石油和化学工业联合会、中国轻工业联合会、中国纺织工业联合会、中国建筑材料联合会、中国有色金属工业协会、中国医药企业管理协会、中国船舶工业行业协会、中国汽车工业协会、中国电子信息行业联合会共同编制了《工业企业技术改造升级投资指南（2023年版）》，现予公开出版。

特此通告。

中国国际工程咨询有限公司	中国机械工业联合会
中国钢铁工业协会	中国石油和化学工业联合会
中国轻工业联合会	中国纺织工业联合会
中国建筑材料联合会	中国有色金属工业协会
中国医药企业管理协会	中国船舶工业行业协会
中国汽车工业协会	中国电子信息行业联合会

2023 年 5 月 9 日

前　言

工业是国民经济的主体，是立国之本、兴国之器、强国之基。党的二十大报告指出，"建设现代化产业体系。坚持把发展经济的着力点放在实体经济上，推进新型工业化，加快建设制造强国、质量强国、航天强国、交通强国、网络强国、数字中国。"实现新型工业化是我国提升经济实力、科技实力、综合国力的必然要求，也是维护国家产业安全、保持产业国际竞争力的必由之路。在推进新型工业化过程中，要以建设制造强国为目标，全方位实施工业技术改造，采用新技术、新工艺、新设备、新材料对现有设施、工艺条件及生产服务进行改造提升，淘汰落后产能，实现技术进步、生产效率提升、节能低碳减排，促进安全生产，加强传统产业改造升级，加快培育壮大新兴产业，推动制造业高端化、智能化、绿色化发展，全面提升产业体系现代化水平。

为贯彻落实党的二十大精神，大力推进新型工业化，充分发挥投资对优化供给结构的关键作用，指导各地方、各工业领域加快技术改造，在工业和信息化部的指导下，中国国际工程咨询有限公司联合中国机械工业联合会、中国钢铁工业协会、中国石油和化学工业联合会、中国轻工业联合会、中国纺织工业联合会、中国建筑材料联合会、中国有色金属工业协会、中国医药企业管理协会、中国船舶工业行业协会、中国汽车工业协会和中国电子信息行业联合会共同编制了《工业企业技术改造升级投资指南（2023年版）》（以下简称《投资指南》）。

《投资指南》在整体架构上横向划分为电子信息、机械、汽车、船舶、民用航空航天、钢铁、有色金属、建材、石化与化工、医药、轻工、纺织12个行业；在各行业内，对相关产业规划、行动指南、发展目录等提出的主要任务和发展重点进行了梳理，纵向划分为基础能力、质量提升、智能制造、绿色制造、服务型制造和技术改造服务体系5个部分。

相较2019年版本，在结构设置方面，将各行业内6个部分调整为5个部分，一是将创新平台内容融入"基础能力"的公共服务平台内容中；二是强调了"质量提升"的重要性，将其列为第 2 部分进行描述；三是将工业互联网内容放置到"智能制造"部分进行描述；四是将"绿色制造"部分内容进行了完善，确保每个行业均包含绿色制造及安全生产两方面内容。在内容修订方面，《投资指南》聚焦未来 3 年发展方向，考虑在 3 年内能够实现的关键技术突破和产业化内容，对每个行业各部分内容均进行了逐一修订完善。

希望《投资指南》为未来 3 年工业企业开展技术改造升级提供有益指导，为各级政府相关部门、金融机构开展工业投资相关工作提供重要参考。

目　　录

工业企业技术改造升级投资指南（2023年版）

第一章　电子信息行业　　2

第二章　机械行业　　21

第三章　汽车行业　　44

第四章　船舶行业　　52

第五章　民用航空航天行业　　60

第六章　钢铁行业　　70

第七章　有色金属行业　　78

第八章　建材行业　　83

第九章　石化与化工行业　　93

第十章　医药行业　　105

第十一章　轻工行业　　115

第十二章　纺织行业　　130

工业企业技术改造升级投资指南（2023年版）解读材料汇编

《工业企业技术改造升级投资指南（2023年版）》编制概况、作用和亮点解读材料　　140

电子信息行业解读材料　　146

机械行业解读材料　　150

汽车行业解读材料　　154

船舶行业解读材料　　158

钢铁行业解读材料　　163

有色金属行业解读材料　　166

建材行业解读材料　　170

石化与化工行业解读材料　　174

医药行业解读材料　　177

轻工行业解读材料　　182

纺织行业解读材料　　187

工业企业技术改造升级典型案例汇编

第一部分　地方工业和信息化主管部门篇

黑龙江省促进企业技术改造工作情况　　193

上海市促进企业技术改造工作情况　　196

江苏省促进企业技术改造工作情况　　199

浙江省促进企业技术改造工作情况　　203

山东省促进企业技术改造工作情况　　206

河南省促进企业技术改造工作情况　　209

湖南省促进企业技术改造工作情况　　212

广西壮族自治区促进企业技术改造工作情况　　215

贵州省促进技术改造工作情况　　219

宁夏回族自治区促进企业技术改造工作情况　　222

宁波市促进企业技术改造工作情况	225

第二部分　企业篇

重庆惠科研发应用液晶面板制造先进工艺	229
江苏徐州徐工建设工程机械核心零部件智能工厂	231
安徽海天重工打造绿色低碳生产线	233
山东豪迈打造轮胎模具绿色工厂	235
山东天润工业生产线智能化升级改造	237
广西柯瑞金斯加速推进智能化数字化改造	239
宁波拓普促进产品高端化提升	242
吉林一汽技术改造驱动产业升级	244
上海宝钢股份构建智慧制造体系	246
黑龙江飞鹤乳业打造智慧供应链新模式	248

后记　　　　　　　　　　　　　　　　　　　251

工业企业技术改造升级投资指南

(2023 年版)

第一章 电子信息行业

一、基础能力

（一）核心基础元器件

1. 高性能芯片。高性能光芯片、CPU 芯片（含嵌入式）、GPU 芯片、存储器芯片、FPGA 芯片、动态重构芯片、高集成度 SOC 芯片、毫米波雷达/激光雷达/人工智能摄像头/MEMS 等核心传感器芯片、高速 AD/DA 芯片、时钟芯片、抗辐照芯片等。

2. 新型显示器件。更高分辨率的非晶硅 TFT-LCD 显示器件、低温多晶硅 TFT-LCD/AMOLED 显示器件、金属氧化物 TFT-LCD/AMOLED 显示器件，基于硅基、柔性或印刷工艺的 AMOLED 等新型显示器件，基于 Micro LED、量子点、激光、碳基或全息等技术的新型显示器件。

3. 元器件。量子通信、量子计算专用器件；微型大容量片式多层陶瓷电容器（MLCC）、车规级 MLCC、微波射频 MLCC、片式叠层固态铝电解电容器、片式单层陶瓷电容器（SLCC）、硅电容器，微型功率电感器、超高频叠层片式电感器、微型一体成型电感器（模压电感），声表面波（SAW）滤波器、体声波（BAW）滤波器、薄膜腔声谐振（FBAR）滤波器，低温共烧陶瓷（LTCC）射频微波元件，微型片式压电石英晶体频率元器件（谐振器、振荡器、滤波器）、采用半导体工艺的石英晶体频率元器件、高基频石英晶体频率片，互补金属氧化物半导体（CMOS）及表面波滤波器模块用陶瓷封装基座、纯度 99.6%及以上的氮化铝陶瓷基板、微波介质陶瓷基板、LTCC 生瓷带，微型片式厚膜电阻器、片式薄膜电阻器、合金电流检测电阻器、片式合金箔电阻器、片式热敏电阻器、片式压敏电阻器，片式小型熔断器、片式电位器、导电塑料电位器、集成无源器件等；基于 400G 或 800G（干线网）的超低损耗光纤及光电器件、基于数据中心的光电器件；功率场效应晶体管（MOSFET）、快恢复二极管（FRD）、绝缘栅双极型晶体管（IGBT）、集成门级换流晶闸管（IGCT）、肖特基二极管等新型电力电子器件；大功率模块、智能功率模块（IPM）和用户专用功率模块（ASPM）等；硅基光电子器件，使用碳化硅、氮化镓、砷化镓等半导体材料的宽禁带电力电子、射频器件；高阶积层板、IC 基板、埋置元件板等高密度互连（HDI）板、特种印制板（高频板、金属基板和厚铜箔板）、高性能覆铜板；微型化、集成化、智能化、网络化传感器，具有无线通信、传感、数据处理功能的无线传感器网络节点；直流无刷电机、智能化微特电机及为机器人配套的减速器、伺服电机等；高可靠、高精度、高动态环境下的运动控制器，具备大范围三维空间建模、实时位姿检测、运动避障及动态路径规划等功能；3D 成像用低角度偏移窄带滤光片组立件；高抗拉强度海洋光纤及其中继器、多芯单模光纤及其连接器、超宽带光放大掺杂光纤及放大器、超高芯密度微簇光纤单元及微缆、全干式室外光缆、5G 通信用 MPO 多芯光纤连接器套件；高效热管理与散热元器件，超广角透镜及其模组，G.fast DSL 分离器和电感器，100A 以上车载大功率电感和变压器；新能源产业配套的新型储能电池、超级电容器、新能源汽车用高压直流继电器、PhotoMOS 继电器、CMOS 继电器、特种功率电阻器及电力电子用关键电子元器件；超级电容器及与电池混合系统、超级电容器生产设备；高能量密度、长循环寿命、高安全性的消费型、动力型和储能型锂离子电池，大容量锂离子电池系统，大容量电池组管理系统；新型、高性能、高安全性的正负极材料、隔膜材料、电解质、溶剂、添加剂、铝塑膜材料；燃料电池材料、小型实用燃料电池、小型燃料电池系统。

（二）基础工艺

65nm 及以下集成电路逻辑工艺、集成电路特色工艺、CPU 专用工艺、先进存储器工艺、先进 BCD 工艺及射频工艺、新型化合物（碳化硅、氮化镓、氧化镓）半导体制造工艺、先进封装工艺；LTPS、Oxide 背板量产工艺，AMOLED 蒸镀和封装等工艺，柔性或印刷显示相关工艺；大直径玻璃钝化芯片（GPP）制造工艺、刚挠结合印制线路板制造工艺、挠性覆铜板制造工艺、集成电路用覆铜板制造工艺。

（三）基础电子材料

8/12 英寸单晶硅抛光片及外延片、SOI 片、SiGe/Si 外延片、硅基氮化镓外延片，电力电子器件和射频器件用 6/8 英寸区熔硅单晶材料；大尺寸砷化镓、磷化铟、碳化硅、氧化镓等单晶材料及外延片；红外窗口用大尺寸蓝宝石晶体；半导体用高纯石墨、高纯石英原料及石英部件、玻璃纤维布、雷达透波材料等。集成电路用 I-线、KrF、ArF 光刻胶及专用树脂等相关材料，抛光材料（抛光液、抛光垫、抛光布、清洗液等），超净高纯试剂、铜制程抛光液、显影液、剥离液、刻蚀液、清洗液及电子特气等，超高纯铝、铜、钴、钨、钼等金属或合金靶材，宽幅高精度大功率引线框架，先进封装的高端陶瓷外壳材料、环保塑封材料，以及高性能环氧树脂、硅胶、先进封装凸块用负性光刻胶、高纯高强度键合丝、半导体贴片胶等。厚膜电路、片式电阻用电阻浆料，厚膜电路封装用导电胶。

新型显示用基板/盖板材料（8.5 代及以上或低温多晶硅/金属氧化物玻璃基板或载板、聚酰亚胺基板或盖板、高铝硅玻璃盖板等）；新型显示用高穿透率、快速响应的负性或光配向液晶材料、聚酰亚胺取向剂，以及高效率蒸镀或可溶液加工的 OLED 有机发光材料和高迁移率共用层材料；新型显示用正性/负性光刻胶，以及感光树脂/RGB/BM/OC/PS/光引发剂/颜料分散液等上游材料；新型显示用电致发光或光致发光量子点材料；光学及功能膜材料（偏光片及上游 PVA/TAC 膜等材料、光学聚酯透明基膜、量子点膜、复合光学膜、水氧阻隔膜等）；显示驱动芯片（大尺寸、4K/8K、120Hz 及以上显示驱动芯片、中小尺寸 2K 驱动芯片，以及时序控制芯片、系统芯片、带有外部补偿功能的 AMOLED 驱动芯片等）；新型显示用高纯电子化学品和特种气体（水系剥离液、铜蚀刻液、笑气、高纯氯气等）；新型显示用高纯/大尺寸靶材（8.5 代及以上大尺寸金属或 ITO/金属氧化物靶材、旋转/平面靶材等）；新型显示用高精度掩膜版（8.5 代及以上光掩膜版、精密金属掩膜版等）；柔性 AMOLED 显示用 OCA、后盖框胶、转轴、薄膜封装等其他材料。

高频、高速、高密度覆铜板及高性能挠性覆铜板，透明 PI 覆盖膜，低粗糙度电子铜箔材料；氰酸酯树脂、聚苯醚树脂、碳氢树脂、特种树脂；高密度互连（HDI）板及所需基板材料。微电子芯片封装用陶瓷劈刀材料，5G 封装用高稳定性介质膜材料、聚酰亚胺薄膜材料，5G 移动通信板用孔导通化添加剂，大功率照明用高导热球形氧化铝粉，大规模集成电路基板用亚微米球形硅微粉，高性能滤波器用铝钪靶材及晶体材料，片式电阻功能浆料与关键基础材料；高端电子焊料；高端电子浆料；高性能磁性材料；微波介质陶瓷材料；太阳能电池导电浆料用银粉和银包铜粉。5G 通信用 MPO 多芯光纤连接器套件，工业级激光器用激光光纤；掺稀土特种光纤、保偏光纤、光子晶体光纤、多芯少模光纤、石墨烯光纤、高折射率玻璃、高导热材料、特种光纤用（超）低折射率涂料、光纤涂覆树脂等。激光电视荧光粉。半导体、平板显示洁净厂房气，液体输运专用管道、连接头，高纯 PFA、PVDF 材料。

（四）关键核心软件

1. 基础软件。包括操作系统、数据库、中间件、软件集成开发工具、软件测试工具、浏览器内核、办公软件等。如服务器操作系统、桌面操作系统、工控操作系统、智能移动终端操作系统、机器人操作系统等，通用数据库管理系统、分析性数据库管理系统、实时数据库管理系统、内存数据库管理系统等，应用服务器、消息中间件、交易中间件等，高效虚拟化软件、智能海量数据存储与管理系统、分布式应用支撑平台等，新一代搜索引擎及浏览器，网络化办公套件等。

2. 高端工业软件。三维计算机辅助设计（CAD）软件、电子设计自动化（EDA）软件及 IP 核、虚拟仿真（VR）软件等开发设计软件，数据采集与监视控制（SCADA）系统、可编程逻辑控制器（PLC）、分布式控制系统（DCS）、分布式数控（DNC）系统、安全仪表系统（SIS）等系统控制软件。

3. 应用软件。面向金融、建筑、能源、交通、教育等重点领域需求，突破金融核心业务系统、建筑信息建模和建筑防火模拟、智慧能源管理、智能交通管理、智能办公、教育培训等应用软件。推广北斗卫星导航系统相关软件产品。

4. 新技术软件。工业 App 集成开发平台、人工智能框架软件、区块链应用管理软件、城市信息模型平台，以及信息物理系统（CPS）、类脑智能、虚拟现实和增强现实等新技术软件。

（五）产业技术基础公共服务平台

建设集成电路、新型显示、高性能计算、基础软件、工业软件、移动通信、下一代网络、云计算、物联网、大数据、高速光通信、印刷电子、新型元器件和关键电子材料、电子装备、新型光通信元器件、互联网电视接收设备、开源软硬件、共享 IP 核等研发创新平台和公共服务平台，完善 CPU+OS 架构的高仿真验证测试环境，完善电子信息行业产业链集群创新平台。

1. 重点行业领域关键共性技术服务平台。 建立关键共性技术服务平台，研究全产业链不同产品和系统的互通互用；建立数据管理能力成熟度评估模型国家标准（DCMM）公共服务平台；建立全国统一数据资产登记平台；建立软件能力成熟度模型（CSMM）公共服务平台；建立电子材料应用认证平台、电子材料技术标准研究和制定平台、电子材料知识产权专利池平台等。

2. 重点产业领域试验检测公共服务平台。 建立传感器产业公共服务平台，向企业提供应用技术示范及产品第三方检测服务；完善多晶硅、电池片和组件、薄膜电池的检测，以及光伏应用系统的检测、认证等公共服务平台建设。支持相关服务平台开展行业共性问题研究，制定和推广行业标准等。

二、质量提升

（一）通信设备

1. 移动通信设备。 推进 5G/6G 及相关技术研发、应用和产业化；基于 5G/6G 技术的 LTE 多模、多频终端芯片，高效能、低成本 5G/6G 终端，IPv6/v4 双栈 5G/6G 网络设备和系统，5G/6G 基带芯片、射频芯片、终端、一致性测试仪表、天线、系统及系统软件和开发平台的应用；移动智能终端、移动互联网安全设备的研发与产业化。

2. 光通信设备。 推进智能光网，全光网，大容量、高速率、长距离光传输，多粒度、大容量光交换，大容量组网调度，FTTx 等技术的研发和产业化；光多片集成组件、光电集成芯片、高速数模芯片等高端芯片和高速相干光接收、超大功率低噪声光放大、波长选择性光交换等高端模块的开发及产业化。增强光通信芯片、产品和设备的设计、测试能力和产品工程能力。

3. 专网通信设备。推进宽带无线接入、多媒体数字集群设备，广域覆盖低成本宽带接入设备，超高速无线局域网，面向专网应用的数字集群设备，专用芯片、基站和终端的研发、应用和产业化。

（二）计算设备

1. 整机设备。服务器、人工智能计算集群、桌面计算机、存储设备、输入/输出设备、工业控制计算机、可编程逻辑控制器（PLC）、分散控制系统（DCS）、数控系统、机器人控制器、固态存储盘、高速数据采集卡等。

2. 网络设备。面向数据中心、算力中心、未来网络、移动互联网、工业互联网、物联网、光通信网络等的关键技术和设备，新一代低功耗、高可靠、高性能的多核网络设备、负载均衡设备，围绕物联网应用的感知信息采集、传输、处理、反馈控制系统。

3. 安全设备。面向云计算安全、虚拟化安全、网络安全防护、可信计算、数据安全、数据加密等的信息安全产品。

（三）软件

1. 基础软件。操作系统、数据库管理系统、中间件、面向云计算环境的基础软件、网络化办公套件、新一代搜索引擎及浏览器等。

2. 工业软件。研发设计类软件，包括计算机辅助设计（CAD）软件、计算机辅助工程（CAE）软件、电子设计自动化（EDA）软件及IP核、虚拟仿真（VR）软件等；生产控制类软件，包括数据采集与监视控制（SCADA）系统、可编程逻辑控制器（PLC）、分布式控制系统（DCS）、分布式数控（DNC）系统、安全仪表系统（SIS）等；信息管理类软件，包括企业资源计划（ERP）系统、产品生命周期管理（PLM）系统、客户关系管理（CRM）系统、企业级业务连续性管理（BCM）系统、维护维修与运行（MRO）软件等。

3. 支撑软件。需求分析工具、软件设计工具、软件编译工具、集成开发环境、运维管理软件、资源监控软件、软件测试工具、知识管理软件，以及服务流程管理、审计、质量评价软件等。

4. 平台软件。面向 5G、云计算、大数据、人工智能、区块链、工业互联网、卫星互联网、类脑智能、虚拟现实和增强现实等的平台软件。

5. 应用软件。企业管理软件、信息检索和翻译软件、多媒体软件、网络通信软件、动漫引擎软件、地理信息系统软件、科学和工程计算软件等共性应用软件。政务、金融、通信、交通运输、能源、医疗、公共安全、教育、数字出版等行业应用软件。面向工控设备、智能移动终端、汽车电子、车载信息系统、医疗电子等的嵌入式应用系统。面向制造业及产业集群的管控一体化系统、供应链管理系统、可视化柔性物流管理系统、工业现场控制系统。

6. 嵌入式软件。面向数控机床、智能机器人、新能源和智能网联汽车、医疗电子、智能移动终端等，发展嵌入式软件系统、嵌入式操作系统、嵌入式数据库、云操作系统（工业云、汽车云等）。发展嵌入式操作系统内核、架构等关键技术，形成通用型嵌入式操作系统产品、应用开发工具及验证环境平台。

7. 信息安全软件。发展安全基础类、网络与边界安全类、终端与数字内容安全类、安全管理类软件，信息安全支撑工具及安全服务类产品。提供信息安全系统设计、咨询、评估、检测、认证等信息安全服务。开发面向云计算、移动互联网、工业互联网等环境下的关键信息安全技术产品。建设云计算安全体系，提升安全漏洞防护能力和安全服务能力，研发云计算安全隔离与监控技术和产品，建立云计算信息安全监控和预警平台、信息安全风险评估平台。

（四）数字视听产品

1. 数字音视频设备。发展智能电视、超高清视频终端（LCD/OLED 电视、Micro LED 电视、激光投影仪、超短焦投影仪等）、VR/AR 终端等新兴产品，推动基于"5G+""互联网+"传统传输方式的数字音视频终端融合发展。支持高保真三维音响器件与系统、高保真音源产品、新一代无线耳机及智能音箱等产品研发，支持专业数字音响、灯光及一体化控制系统的研发及应用推广。支持超高清视频拍摄、编辑、后期制作、播放设备及配套系统，超高清、特效、3D 数字电影等拍摄和放映设备的研发与应用推广。

2. 数字音视频应用推广。依托 DTMB、AVS、HDR Vivid、Audio Vivid 等技术标准，应用推广数字电视和数字广播制作设备、演播室设备、播出设备、发射机等前端设备。促进智慧家庭技术创新与产业应用，提高新型信息终端、智能感知与交互技术、云平台、沉浸式音视频、虚拟现实和增强现实技术、智能网络视频监控设备等研发和应用。建设符合互联网管控要求的应用程序商店和数字内容服务平台。实现支持多屏融合、互联互通、智能控制的数字教育、智慧家庭、数字娱乐等业务系统应用。支持数字音视频关键技术公共服务平台建设，提升标准制定、测试认证、知识产权管理、技术交流与成果推广应用等一体化公共服务水平。

（五）集成电路

1. 集成电路设备、零部件及专用软件。支持 8/12 英寸集成电路生产线设备，刻蚀机，光刻机，扩散氧化、薄膜沉积、离子注入、平坦化、清洗等工艺设备；半导体生产过程所用工艺及产品量测设备；大尺寸硅单晶生长设备，切割、滚圆、研磨、倒角、抛光等晶圆材料加工设备；6/8 英寸碳化硅单晶炉及碳化硅工艺设备；先进封装圆片减薄设备、三维系统封装通孔设备、高密度倒装键合设备、新型圆片级封装用设备及相关检测设备等研发。支持硅片清洗、扩散、离子注入、材料沉积设备，自动封装系统，高洁净柔性搬送机器人，片盒及传送系统，扫描电子显微镜，电子束直写光刻机，自动探针测试台，产品自动测试系统等设备和仪器及关键零部件开发与产业化。支持电子设计自动化（EDA）及 IP 核、制造过程专用软件研发。

2. 集成电路材料配套。支持集成电路先进技术节点用电子级多晶硅、各种靶材开发；支持集成电路用 I-线、KrF、ArF 光刻胶及专用树脂等相关材料，集成电路用抛光材料（抛光液、抛光垫、抛光布、清洗液等），集成电路用超净高纯试剂、显影液、剥离液、刻蚀液、高纯电子特气、高纯 ALD、CVD、先进封装等配套材料研发和产业化应用。

（六）新型显示

1. 大规模量产工艺技术。 提升低温多晶硅、低温多晶氧化物和金属氧化物背板量产化生产技术，全面掌握 AMOLED 蒸镀、封装和大尺寸生产等关键工艺技术，争取实现 Micro LED 面板的量产。

2. 新型显示配套技术和产品。 突破基板/盖板材料、高穿透率与快速响应的负性或光配向液晶材料、聚酰亚胺取向剂及高效率蒸镀或可溶液加工的 OLED 有机发光材料和高迁移率共用层材料、正性/负性光刻胶及感光树脂/RGB/BM/OC/PS/光引发剂/颜料分散液等上游材料、电致发光或光致发光量子点材料、光学及功能膜材料、显示驱动芯片、高纯电子化学品和特种气体、高纯/大尺寸靶材、高精度掩膜版，以及柔性 AMOLED 显示用 OCA、后盖框胶、转轴、薄膜封装等其他材料的技术壁垒并实现量产；开展探针单元、刀轮、蒸发源、电极板等显示装备用消耗性备品备件的本地化配套；拓展切割设备、工艺检查设备、柔性贴合设备、维护修复设备及模组绑定智能化系统、智能搬运设备等本地化配套；开展曝光、显影、离子注入、化学气相淀积、溅射、激光退火或剥离、张网、基板玻璃生产用窑炉等关键工艺与设备的联合研发和探索。

（七）电子元器件

1. 微型表面贴装元器件。 开展微型大容量片式多层陶瓷电容器（MLCC）、片式叠层固态铝电解电容器、微型功率电感器、微型一体成型电感器（模压电感）、微型片式压电石英晶体频率元器件（谐振器、振荡器、滤波器）、高基频石英晶体频率片、微型片式厚膜电阻器、片式热敏电阻器、片式压敏电阻器、片式电位器、集成无源器件等研发和产业化。

2. 新型光电器件。 开展大功率、高亮度 LED 外延片和芯片制造，SMD、COB 等先进封装的研发与产业化；推进大功率半导体激光器、高功率气体激光器、光纤激光器、紫外激光器，以及高性能的红外焦平面器件、高分辨率 InGaAs 探测器产业化。开展基于 400G 或 800G（干线网）的超低损耗光纤、光纤预制棒等光电元器件，硅基光电子器件，3D 成像用低角度偏移窄带滤光片组立件，大功率紫外 LED 芯片的开发与产业化应用。研发新型海洋光纤、自聚焦透镜模组、高速高精度光纤光栅传感解调仪。

3. 电力电子器件。推进功率场效应晶体管（MOSFET）、快恢复二极管（FRD）、绝缘栅双极型晶体管（IGBT）、集成门级换流晶闸管（IGCT）、肖特基二极管等新型电力电子器件，大功率模块、智能功率模块（IPM）和用户专用功率模块（ASPM）等功率模块的研发和应用。促进新型电力电子器件在工业控制、轨道交通、电动汽车、变频器等领域的推广应用。解决高阻区熔单晶、陶瓷覆铜板、铝碳化硅基板、管壳等生产关键技术。推进碳化硅、氮化镓、氧化镓等下一代宽禁带电力电子器件研发和产业化。

4. 传感器及敏感元器件。研发满足物联网、汽车电子等应用需求的各种敏感元件和传感器，微型化、集成化、智能化、网络化传感器，以及具有无线通信、传感、数据处理功能的无线传感器网络节点；推进传感器由多片集成向单片集成方向发展，减小产品体积、降低功耗、扩大生产规模。面向无源、长距离监测的光纤传感器系统应用，推进温度/应力/应变/加速度等多参量监测的光纤传感器、高速光纤传感解调仪生产。

5. 其他新型器件。包括基于 5G 通信系统的微波射频器件等高频器件；高导电直流电刷；5G 通信基站传输光电复合线缆组件；智能终端用温度补偿型声表面波（TC-SAW）滤波器、体声波（BAW）滤波器、薄膜腔声谐振（FBAR）滤波器，车规级 MLCC、微波射频 MLCC、片式单层陶瓷电容器（SLCC）、硅电容器、CMOS 及 SAW 模块用陶瓷封装基座、纯度 99.6%及以上的氮化铝陶瓷基板、片式薄膜电阻器、片式合金箔电阻器；基于 5G 面向 6G 通信系统的微波射频器件等超高频器件；直流无刷电机、智能化微特电机以及为机器人配套的减速器、伺服电机；高电压、大容量、大电流、高可靠、长寿命真空开关管及 X 射线管，医用 CT 管，5G 通信系统基站用毫米波真空器件；为太阳能发电、风力发电、新能源汽车配套的新型储能系统用高压直流继电器、特种功率器件等；通信基站用石英晶体振荡器；光纤传感器、MPO/MTP 光纤连接器用 MT 插芯；新型通信设备用 112Gbps 高速连接器、全海深水下插拔光电连接器。

（八）应用电子

1. 汽车电子产品。 推进汽车电子核心技术、自动驾驶技术和各类汽车电子产品研发与应用，包括车规大算力计算芯片、MCU 芯片、电源芯片、接口芯片、控制器、执行器、高性能电子装置等，形成为品牌汽车配套的汽车电子产品的设计、验证、生产能力。

2. 医疗电子产品。 建立数字化医疗电子设备的生产工业标准和规范。推进医学影像、无创微创诊疗、普及型医疗设备、专业型医疗设备、远程医疗系统等产品的开发与产业化，研发颅内压力/温度监测仪、颅内压传感器等。

3. 金融电子产品。 开展金融 IC 卡芯片研发与产业化，金融电子设备关键技术研发。推广应用符合 PBOC2.0 标准的产品。推进移动支付、网络支付、智能卡、银行 ATM 机、POS 机、自助服务终端等产品的产业化。建立金融 IC 产品检测认证体系。

4. 装备电子产品。 提高工业控制计算机和嵌入式系统的设计、开发能力，完善试验、测试能力，提高加工和装配工业水平。推进高档数控系统、可编程控制器、嵌入式控制系统等产品的产业化。

（九）测量仪器

1. 通信与网络测试仪器。 满足 TD-LTE 网络测试需求的 TD-LTE 路测分析仪、模块化的 TD-LTE 基站和终端射频测试系统、LTE 核心网络设备和无线网络设备测试工具、TD-LTE-Advanced 终端一致性仿真测试仪、网络测试所需的新一代通信测试仪器、计算机网络测试仪器、射频识别综合测试仪器，以及各类读卡器、近距离无线通信综合测试仪器。

2. 半导体和集成电路测试仪器。 多功能半导体和集成电路测试需要的射频、数字、存储器及高速数模混合信号测试系统，半导体和集成电路在线检测系统等。

3. 数字电视测试仪器。 数字电视和数字音视频测试用信号源、码流发生器、场强测试仪、测试接收机、测试发射机、数字视音频测试仪、码流监测分析仪、图像质量分析仪、网络分析仪、网络质量和安全监测仪、地面信号覆盖监测系统。

4. 检测能力建设。高端集成电路共性检测、失效分析、试验评价能力；仪器仪表的电离辐射、环境与可靠性、安全与电磁兼容试验能力；通信产品节能检测与评估平台；电子设备安全性、环境可靠性、电磁兼容检测平台；电子信息软件检测评估能力；电子信息产品质量检测能力。

（十）绿色电池

1. 锂离子、钠离子电池。支持高能量密度、长循环寿命、高安全性、宽温度适应性、低成本的消费型、动力型和储能型锂离子电池研发，提升大容量锂离子电池系统集成水平，支持新型、高性能、高安全性正/负极材料、隔膜材料、电解质、溶剂、添加剂、铝塑膜材料等研发，降低对钴、镍等稀缺资源的依赖，完善电池回收处理体系建设，开发高效绿色回收技术，完善从关键材料、关键部件到电池芯、电池组乃至电池系统的工业体系。

2. 燃料电池。加速燃料电池材料等关键技术开发，推动燃料电池产业化，加速推进全氟质子交换膜产业化，开发高性能电极膜集合体（MEA）技术，降低贵金属用量，开发低成本双极板技术，推进燃料电池系统内关键部件产业化及燃料电池在重载车的示范应用，推进氢气高效提纯技术、安全技术、现场制氢技术产业化。

3. 超级电容器。加强超级电容器基础技术研究，提高超级电容器的比功率与比能量，支持超级电容器与电池混合应用研究，推动超级电容器产业化应用。

（十一）太阳能光伏

1. 光伏材料。支持低能耗、低成本、低碳的太阳能级多晶硅材料生产技术，包括西门子法、硅烷法等生产技术；突破高效、节能的大型提纯装置及工艺技术，提升多晶硅副产物综合利用水平；支持石英坩埚材料产业化；推广高质量、低成本、低能耗、薄片化、大尺寸单晶硅片的生产工艺技术；支持光伏先进辅助材料生产技术，包括超大超薄超透光伏玻璃、高性能环保背板、光伏组件封装用EVA/POE及其复合薄膜材料、用于封装胶膜的功能性添加材料（紫外截止材料、高阻水材料、光转换材料等）、高性能反射釉料、导电浆料用银粉/银包铜粉、高温银浆和异质结用低温银浆/银包铜浆料、用于高效晶体硅异质结的透明导电电极材料（TCO）及相应靶材。支持钙钛矿电池、有机电池等新型光伏电池材料研发。

2. 晶硅太阳能电池。 支持高转换率、低成本、长寿命、低碳的晶体硅太阳能电池产业化技术。推进非晶硅/晶体硅异质结电池、N型TOPCon电池、PERC电池、全背结电池（IBC、TBC、HBC）等新型太阳能电池成套设备及关键工艺技术开发。掌握低成本电镀铜制备电极的设备制造及工艺技术。

3. 薄膜太阳能电池。 支持高转换率、低成本、长寿命、低碳的薄膜太阳能电池技术开发。推进钙钛矿电池、钙钛矿/晶体硅叠层电池产业化。掌握铜铟镓硒、碲化镉、砷化镓等薄膜太阳能电池规模化制造关键工艺技术。

4. 光伏发电系统。 支持智能光伏组件、逆变器，以及智能跟踪、储能等系统集成技术研发。推动光伏发电多场景融合开发，推进"光伏+"综合利用，鼓励农（牧）光互补、渔光互补等复合开发模式，推动光伏发电与5G基站、大数据中心等信息产业融合发展，推广光伏在新能源汽车充电桩、铁路沿线设施、高速公路服务区沿线等交通领域应用。促进建筑一体化（BIPV）建材型组件生产技术研发，加强BIPV组件的建材性能，如透光、隔热、美观及安全要求等。基于大数据、人工智能等技术推动光伏发电系统智能运维，促进光伏系统提质增效。推进老旧光伏电站技改升级行动，提升发电效益。推动退役光伏组件规范化回收、规模化处理、资源化利用。

5. 光伏储能系统。 结合光伏应用场景，促进储能系统在电源侧、电网侧和用户侧多元应用，发挥储能调峰调频、应急备用、容量支撑等功能。针对光伏应用场景，开发不同时间尺度、不同容量的高功率储能产品。加强高安全性、高能量密度、长寿命、低成本储能产品开发。支持研发基于光伏发电、储能系统与电网智能控制技术的光储系统集成解决方案，实现储能系统与新型电力系统协调优化运行。探索低成本光伏制氢技术在储能系统中的复合应用。

（十二）电子新材料

新一代信息技术产业用材料。 推进集成电路用8/12英寸单晶硅、抛光片及外延片，大尺寸低缺陷碳化硅等单晶材料，红外窗口用大尺寸蓝宝石晶体，掩膜版用高纯石英基板，抛光材料（抛光液、抛光垫、抛光布、清洗液等），半导体光刻胶及专用树脂等相关材料，高纯度光致产酸剂等材料研发及产业化，解决极大规模集成电路瓶颈材料制约。开展 OLED 有机发光及功能材料、低温多晶硅 TFT-LCD/AMOLED 用玻璃基板、AMOLED 基板和盖板用聚酰亚胺（PI）浆料、AMOLED 面板用无色 PI 浆料、大尺寸高精度掩膜版、大尺寸金属靶材、新型氧化物靶材等批量生产工艺优化。开展单模光纤预制棒用大尺寸石英套管、高功率激光或功放用掺稀土光纤、高纯掺氟石英管（衬管或套管）、芯片封装用覆铜板、高频高速高密度覆铜板及高性能挠性覆铜板、透明 PI 覆盖膜、低粗糙度电子铜箔材料、5G 移动通信板用孔导通化添加剂、5G 封装用高稳定性介质膜材料、高导热厚膜材料、片式电阻功能浆料与关键基础材料、5G 通信用 MPO 多芯光纤连接器套件、工业级激光器用激光光纤等产业化。

三、智能制造

建设电子信息行业智能场景、智能车间、智能工厂和智慧供应链，贯彻国家智能制造标准体系要求，通过 5G、大数据、人工智能等新一代信息技术与先进制造技术的深度融合，推进制造技术突破和工艺创新，提升智能制造应用成熟度水平，推进制造模式和企业形态的根本性转变。

（一）生产智能化

面向电子产品研发、工艺设计、质量管控、仓储物流等重点环节，部署智能制造装备和相应的工艺软件，大幅缩短产品研发周期，降低产品不良品率，提升生产效率。

1. 研发设计。应用电子信息领域设计软件、工艺仿真软件和工艺知识库，建立工艺数据标准化规则和管理流程，提高工艺资源通用率和复用率，大幅缩短新产品研发周期。基于复杂建模、数字孪生等技术，搭建数字化协同设计和仿真环境，进行封装、贴片、装配等加工全过程仿真，预测加工缺陷并改进工艺方案和参数，提高产品质量稳定性。

2. 生产制造。部署电子信息领域智能制造装备，搭建电子产品生产过程全流程一体化管控平台，应用工艺机理分析、机器学习等技术，动态优化调整工艺流程和参数。部署智能制造装备，融合 5G、机器视觉、缺陷机理分析技术，开展电子产品质量在线检测、分析、评级、预测。

3. 仓储物流。部署电子信息领域智能物流与仓储设备等，通过精准配送计划、自动出入库、自动物流配送和跟踪管理，实现精细仓储管理和高效物流配送，提高物流效率和降低库存量。

（二）工业互联网

1. 行业云计算平台。鼓励大企业开放平台资源，打造协作共赢的云计算服务生态环境。引导专有云有序发展，在充分利用公共云计算服务资源的基础上，整合信息资源，优化业务流程，提升经营管理水平。发展面向云计算的信息系统规划咨询、方案设计、系统集成和测试评估等服务。

2. 行业大数据应用。推进大数据与行业发展的融合应用。发展工业大数据，分析感知用户需求，提升产品附加价值。发展农业农村大数据，构建面向农业农村的综合信息服务体系，加强数据资源发掘运用。发展新兴产业大数据，培育数字金融、数据服务等新业态。发展公共安全大数据，构建智能的公共安全管理体系。

3. 物联网应用示范。在工业、农业、生态环保、商贸流通、交通能源、公共安全、社会事业、城市管理、居家生活、医疗养老、安全生产、国防建设等领域推广物联网试点示范。面向工业、农业、商贸流通、节能环保、安全生产等重要领域和交通、能源、水利等重要基础设施，围绕生产制造、商贸流通、物流配送和经营管理流程，推动物联网技术的集成应用和典型应用示范工程。

4. 电子商务平台及服务。鼓励行业、企业、区域级电子商务信息服务平台拓展交易、融资、保险、支付、信用、全程监控、技术支持等服务功能，探索建设服务于跨境电商的一站式物流服务平台。鼓励电子商务企业、大型连锁企业和物流企业建立具备运营服务中心和仓储配送中心（商品集散中心）功能的县域农村电子商务服务中心，发展与电子交易、网上购物、在线支付协同发展的农村物流配送服务。支持电商冷链物流企业优化流程，建设配送中心和配送站点。开展电商物流机器人、云计算、北斗导航等基础技术的研发，推动电子合同、电子结算、物流跟踪、信息安全、客户服务等技术应用。推动电商物流企业、电商平台企业管理创新、服务创新和商业模式创新。

5. 智能化管理与服务。通过5G、大数据、人工智能等先进技术手段，深化各系统融合，推进跨部门数据交换应用，提高管理效率，提升关键过程质量控制数字化水平。

6. 工业互联网网络化改造。推动企业内网改造实施，鼓励采用5G、TSN、工业以太网、边缘计算、工业PON、工业无线、IPv6等技术改造企业内网，为工业互联网的IT及OT网络融合提供网络基础。研究工业互联网网络架构体系，制定面向工业互联网平台的协同制造技术标准，以及产业链上下游间的服务规范。采用新型制造模式，建立支撑研发设计、协同制造、高度自动化、智能检测、智慧物流、供应链协同、高效节能的网络基础设施。面向电子信息行业建立工业互联网标识解析二级节点，开展全生命周期管理、产品追溯等工业互联网标识解析集成应用。

7. 工业互联网平台建设。推动建立电子信息行业工业互联网平台，实现行业全要素、全产业链和全价值链的全面连接，支持企业业务系统和工业设备上云，建立电子信息行业工业机理模型库，开发一批高价值工业App、微服务及基于平台的系统解决方案。在产品设计与仿真、生产过程建模与控制、设备故障诊断与远程运维等关键场景应用，引导建立基于工业互联网平台的产品及生产线数字孪生系统。

8. 工业互联网新业态新模式。协同推动工厂内部网络演进和公众网络增强。推动工业互联网标准化与新模式应用，促进工业以太网及IPv6技术在工厂网络中的应用，引导5G、短距离通信等无线移动技术在工厂中的部署，探索面向工业环境的有线无线融合组网及工业制造领域SDN技术。通过试点示范推进企业进行工业大数据应用创新，推动ICT和制造技术深度融合。支持数字化管理、网络化协同、服务化延伸、智能化生产及产融结合等新模式发展。

9. 工业互联网安全技术保障体系。建立统一的、贯穿产业全生命周期的工业互联网安全保障体系，建立国家级工业控制网络信息安全防护平台，鼓励重点工业企业使用安全可靠的产品和技术，开展面向芯片、操作系统、整机、业务应用的全链条研制，实现安全可靠的工业控制系统。

加速国家、省、企业三级安全监测平台建设，鼓励企业加强行业、企业级平台建设，强化与国家平台的系统对接、数据共享及业务协作，打造整体态势感知、信息共享和应急协同能力。推动研制工业互联网安全应急处置、安全事件现场取证等工具集，推动建立工业互联网安全基础资源库和安全攻防演练环境。

四、绿色制造

（一）绿色制造

推动绿色制造公共服务平台、绿色工厂建设。推进新一代高效节能的数字广播、电视发射设备产业化，在地面数字电视发射机、调频立体声广播发射机、直放站等大功率发射设备中应用高效节能技术。推动太阳能光伏系统在工业园区应用，工业园区可再生能源应用比例。解决 LED 灯具二次光学设计、灯具散热、灯具效率等重要技术问题，推动 LED 产品推广应用。支持新型节能工业窑炉研制及推广应用。推广无卤素阻燃技术应用，研发光阻剂和防反射涂层等领域的 PFOS 替代品、微蚀刻废液再生回用技术。推广废退锡水回收技术、冷水机组余热回收技术、低含铜废液及蚀刻液减排技术、固体废弃物综合利用技术、PCB 行业用水减量技术。支持废弃电器电子产品整机拆解与循环利用及部分元器件再制造。

（二）安全生产

研发与应用生产过程智能控制系统，特气泄漏监控报警系统，有害化学品生产区通风、事故排风系统，易燃易爆品防泄漏防爆系统，风机、净化回风等噪声源的消噪声系统，纯水回收水处理系统，废水和废渣回收、运输安全监控系统，废气过滤、吸附、焚烧排放系统。

五、服务型制造和技术改造服务体系

支持集成电路设计企业、制造企业和封测企业联合建设集成电路公共服务平台，强化设计、制造、封测产业链协同。支持电子元器件、系统整机、软件和信息服务企业组成各种形式的产业联盟，促进联合协同创新。支持电子信息企业、科研机构、行业组织联合建设大数据采集平台，推动柔性化生产。鼓励大数据、云计算相关企业开放平台资源，打造协作共赢的大数据、云计算服务生态环境，凝聚 ICT 和制造技术形成联合攻关力量，开展工业数据平台的技术和产业化攻关，形成产业支撑能力，推动制造企业整合信息资源，实现数据共享，优化业务流程，提升经营管理水平。

推动信息化与工业化融合发展，促进先进电子制造业与现代信息技术服务业深度融合。支持信息技术企业与传统工业企业开展多层次的合作，促进电子信息产业与其他产业融合发展。结合国家改善民生相关工程的实施，加强电子信息技术在教育、医疗、社保、交通等领域应用。提高电子信息技术服务"三农"水平，加速推进农业和农村信息化，发展壮大涉农电子产品和信息服务产业。加速行业解决方案的开发和推广，组织开展行业应用试点示范工程，支持电子标签（RFID）、汽车电子、机床电子、医疗电子、工业控制及检测等产品和系统的开发和标准制定。

推动云制造服务。支持制造业企业、互联网企业、电子信息服务企业联合开发工业装备、软件系统、智能控制系统、工业云等关键共性技术，提供面向细分行业的研发设计、优化控制、设备管理、质量监控等云制造服务，推动创新资源、生产能力与市场需求的智能匹配和高效协同。鼓励中小企业采购使用工业云服务，承接专业制造业务，外包非核心业务，走专精特新发展道路。

发展工业大数据，加强数据资源发掘运用。推进生产制造系统的数字化、网络化和智能化，分析感知用户需求，增强大规模定制与个性化定制能力，及时响应市场变化与用户需求，形成个性化设计、制造和服务新模式。

支持电子信息企业发展服务外包。积极承接全球离岸服务外包业务，引导公共服务部门和企事业单位外包数据处理、信息技术运行维护等非核心业务，建立基于信息技术和网络的服务外包体系。提高信息服务业支撑服务能力，初步形成功能完善、布局合理、结构优化、满足产业国际化发展要求的公共服务体系。

发展基于智能硬件的信息增值服务。鼓励电子信息制造业企业面向行业与用户使用场景研发软硬件一体化的产品和系统，拓展融合"硬件+平台+软件"一体化解决方案。支持电子信息制造业企业面向消费者和特定细分人群，研发制造智能终端、可穿戴设备、服务机器人、智能家居等智能消费产品，为客户提供陪伴、娱乐、医疗健康、环境监测、生活服务、在线教育等高端服务，创新服务收费模式，鼓励企业从生产单纯硬件产品向提供应用服务转变。

支持电子信息领域企业开展数据安全技术手段建设，提升数据安全防护水平和应急处置能力，加强隐私计算、数据脱敏、密码等数据安全技术与安全产品研发应用，建设部署企业侧数据分类分级、分级保护、风险监测和应急处置等技术手段，鼓励研发、使用数据安全技术产品、服务和解决方案。聚焦工业企业数据安全保护和开发利用，建立全生命周期的数据安全保障体系。

提高电子信息产业认证认可计量检测服务水平。强化认证认可计量测试服务体系建设，规范检验检测机构资质许可，发展面向制造全过程的认证认可计量检测等服务，推动认证认可计量检测服务融入产品设计环节。

第二章 机械行业

一、基础能力

(一) 机械基础件

1. 液压系统。 用于高端工程机械、特种车辆、现代农业机械、大型金属成形设备、节能型隧道掘进机等产品的液压系统；用于新能源装备、航空航天装备、船舶与海洋工程装备等装备的高效能、高精度、高安全、智能化液压系统；满足主机装备绿色化、高可靠、智能化与极端化需求的具有动力传动可编程控制、多控制模式智能切换、故障自诊断及远程维护功能的压力、流量、速度、加速度控制系统。

2. 泵阀元器件。 大通径高频响电液比例/伺服阀、整体式高压大流量多路阀、大推力小滞环比例电磁铁、伺服电机及控制器；高压大排量液压泵、电子控制轴向柱塞泵/马达、轴向柱塞马达增/减速总成、低速大扭矩液压马达、低噪声液压元器件、排量大于 90ml/r 的静液压传动装置；数字液压元器件及控制器，超洁净、超精密流体动力控制泵阀；高精度电液比例插装阀、民用航空发动机驱动液压泵、电静液作动器、EHA 高速双向变量泵、3D 打印液压铸件。

3. 密封元器件。 核主泵机械密封件、核二三级泵机械密封件、核岛堆芯容器 C/O 形金属密封环、核级抗辐射高可靠性硬质合金机械密封环；煤炭深加工流程泵用机械密封件；高压干气密封件、天然气长输管线密封件、油气井口装置密封件；超低温介质泵用密封件、多相介质油气混输泵用密封件、超高速涡轮泵用密封件、超高压深水动密封件；石化装置、船舶等专用机械密封件；海洋油气勘探开发用密封件和输油管道快速接口密封件，耐海水腐蚀、适合水下机器人安装密封件；新能源页岩气和煤层气钻采输送设备密封系统；大飞机用液压密封件；航天器用密封件；超深井钻探机具动密封件；轿车动力总成系统及传动系统旋转密封件，新能源汽车"三电"系统用密封件；压力≥70MPa 的超高压储氢系统密封；高压液压元件密封件；用于全断面隧道掘进机等装备的大直径、高可靠智能密封件。

4. 气动元器件。轨道交通用高性能气动元器件，极端环境用气动元器件、电气比例控制阀、真空气动元器件、压电控制技术等，高压气动元器件、智能定位气动执行系统，智能化阀岛。

5. 轴承。高速度高精度数控机床轴承；工业机器人 RV 减速器轴承、谐波减速器轴承、等截面薄壁轴承、薄壁交叉圆柱滚子轴承；航空航天装备轴承；高速高效静音汽车轮毂轴承单元、发动机和发电机轴承、变速箱轴承、柔性轴承、转向系统轴承、ABS 偏心圈轴承、长寿命水泵轴连轴承、涡轮增压器轴承、载重汽车免维护十字轴、新能源汽车轴承；高端船舶与海洋工程装备轴承、海洋和深井超深井石油钻机轴承；高速动车组轴承、大功率机车轴承、大轴重和快捷铁路货车轴承、新型城市轨道交通轴承、城际铁路轴承；大功率风力发电机组轴承；大直径全断面隧道掘进机主轴承；大功率精准作业农机轴承；第三代 CT 机等高性能医疗器械轴承；高速透平一体机磁力轴承；大型工程机械和矿山机械重载长寿命轴承；高压高转速液压泵/马达用轴承；高端轴承用精密钢球、精密滚子、精密保持架、高氮不锈钢等轴承钢。

6. 齿轮及传动件。工业机器人精密减速器；轨道交通高速、重载、耐腐蚀、复杂多轴传动装置；高功率密度的盾构及硬岩掘进机配套减速机；工程机械自动变速器；汽车自动变速器、驱动桥长寿命低噪声螺旋锥齿轮、电动汽车减/变速器；飞机高可靠性齿轮传动装置；大型核电和超超临界火电齿轮调速装置；变异精密齿形链系统、双相链传动系统；大排量汽车发动机齿形链传动正时系统；大功率舰船发动机传动链；海上风电高速轴带制动盘联轴器；永磁柔性调速器及联轴器；高精度传动联结件；大型十字万向及鼓形齿式联轴器；铝合金及碳纤维联结轴；扭矩限制器。

7. 紧固件。航空航天、高铁列车、高档轿车配套的高性能紧固件；汽车发动机、风电和核电装备配套的合金钢、不锈钢紧固件；不锈钢、耐候钢、铝合金、钛合金紧固件；精密紧固件。

8. 弹簧。高应力弹簧，高寿命弹簧，轿车用稳定杆、气门弹簧、悬架弹簧，高铁弹簧，高性能泵阀和液压元件用弹簧。

9. 粉末冶金件。高密度、高强度、高精度粉末冶金零件；高铁、汽车、航空用摩擦片；高速列车、飞机摩擦装置，高端关键摩擦副高强减摩耐磨零件；新型粉末冶金零件。

10. 模具。新能源汽车暨汽车轻量化制造技术所需的 700MPa 以上高强钢板侧围冲压模具、超高强钢板中控道热成形模具、长玻纤含量 40% 以上增强塑料注塑模具、多料多色注塑模具、大型复杂轻金属结构件和功能部件压铸模具、高强度铝合金冲压成形模具；中小型电机铁芯、微型电机壳体、电子插接件等产品用高速多工位级进冲压模具；800 万像素以上树脂光学组件（镜头）注塑模具、阵列光学模具、超大规模集成电路封装模具、精密医疗器械模具；塑料异型材共挤及高速挤出模具、直径 4 米以上巨型工程轮胎模具、动车组齿轮传动系统超高速（300km/h）精密轴承关键模具、高强度大尺寸复杂断面中空铝合金型材挤压模具；高档模具标准件和智能化模具集成制造单元等。

11. 高端铸件。高强度、高塑性球墨铸铁件；高性能蠕墨铸铁件；高精度、高压、大流量液压铸件；等温淬火球铁（ADI/CADI）铸件；高压阀门铸件；高精度机床铸件；陶瓷复合铸造磨辊、磨盘；耐蚀的双相不锈钢铸件、超级奥氏体不锈钢铸件、耐腐蚀的高铬镍球墨铸铁件；特大口径（DN≥2800 及以上）球墨铸铁管及顶管；汽车轻合金结构件、大型一体化压铸件（汽车底盘和发动机缸体、缸盖、耐高温排气歧管关键铸件）；1000MW 以上核电设备主泵泵体、超大断面（≥500mm）球墨铸铁核乏燃料储运容器；大兆瓦风机轮毂、底座、齿轮箱壳体、行星架、主轴铸件；超超临界、二次再热超超临界汽轮机高中压内外缸、阀体铸件；大型水轮机上冠、下环和叶片等关键铸件；重型燃气轮机导流体、内外缸体、耐高温铸造叶片、燃烧喷嘴耐高温合金铸件；高压、超高压输变电大型铝合金铸件；大型复合冶金铸造轧辊；大型锻压机械机座、十字架、横梁、机架铸件；大型连轧轧钢机架、轴承座铸件；大型金属破碎机筛条、大型半自磨机衬板铸件；高速动车铸钢制动盘、铝合金枕梁、齿轮箱铸件等；大推力航空发动机用高温合金定向凝固柱晶/单晶涡轮叶片、大型钛合金机匣铸件；大型船用柴油机机体、缸盖、曲轴铸件，船用螺旋桨关键铸件等。

12. 关键基础锻件。航空发动机锻件及燃气轮机关键锻件；Cr12 型转子、FB2 型转子等超超临界汽轮机组的关键锻件；第四代核电锻件；抗氢钢大型锻件；特种不锈钢材料锻件；大型钛合金模锻件；大型水轮机叶轮及其旋片、船用曲轴锻件；近净成形汽车差速器锥齿轮锻件；汽车铝合金精密锻件；新能源汽车电驱系统和变速系统轴、高压共轨组件锻件；海洋风电轴承锻件；高铁轴承锻件；汽车离合器毂、内齿毂、电机壳等薄壁零件锻件；汽车、高速列车、航空航天用镁合金、钛合金、高温合金、超高强钢锻件；变形高温合金盘类件、第四代粉末高温合金盘类件、TiAl 合金压气机盘/叶片类件、盘轴一体复杂结构整体锻件。

（二）基础材料

1. 基础密封材料。高抗水解聚醚聚氨酯密封材料；高性能柔性石墨材料；耐高温和低温高弹性密封材料；高性能无石棉密封材料；高强度细颗粒机械密封用碳石墨材料；大飞机液压密封系统、高压液压密封系统及核电耐辐照密封系统用密封材料；超低温垫片材料、密封填料、耐高温填料、静密封材料。

2. 复合材料。聚甲醛合金材料；液压泵用双金属烧结材料；石墨烯密封材料；纳米复合材料；燃气轮机用耐高温合金材料；碳纤维复合材料；减磨耐磨材料；磁性材料；热压烧结碳化硅、热压烧结氮化硅；高性能非金属垫片材料；3D 增材制造用钛合金粉末等。

3. 新型焊接材料。高强高韧焊接材料；耐热、耐蚀、耐辐照、耐磨及耐低温焊接材料；无毒绿色钎焊材料及焊剂。

4. 超硬刀具材料。硬质合金（YG、YT、YW）；耐高温合金；钛合金加工用高效可转位刀具材料；高端金属陶瓷圆锯片材料；高速高效锯切用硬质合金；高精度金刚石（PCD）刀具材料；立方氮化硼刀具（PCBN）材料；CVD 金刚石厚膜刀具材料；CVD 金刚石涂层刀具材料。

5. 高性能磨料。金刚石、立方氮化硼刀具等用超硬材料及其微粉等。

6. 其他基础材料。仪表功能材料；测温材料；声、光、力敏感材料；低膨胀高温合金；过热器管道耐热钢；压气机盘及涡轮盘用耐热不锈钢和高温合金；高性能铸造合金；铸造金属基复合材料；超级合金；耐磨、耐热、耐蚀铸造合金；免热处理铸造铝合金；铸造用高纯生铁及超高纯生铁；特种球化剂、蠕化剂、孕育剂、预处理剂、精炼剂；环保树脂、无机黏结剂；功能型铸造用树脂；发热保温冒口材料；金属净化陶瓷过滤器材料；可溶性型芯材料；铸造用高硅砂、熔融/烧结陶瓷砂、锆英砂、3D打印专用砂；熔模铸造快干型硅溶胶、高品质填充蜡料等；铸造用增材制造材料；大锻件用高纯净钢、冷锻用钢、非调质钢；少/无污染的绿色锻压润滑剂；大型压铸模具钢材料；大型模锻模和挤压模具材料；钛铝金属间化合物材料；汽车粉末冶金零件；大型车辆用铝型材；汽车轻量化用超高强度钢；细晶粒高强度精冲专用钢板；轨道交通车轮组材料；高压液压油缸用冷拔钢管及液压柱塞泵泵轴材料；高端精密连接件用金属材料；高性能密封材料；液压弹簧用钢丝；农业机械高性能传动带材料；高端链传动产品用耐腐蚀、耐磨损、耐高温、轻量化、高强度、抗疲劳材料；国六发动机轻量化高强蠕铁材料；无缸套高耐磨高强灰铁材料；碳化硅陶瓷材料；防腐用高纯氧化锆陶瓷结构件材料；阀座用高分子材料；粉末高速钢工具材料；汽车、船舶环境友好型涂料；减磨润滑剂；核反应堆材料。

（三）机械工业软件

机械行业二维/三维计算机辅助设计（CAD）软件、机械行业计算机辅助工艺设计（CAPP）软件、机械行业企业资源计划（ERP）软件、机械行业系统设计及仿真软件（MBSE）、机械行业产品生命周期管理（PLM）软件、机械行业结构/流体/多物理场仿真验证（CAE）软件、机械行业计算机辅助制造（CAM）软件、机械行业维护维修与运营（MRO）软件、机械行业制造执行系统（MES）、机械行业分布式控制系统（DCS）、机械行业数据采集与监视控制（SCADA）系统、机械行业可编程逻辑控制器（PLC）软件。

（四）产业技术基础公共服务平台

建设液力、气动、轴承、齿轮、密封件、紧固件等行业试验检测公共服务平台；针对液压元件、气动元件、关键基础材料等重点领域和行业发展需求，构建产品计量、标准、检验检测、试验验证等产业技术基础公共服务体系，重点攻克检验检测技术，推进高端检验检测仪器国产化。

建设智能制造装备及功能部件、现代农业机械、智能物流装备等行业重点产品研发及试验检测平台；建设面向高端数控机床的以前瞻性、基础共性技术研究，正向设计，工艺试验，中试，检测认证，应用验证与培训等业务为核心的行业级协同创新平台；建设高性能液压气动密封元件及系统大数据、云计算、区块链、数字孪生、智能化应用平台及场景，以及智能化学热处理技术创新研发服务平台、电镀行业智能服务云平台；建设内燃机节能环保关键技术与产品的研发测试平台、固定翼活塞式航空发动机技术等平台；建设增减材制造创新中心，以及基础材料和工艺开发创新基地；建设智能传动创新研发服务平台。

建立机械装备及元器件绿色设计技术标准规范；建立创新设计示范平台，重点开展智能数控机床技术、"4C"集成技术、机器通信通用标准和"人—机—物"接口技术、智能监控技术、智能优化决策和自适应控制技术、机电一体化智能控制技术、智能数控系统技术、智能加工单元控制技术、增材制造复合工艺技术、数控加工信息物理系统和智能运维系统的研发设计；建立满足智能技术需要的元器件规范；建立覆盖产品数字化设计、制造、检测、再制造到资源综合利用全生命周期的服务平台，促进产品3D模型数据流动，实现产品数字孪生、虚拟制造、仿真检测。

二、质量提升

（一）农业机械

1. 农用整机。大型动力换挡轮式拖拉机、无级变速器（CVT）拖拉机、丘陵山地模块化多用途拖拉机、高端精量播种机、大型智能化自走式高地隙喷杆喷雾机、大喂入量智能联合收获机、大型自走式青贮收获机、六行自走式采收打包一体采棉机、自走式马铃薯收获机、大型甘蔗收获机、节水灌溉装备、种子加工装备等标志性高端装备，高效饲草料收获加工、精准饲喂、智能环控、养殖信息监测、疫病防控、畜产品智能化采集加工、高效粪污资源化利用、病死畜禽无害化处理和种畜禽生产性能测定等领域的先进畜牧业机械装备。

2. 关键零部件。高效低排放智能农用柴油机；非道路移动机械后处理系统；重载变速箱和驱动桥；动力换挡变速箱；无级变速器；复合式离合与制动器、传动轴；机械液压无级变速器（HMT）；采棉机采棉头；农机专用变量泵、多路阀、电液比例阀及电控系统；农用高强度传送皮带和半履带；大型农机用链条；湿式离合器；电控液压提升器；农业用触土部件；精密排种器；高可靠性打结器；专用切割刀具；高性能喷头；大排量隔膜泵；农业专用传感器；基于北斗的农机辅助驾驶系统及测控系统与设备；农机总线控制系统。

（二）文化、办公与印刷装备

1. 文化设备和器材。数字式照相设备和器材、360°全景照相机、数字化电影摄影和放映设备、智能稳定拍摄器材、智能投影设备、数字化教学和教育设备、档案制作和整理设备。

2. 办公设备与耗材产品。数字式静电多功能一体机、激光/喷墨打印机、喷墨照片打印机、数字式喷墨多功能一体机、针式打印机（金融和标签专用）、大幅面热敏打印设备、银行金融智能设备（集合现金、非现金、移动支付、智慧识别、数字显示功能）、医学影像设备专用输出打印设备等数字化办公设备，及其耗材（光导鼓、墨粉、载体、墨粉基础材料、医用胶片）与关键零部件。

3. 印刷设备和器材。印刷物料自动管理系统、自动印刷辅助系统；生产型卷筒纸彩色喷墨印刷设备、生产型单张纸彩色静电印刷设备；印后加工生产联动线，数字印刷联机骑马钉联动线、平装联动线；高速柔性版印刷机、高速大幅面单张纸多色胶印机。

（三）石油化工及通用机械

1. 成套设备。5万～20万吨/天膜法海水淡化成套设备、5万～20万吨/天蒸馏法海水淡化成套设备、5万～20万吨/天低温多效蒸发海水淡化成套装备；1万～2万吨/天反渗透海水淡化工程的能量回收装置；2500型以上大型压裂成套设备、垂直导向及旋转导向钻井系统、特深井钻机、极地钻机、模块钻机、斜直井钻机、超级单根钻机、连续管作业机和钻井机、不压井作业设备、超高压和水下采油(气)树/防喷器等井口装置及其控制系统、节能抽油设备等；大型液化天然气（LNG）接收站装备、小型 LNG 液化工厂；油污染防治、钻完井泥浆/压裂液/废弃物处理成套装备；大型冶金能量利用装置；螺杆双循环低温热能回收技术及成套设备；大型高炉用离心鼓风机、蒸汽锅炉、高炉顶压与烧结余热能量回收联合发电装备（STRT）；蒸汽再压缩（MVR）技术装备；用于石油、石化、煤炭等行业生产中排放的废气回收再利用的高性能大型压缩机成套设备；加油加气站、油库油气回收设备；节能型褐煤干燥提质装备、煤基多联产成套设备；生物流化床+强化混凝成套水处理设备；滤布滤池技术及设备；捣固焦炉环保、节能与低氮氧化物排放技术及设备；氢气压缩机、轻烃膨胀分离器；大型 LNG 卸料臂；新型制冷压缩机、永磁直驱压缩机、磁悬浮轴承压缩机和线性压缩机等；高效细菌病毒检测监测、空气净化处理、菌毒灭杀防控等关键技术和装备；新型冷藏车、铁路冷藏车、冷藏集装箱用热泵及余热回收利用技术和设备。

2. 配套设备。（1）顶驱、钻井泵、绞车、管柱自动化处理系统、螺杆钻具、钻头等钻井设备与井下工具；射孔器材、固井设备、压裂泵、制氮设备、液氮泵送设备等完井设备；大口径全焊接球阀/泄压阀、电驱/燃驱压缩机等油气集输设备，车载注气、排水采气等石油天然气增产用高压力、高转速往复式压缩机。（2）百万千瓦级第三代核电站用泵、第四代核电站用泵、小型先进模块化多用途反应堆用主循环泵、百万千瓦级超超临界火电机组给水泵；1350MW 机组主凝结水泵；具有完备可靠的就地与远程监控系统的长输管线油泵；50 万吨/年合成氨高压甲铵泵、离心泵和隔膜泵；1000 万吨/年高温油泵、塔底泵、催化裂化油浆泵、煤化工空分装置超低温泵；LNG 接收站高/低压低温潜液泵；百万吨级乙烯装置用急冷油、急冷水泵；石化用高压立式湿绕组型强制循环热水泵；天然气净化装置高压多级离心泵。（3）满足 2000 万吨炼油、150 万吨乙烯等石油化工装置需求的大推力往复压缩机、裂解气压缩机、丙烯制冷压缩机、乙烯制冷压缩机、大型多列迷宫压缩机、大排量螺杆压缩机；50 万吨以上合成氨四大压缩机组；100 万吨/年 PTA 装置用工艺空气压缩机；200 万吨甲醇合成气压缩机；油田注气高压压缩机；空气储能装置用压缩机及膨胀机；分布式能源成套设备及压缩机；36 万~45 万吨/年大型硝酸"四合一"透平机组；百万吨级精对苯二甲酸装置的"四合一"高效压缩机组;油气田生产及海洋装备领域用高速撬装往复式压缩机;LNG接收站用大型低温BOG压缩机、LNG闪蒸气提氢装置、5.5~132kW 1级能效以上一般动力用喷油回转式空气压缩机;160kW以上2级能效以上一般动力用喷油回转式空气压缩机;500kW以上一般动力用离心式空气压缩机;200kW以上一般动力用干式螺杆空气压缩机、喷水回转式空气压缩机;800kW以上高压液力透平机;氢气充装及加注压缩机;大型往复式压缩机气量自动调节装置。(4)压力≥6MPa的百万吨级乙烯冷箱、高效板翅式换热器的大型LNG冷箱;6万N·m³/h、8万N·m³/h、10万N·m³/h空分成套设备的空压机、增压机、膨胀机;高效粉煤气化炉、密闭防爆离心机。(5)75吨蒸汽锅炉;高温、高压、全流量冷热态性能试验回路主蒸汽隔离阀和稳压器安全阀、调节阀等核一二级高参数阀门,华龙一号先导式安全阀;第四代快堆主循环钠泵回路用阀;百万千瓦超超临界火电机组阀门;抽水蓄能电站进水球阀、大口径水轮机进水双密封蝶阀;天然气、乙烯、天然气液化装置用低温球阀,煤化工用大口径镍基合金氧气阀。(6)光伏发电高位熔盐泵。(7)海洋石油水下核心设备。5K、10K、15K立式/卧式水下采油树;水下采油控制单元,深水500米、1000米、1500米水下单相/多相计量仪;4"、6"、8"、12"等深水水下自动阀门;深水水下分离器;水下压缩机;水下输送泵;水下注入泵;水下开孔器;水下防喷器;隔水导管;隔水导管浮体材料;水下搭载潜器;100千瓦以上水下工作机器人;深水水下声呐;反射及应答器;水下海底中长期流速测量仪;深水水下吸力锚及补偿器;水下立管;15MPa、21MPa、30MPa、35MPa、70MPa、100MPa高压柔性管;超深水大厚壁管;200吨、300吨、400吨张力器。(8)制冷相关配套设备。高精度传感器、控制器(四通换向阀、电磁阀、截止阀)、控制平台、控制芯片、专用加工检测设备、特种用途的压缩机等;小管径及微通道高效换热产品、低制冷剂充注量的新型结构换热器、紧凑高效传热传质蒸发式冷凝器、高效传热传质冷却塔、异形翅片和椭圆管换热器等异型结构高效换热器。

(四)高档数控机床

1. 整机产品。(1)汽车制造领域。汽车动力总成(发动机、变速箱)及新能源汽车关键零部件高精高效加工所需的数控机加工装备及数字化、自动化、智能化生产线；汽车覆盖件等关键零部件加工所需的自动冲压生产线及模具关键加工制造装备等。（2）航空、航天设备制造领域。航空发动机、飞机结构件、航天发动机等领域应用的铝合金、钛合金、高温合金、复合材料等关键零部件的高精高效、五轴加工机床装备及关键装配工艺中用到数控加工装备；光学元器件超精密数控加工装备。（3）船舶与海洋工程装备制造领域。船用柴油机气缸体、气缸盖、机架、机座、曲轴、连杆等的加工设备，大型船体制造设备，船用推进器的螺旋桨和陀轴加工机床，轻型工业燃气轮机制造设备等加工设备。（4）轨道交通设备制造领域。轨道加工和高速铁路路枕加工设备、机车和车辆制造设备、车轮和车辆零部件制造设备等。（5）IT、医疗器械等设备制造领域。关键零件高精高效数控加工机床、数控专用设备；自动化、无人化/少人化制造系统及生产线中需要的自动化加工、检测设备与仪器，工业机器人等。（6）发电设备制造领域。发电机和汽轮机转子加工设备，叶根槽加工设备，汽轮机叶片加工设备，核电反应堆堆芯的压力容器、稳压器、主泵及驱动机构加工设备，风电变速箱中大型内齿圈、圆柱直齿轮和斜齿轮等的加工设备。（7）机床制造领域。坐标镗级加工中心、高精度卧式加工中心、导轨磨床、齿轮加工机床等。

2. 功能部件。数控系统（具备 5 轴运动控制、多通道复合加工、高精度加工、高速加工、特殊专用加工功能等 2 项以上技术特征的）；伺服驱动及电机（主轴电机、力矩电机、直线电机及相关组件等）；高性能位置反馈元件（绝对式位置测量，直线类定位精度＜±5μm/m，旋转类分辨率单圈 23 位/多圈 21 位，角度编码器定位精度≤±2″）；用于高端数控机床与数字化制造的专用工业软件等（高端设计及加工专用 CAD/CAE/CAM 软件、数控机床用 MES 软件等）；高性能数控转台，大功率/高速电主轴，高精度主轴单元，精密级以上滚动功能部件、进给传动零部件，动静压/静压支承部件，数控摆角头，加工附件头，伺服动力刀塔/刀架，高速换刀机械手/刀库，高速、高精度、大型卡盘，数字化、自动化制造所需特殊功能部件与机床附件等；数字化制造系统所需的工业机器人、关键零部件；量具量仪（具备在机/在线测量功能，精度等级在计量级以上）等。

3. 刀具、磨料磨具。高温合金、钛合金、复合材料加工用高效可转位刀具；高端金属陶瓷圆锯片；金属陶瓷齿材；优质弹簧钢背材；齿轮修整滚轮、螺杆压缩机转子、丝锥、蜗轮蜗杆滚轮等CBN成形磨砂轮；丝杠、凸轮轴等CBN成形磨砂轮；发动机气门CBN成形磨砂轮；航空航天及军工难加工异型新材料的抛磨加工工具；硬质合金、超硬材料等切削刀具及工具系统；高性能磨料磨具（金刚石和CBN等超硬材料及其微粉，特殊材料磨削用砂轮）。

（五）基础制造装备

1. 等材制造。（1）主机装备。航空、航天设备制造领域：航空发动机、飞机结构件、航天舱体结构等领域应用的铝合金、复合材料等的高精度、高性能、自动化成形成套装备。汽车制造领域：新能源汽车车体结构件、锂电池隔膜、动力电池箔等领域应用的压铸及生产装备等。机床制造领域：高端机床用高精度丝杠、大行程导轨成型制造专用工艺装备等。（2）关键零部件。模具（针对伺服冲压、大型模锻、真空等温煅等主机装备，满足高精密、长寿命等性能）；液压泵阀（针对大型模锻机、高速径向锻机、线性摩擦焊机等主机装备，满足高压、大流量、高精度等性能）；轴承（针对大型惯性摩擦焊机、模锻装备等主机装备，满足高速、高精、重载等性能）。（3）开发铸造、锻压、焊接、热表处理、复材成形等专业CAE仿真软件和智能化数控系统等。

2. 增材制造。（1）主机装备。航空、航天设备制造领域：航天飞行器、飞行器发动机等领域应用的复合材料增材制造装备。电子信息领域：通信天线等领域应用的曲面电路材料喷射增材制造装备等。（2）关键零部件：光纤激光器（满足单模、高功率、高稳定性等性能）；扫描振镜（满足高精度、高稳定性、自检测、自复位等性能）；压电喷头（满足抗腐蚀、长寿命、适配多种材料等性能）；电子枪（满足长寿命、高稳定性、高一致性等性能）。（3）增材制造装备过程控制系统（满足温场控制、加工检测、打印过程补偿等性能）。（4）粉末材料。钛合金、铝合金、镍基合金、难熔合金、高温合金等（满足耐热、高强度、高韧性等性能）。

（六）电工电器

额定推力240N/300N的三相扁平型直线异步电动机、永磁同步直线电机驱动加速系统、三相双边永磁同步高速高精度直线电机、三相扁平型永磁同步直线电动机、电力电缆连接件和气体绝缘金属封闭输电线路（GIL）产品、磁悬浮电机、特高压输变电设备、高压电缆成套技术及电缆附件。

（七）先进轨道交通装备

1. 关键零部件。研发轨道交通用高性能气动元件、高速动车组轴箱轴承（精度 P4 级）。推进新型城市轨道交通轴承、大轴重铁路货车轴承、高速动车组车轴/车轮研发与应用，实现高速动车组车轴/车轮批量应用。推进列车制动系统及基础制动元件，新一代大功率交流传动机车、重载货物列车、高速动车组制动系统及基础制动元件，液压离合器等实现进口替代。

2. 控制系统及整机。实现动车组网络控制、故障诊断、数据存储等功能的列车网络控制系统。实现 CTCS-2/CTCS-3 列车运行控制系统。推进高速列车永磁牵引电机研发与应用，全面提升电机的小型化、轻量化及高功率密度等指标。实现城市轨道交通列控系统。推进车钩缓冲装置研发与应用，掌握车钩缓冲装置的连挂和缓冲吸能、材料工艺、组装检测等核心技术。

（八）工程机械

1. 整机产品。筑养路机械（连续式环保型沥青混合料搅拌设备、沥青纤维碎石同步封层车和微波加热式沥青再生设备等）；高空作业机械（举高消防车、蜘蛛式升降工作平台、伸缩臂臂架式升降工作平台和折叠臂臂架式升降工作平台、电动高空施工机械等）；工业车辆（大吨位叉车、氢燃料电池工业车辆等）；应急抢险救援装备（高端应急救援装备、履带式全地形工程车等）；冰雪装备（高端造雪机、压雪机、浇冰车、雪场造雪成套设备、冰场制冰成套设备等）；土方机械（高端液压挖掘机、推土机、装载机、平地机等）；混凝土机械（大型混凝土泵车等）；掘进机械（大型全断面隧道掘进设备、非开挖水平定向钻机、隧道预切槽设备等）；起重运输机械（自动化轮胎式集装箱起重机、超大箱大伸距岸边起重机、铁路集装箱起重机等）。

2. 基础零部件。高性能液压冲击器、大功率掘锚机、截割齿轮箱、超大吨位履带起重机和挖掘机用大型高扭矩密度行走驱动系统、超大型旋挖钻机多马达驱动功率合流卷扬驱动单元、高效率旋挖钻机动力头驱动单元、高效率隧道掘进机刀盘双速比驱动单元、70吨（载重）及以上矿山宽体自卸车重型AT变速器、工程机械用安全型控制器、涡轮闭锁液力变矩器、工程机械高频响数字多路阀、高频伺服作动器、电动直线作动器、外置传感器数字挖掘机油缸、阀口独立控制型大流量液压阀、高性能电液插装阀、闭环控制数字泵、大型盾构机主驱动及刀盘密封件、电动工程机械用电控系统、电动工程机械用电驱系统、电动工程机械换电系统、电动工程机械用电池、工程机械自主作业操作系统。

（九）仪器仪表

1. 控制系统。 用于离散工业和流程工业数字化车间、智能化工厂的自动化、数字化、智能化、网络化的智能综合控制系统；用于高性能机器人、高端智能数控设备、航空发动机等高端设备的专用控制模块、控制器及控制系统；用于大型核电、风电等新能源发电设备、大型石油化工成套装置、大型冶金成套设备等重大技术装备的分布式控制系统（DCS）、现场总线控制系统（FCS）、输入/输出点数512个以上的中大型可编程控制器（PLC）系统等；用于石油化工成套装置的安全仪表系统（SIS）等。

2. 测量仪表。 数字化、智能化、网络化高精度智能压力/差压变送器，高精度质量流量计、电磁流量计、超声波流量计，高精度物位仪表、多参数变送器、耐恶劣环境大推力智能执行器等工业在线自动化检测仪表和设备，原位在线成分分析仪器，原位在线无损检测仪表、高精度（在线）几何量测量仪器仪表等；核电温度测量用核级铠装热电偶及组件、铠装铂电阻及组件、反应堆压力容器水位监测组件；智慧城市智能电网用智能电表及装置，包括智能化高精度电工量测量仪表，全电子式智能水表、燃气表、热量表；自动化仪表用关键功能部件，包括电磁流量计的转换器、控制阀的阀门定位器、超声波流量计的换能器等。

3. 传感器。 具有无线通信功能的低功耗各类智能传感器；新型光电传感器、磁传感器、MEMS传感器、声传感器、硅基传感器、高精度视觉传感器、检测金属缺陷的脉冲涡流传感器、特种微型高精度波纹管传感器；惯性导航传感器、内燃机用空气流量/质量传感器、宽域氧传感器、氮氧化物传感器；铝、稀土冶炼用多参数传感器，用于食品、药品、水质、烟气、空气、土壤、固体中有毒有害物质测量的各种智能传感器；传感器无线通信功能部件等。

4. 科学仪器。用于科学研究、药品、食品、生物、生化、环保等领域分析检测的高性能科学仪器。包括色谱仪器、质谱仪器、光谱仪器、核磁共振波谱仪、色谱质谱联用仪、色谱光谱等各种联用仪、自动生化检测系统；扫描电子显微镜、高性能智能化网络化光学显微镜、百万分之一电子天平、高性能实验室离心机等。用于科学研究、智能制造、测试试验、认证等领域的测量精度达到微米以上的多维几何量测量仪器。包括多维坐标测量机、激光自动跟踪测量仪、激光干涉仪、激光共聚焦显微镜、原子力显微镜、影像仪等；自动化、智能化高性能电液伺服疲劳试验机，多通道协调加载试验系统；工业 X 射线 CT 装置、三维超声波探伤仪等无损检测设备、高性能环境模拟试验设备、电磁兼容检测设备等。用于科学研究、工业安全、社会安全、生命安全领域的监测、控制和报警仪器装置。包括生产过程安全监测仪器及报警系统，矿井灾害监测仪器和安全报警系统，地震、地质灾害观测仪器及安全报警系统，综合气象观测仪器装备（地面、高空、海洋气象观测仪器装备，专业气象观测、大气成分观测仪器装备，气象雷达及耗材等），移动应急气象观测系统，气象计量检定设备，气象观测仪器装备运行监控系统。轨道交通用检测试验仪器和监控系统，城市智能视觉监控、视频分析、视频辅助刑事侦查技术设备等。科学仪器的关键核心部件、元件。包括质谱仪器的四极杆、离子阱、漂移筒，色谱仪器的高性能检测器，光谱仪器的干涉仪、光电倍增管、激光器、光栅、滤光片，射线检测仪器的 X 射线管，试验机的高精度引伸计，超声波仪器的高精度换能器，嵌入式控制模块，高性能光学镜头，高性能小型真空泵，自动取样系统和样品处理系统等。

（十）内燃机

1. 车用内燃机。乘用车高效小排量直喷增压发动机、采用阿特金森或米勒循环技术的混合动力发动机、乘用车柴油机、轻型商用车柴油机、中重型商用车柴油机。替代燃料发动机及替代燃料供给系统、关键部件，新型替代燃料燃烧技术，替代燃料内燃机专用润滑油、专用零部件和非常规排放后处理技术。

2. 非道路用柴油机和汽油机。农业机械用柴油机，工程机械用柴油机，内河航运、近海捕捞、水面作业船用低/中/高速柴油机，船用替代燃料发动机及喷射系统，船用低/中/高速发动机和关重件（增压器、燃料喷射系统、电控系统、活塞环、轴瓦等），非道路移动机械用替代燃料内燃机，国防动力用内燃机，增压及增压中冷技术，电控高压燃油喷射技术，废气再循环（EGR）技术，排气后处理技术，动力换挡拖拉机用柴油机，四气门柴油机，通用小型汽油机及摩托车用汽油机，四冲程汽油机空燃比精确可控的智能化电控技术，高效传动和动力匹配技术，性能优化和排气后处理技术。

3. 关键零部件。电控燃油喷射系统集成技术及喷油器总成、电控执行器、进油计量阀、电控单元；可变几何截面增压器，轨压传感器、宽域氧传感器、空气流量/质量传感器等各类专用传感器，氮氧化物传感器、颗粒物传感器等用于排放控制的专用传感器；内燃机排气后处理装置用 DPF/GPF 载体、柴油机用固体氨选择性催化还原（SSCR）储氨容器系统、内燃机排气后处理选择性催化还原（SCR）系统用宽温度范围尿素水溶液；柴油机高压共轨系统油泵总成、柴油机高压共轨系统电子控制单元（ECU）、柴油机可变截面涡轮增压器喷嘴环总成；汽油机涡轮增压器；摩托车用汽油机催化转化器；厚膜 DLC 涂层活塞环；模块化、智能化新型节能冷却润滑系统部件；高效燃油、润滑油滤清系统。

4. 测试技术及设备。内燃机自动测试控制与标定系统技术，高精度大流量气体质量/流量、颗粒物、排气烟度测量装置，关键零部件制造过程在线检测技术与装置，内燃机可靠性、排气后处理装置耐久性专用智能化测试设备，内燃机多环境多维度复合试验环境系统。

（十一）矿山机械

新型露天矿开采成套装备与智能控制系统，深井、超深井大型提升装备与智能控制系统，液力偶合器、保安型井下智能供液系统，露天矿自移式破碎站、无人操作电动自卸车等设备及关键部件，大型粉磨设备及工艺系统，自磨机、球磨机粉磨效率控制系统，压球机、团矿机等松散物料成型设备，海上风电采矿施工设备。

（十二）冶金装备

用于钢铁材料高洁净度、均质化要求的新型冷/热加工工艺装备，高效、节能、环保的轻量化短流程装备，冶炼用高纯度钒铝合金，高效智能化方板坯连铸机，极薄冷轧带钢高速精整机组工艺装备，高速高精度带材剪切工艺装备，高品质汽车面板剖分拉矫重卷检查机组工艺装备，高性能连续式复合钢板生产工艺装备，宽幅高品质有色金属高效冷轧机组工艺装备，高品质冷轧板酸洗—轧制—精整生产工艺装备。

（十三）机器人

1. 机器人本体。（1）工业机器人。高精度、高可靠性的焊接机器人，分拣、包装等物流机器人，大负载、轻型、柔性、双臂、移动等特征的协作机器人，空间位置移动、姿态可达、具有灵活抓取和操作能力的移动操作机器人。（2）服务机器人。果蔬剪枝、分选、喂料、巡检等农业机器人，采掘、钻孔、重载辅助运输等矿业机器人，钢筋加工、混凝土浇筑、焊接等建筑机器人，手术、护理、康复、配送等医疗康复机器人，助行、助浴、情感陪护、智能假肢等养老助残机器人，家务、教育、娱乐和安监等家用服务机器人，讲解导引、餐饮、配送、代步等公共服务机器人。（3）特种机器人。探测、监测、作业等水下机器人，安保巡逻、反恐防暴、边防管理、治安管控等安防机器人，消防、应急救援、核工业操作、海洋捕捞等危险环境作业机器人，检验采样、消毒清洁等卫生防疫机器人。

2. 关键零部件。高性能 RV 减速器和谐波减速器，高精度、高功率密度的机器人专用伺服电机及高性能电机制动器，高实时性、高可靠性、多处理器并行工作或多核处理器的控制器硬件系统，机构/驱动/感知/控制一体化、模块化机器人关节，三维视觉传感器、六维力传感器、关节力矩传感器、大视场单线和多线激光雷达、智能听觉传感器以及高精度编码器，具备智能抓取、柔性装配、快速更换等功能的智能灵巧作业末端执行器。

（十四）高端食品和包装装备

1. 整机装备。家禽分割胸肉分离工艺及装备、家禽家畜二氧化碳混合气致昏工艺及装备、易拉罐高速封罐机、高速 PET 瓶吹贴灌旋一体化装备、家禽自动掏膛工艺及装备、智能高速泡罩包装工艺及成套装备、高效节能 PET 瓶吹瓶机、生鲜类食品保鲜包装工艺及全自动包装生产线、自熟式直条米粉挤出机、高湿法植物蛋白肉（人造肉）加工工艺与设备、家禽胴体及内脏在线机器视觉检验设备、直条干米粉称量机、PET 瓶坯激光加热模组、食品包装材料电子束杀菌技术与装备、高效脉冲强光杀菌装备。

2. 关键零部件及材料。高温露点检测器、民用高端马氏体不锈钢带材、超高分子合金轴承、抗黏附耐磨蚀抑菌食品装备表面纳米复合功能涂层材料。

（十五）智能塑料机械

大型高效二板注塑机（合模力 1000 吨以上）、全电动塑料注射成型机、节能型塑料橡胶注射成型机（能耗 0.4 千瓦时/千克以下）、高速节能塑料挤出机组（生产能力 30～3000 千克/小时，能耗 0.35 千瓦时/千克以下）、微孔发泡塑料注射成型机（能耗 0.4 千瓦时/千克以下）、大型双螺杆挤出造粒机组（生产能力 30 万～60 万吨/年）、大型对位芳纶反应挤出机组（生产能力 1.4 万吨/年以上）、碳纤维预浸胶机组（生产能力 60 万米/年以上，幅宽 1.2 米以上）、纤维增强复合材料在线混炼注塑成型设备（合模力 200～6800 吨，注射量 600～85000 克）、大型多物料多工位注塑机（合模力 1000 吨以上，垂直转盘和水平转盘型）、新型节能型注塑机（具有注塑机热量回收再利用功能）、聚合物高性能表面反应注塑成形装备、Φ900 毫米×2800 毫米大型输送带压延机组、高端 PVB 玻璃夹层膜生产线。

（十六）铸造设备

高紧实度黏土砂铸造成套装备，高效自硬砂铸造成套设备，消失模/V 法/实型铸造工艺及装备，壳型铸造、精密组芯造型、硅溶胶熔模精密铸造装备，砂型 3D 打印/切削快速成型装备，轻合金高压/低压/挤压/差压/半固态等铸造装备，自动化智能制芯设备，高温合金真空熔炼定向凝固设备，钛合金真空感应熔化设备，高效节能铝合金、镁合金熔化设备，电渣熔铸成套设备，金属液自动化转运及定量浇注设备，金属液短流程铸造工艺与设备，铸件高效自动化清理及打磨成套设备，铸造专用机器人，环保树脂、无机黏结剂造型和制芯设备，汽车制造领域压铸件等关键零部件加工所需的大公称力压铸机。

（十七）锻压设备

多向模锻装备、卧式挤压机、真空等温锻造装备、液态模锻装备、高速伺服冲压装备、超低温成形装备、内高压注塑复合成形装备、钛合金薄壁件热拉伸—蠕变复合成形设备、高精度大尺寸超塑成形装备、超大型旋压成形装备、复合材料成形装备、复杂三维弯管成形装备、多轴粉末成形装备。

（十八）焊接设备

大功率真空激光焊接装备、复合热源智能化焊接装备、大功率激光电弧复合焊接装备、千吨级惯性摩擦焊接装备、高精度搅拌摩擦焊接装备、钢铝复合材成形连接装备、高端船舶与海洋工程装备制造领域铆焊结构件制造装备。

（十九）热表处理设备

精密真空热处理装备、大型壳体热处理装备、可控气氛热处理装备、高精度感应淬火设备、固液气混合化学气相沉积装备、激光冲击强化设备、特种喷涂装备、高强度刀具 PVD 表面强化装备。

（二十）增材制造装备

超大幅面、超大高度激光选区熔化增材制造装备，多光束大尺寸电子束选区熔化成形装备，搅拌摩擦固相增材制造装备，耐高低温材料增材制造装备，增材制造装备生产线。大型构件、精密件专用增材制造装备，连续纤维复合材料增材制造装备，精密超声电弧增材制造装备，水冷壁防腐增材制造装备，柔性电路增材制造装备，亚微米金属增材制造装备，超大型光固化成形装备。

（二十一）装备制造新材料

1. 高档数控机床和机器人材料。 加快实现稀土磁性材料及其应用器件产业化，开展传感器、伺服电机等应用验证。开发高压液压元件材料、高柔性电缆材料、耐高温绝缘材料。调整超硬材料品种结构，发展低成本、高精密人造金刚石和立方氮化硼材料，解决滚珠丝杠用钢性能稳定性和耐磨性问题，突破高档数控机床专用刀具材料制约。

2. 先进轨道交通装备材料。突破钢铁材料高洁净度、高致密度及新型冷/热加工工艺，解决坯料均质化与一致性问题，建立高精度检测系统，掌握不同工况下材料损伤与失效原理及影响因素，制定符合高速轨道交通需求的材料技术规范，提高车轮、车轴及转向架用钢的强度、耐候性与疲劳寿命并实现批量生产。推动实现稀土磁性材料在高铁永磁电机中规模应用。开发钢轨焊接材料加工技术，发展风窗和舷窗用高品质玻璃板材。加强先进阻燃及隔音降噪高分子材料、制动材料、轨道交通装备用镁铝合金制备工艺研究，加快碳纤维复合材料在高铁车头等领域的推广应用。

三、智能制造

建设机械行业智能场景、智能车间、智能工厂和智慧供应链，贯彻国家智能制造标准体系要求，通过5G、大数据、人工智能等新一代信息技术与先进制造技术的深度融合，推进先进制造技术突破和工艺创新，提升智能制造应用成熟度水平，推进制造模式和企业形态的根本性转变。

（一）生产智能化

面向机械产品研发、生产作业、质量管控、售后服务等重点环节，部署智能制造装备和相应的工艺软件，大幅缩短产品研发周期，降低机械产品不良品率，提升生产效率。

1. 研发设计。应用自动化、数字化、智能化的生产装备或生产线实现柔性生产。建立车间级工业通信网络，实现系统、装备、零部件及人员之间的信息互联互通和有效集成。运用模块化设计技术和信息协同控制技术，以新型制造工艺为重点，建立专用零部件数字化制造单元。

2. 生产制造。以机器人、智能机床、加工中心、自动化物流为基础，建立具备自动识别、自动定位、在线智能检测等功能的智能生产线。针对合同管理、财务管理、物流管理、制造流程管理、动能管理、人员管理等方面，开展数字化工厂建设，实现灵活的规模化生产，有效提高产品的制造精度和稳定性。建立生产过程数据采集和分析系统，实现生产进度、现场操作、质量检验、设备状态、物料传送等生产现场数据自动上传，并实现可视化管理。建立车间制造执行系统（MES），实现生产、质量、库存、设备维护等方面的管理功能，提高设备利用率（OEE），减少非计划停机，实现生产过程的追溯，降低在制品库存。实现生产设备运行状态实时监控、故障自动报警和诊断分析，生产任务指挥调度可视化，关键设备自动调试修复。实现车间作业计划自动生成，生产制造过程中物料投放、产品产出数据自动采集、实时传送，并可根据产品生产计划基本实现实时调整。生产过程广泛应用条码、二维码、电子标签、移动扫描终端等自动识别技术设施。

3. 管理物流。建立能源、环保、安全、应急等方面的管理系统，实现相关数据实时上传、自动分析，并实现可视化管理。建立物流系统，实现对物品的定位、跟踪、控制等功能，车间物流根据生产需要实现自动挑选、实时配送和自动输送。建立企业资源计划（ERP）系统、供应链管理（SCM）系统、客户关系管理（CRM）系统，实现生产、采购、供应链、物流、仓库、销售、质量、成本等企业经营管理功能，科学配置资源，优化运行模式，改善业务流程，提高决策效率；建立产品全生命周期管理（PLM）系统，改善产品研发速度和敏捷性，增强产品定制化生产能力。

（二）工业互联网

建设信息基础设施，提升各环节数据的采集、传输、处理、共享、分析、应用能力。面向机械行业建立工业互联网标识解析二级节点，开展全生命周期管理、产品追溯等工业互联网标识解析集成应用。建设机械行业工业互联网平台，推动平台在多专业协同设计、虚拟仿真、设备预测性维护等机械行业典型场景的应用，促进研发设计、生产管控、运维服务等产品全生命周期的管理与优化，赋能机械行业转型升级。开展机械智能制造系统安全防护，建设机械行业内生产安全工业互联网平台，实现风险分析和危险源识别，并应用到现代农业机械、数控系统及功能部件、智能物流装备等多种行业重点产品的生产制造场景。鼓励建设基于增材制造生产模式的全流程智能工厂，鼓励建设区域 3D 打印中心，开展增材制造服务。

四、绿色制造

（一）绿色制造

（1）大气污染治理设备。包括湿式静电除尘器，燃煤工业锅炉超低排放控制技术装备，工业锅炉脱硝装备，塑烧板除尘器，有机废气高效回收和处理设备，冲天炉、电弧炉专用除尘系统。（2）水污染治理设备。包括污水一体化生物处理装置、农村分散型生活污水处理设备、污水专用换热装备、带式污泥浓缩压滤一体机、螺旋栅渣压滤机。（3）固体废物处理设备。包括大型生活垃圾焚烧炉及二噁英处理成套装备、生活垃圾热解燃烧处理设备、水泥窑协同处理城市垃圾设备、土壤修复成套装备。（4）资源综合利用设备。包括含铅废料无害化处理及回收综合利用装备、废旧金属循环再生与利用设备、铸造废（旧）砂再生成套设备、铸造生产废渣再利用设备。（5）环境监测仪器仪表。包括脱硝氨逃逸检测系统、光谱分析仪器用光电倍增管、自动进样器、应用于汽车尾气检测的传感器、高效液相色谱仪、VOCs检测仪器。

针对数控机床加工过程切削液排放/碳排放限制，开展轻量化结构、运行过程优化、能效管理、绿色切削及切削液处理、模块化可重构等研究，满足绿色制造需要。在内燃机制造领域，推广精密铸锻、热处理及表面加工等绿色制造工艺，应用高动态交流电力测功器、低耗能产品出厂试验测试装置及高效能量回收技术。推广再制造表面修复关键技术、内燃机及关键零部件再制造装备、模具修复及再制造装备、环保型高分子及复合材料专用成型加工技术及装备。推广再制造表面工程、疲劳检测与剩余寿命评估、增材制造等关键共性技术工艺，开发自动化高效解体、零部件绿色清洗、再制造产品服役寿命评估、基于监测诊断的个性化设计和在役再制造等领域的关键技术及装备。

（二）安全生产

电气设备漏电保护装置，金属切削机床保险装置、联锁装置，起重吊装机械设备制动器检测装置，起重机械等机电类特种设备及锅炉、压力管道等承压类特种设备检测检验系统，冲压设备、气焊割设备安全保护装置，煤矿火灾防控成套装备，智能化瓦斯煤尘爆炸隔抑爆装备，矿井水害精准防控装备，露天矿滑坡灾害智能预警装备，复杂地质条件下矿山巷道支护装备，基于云平台和物联网架构的分布式尾矿库安全在线监测技术及装备，电动工程机械用电池组安全性检测技术及装备。

五、服务型制造和技术改造服务体系

推动装备制造业由提供设备向提供系统集成总承包服务转变，由提供产品向提供整体解决方案转变，由注重采购供应向注重供应链管理优化转变，提升产业效率、效益，增强市场竞争力。支持骨干装备制造企业拓展业务领域，延伸上下游产业链，培育一批具有系统集成能力的大型综合性装备制造企业集团。激活装备制造企业融入新一代信息技术的主动性和积极性，推动装备制造企业数字化转型，实现产品 3D 模型数据从设计到制造、检测全过程的流动。加强装备制造业发展提升所需的各类高端工业软件的开发，鼓励装备制造企业开发凝结企业知识的应用软件。深入推进重大技术装备研发，加强装备制造企业对用户工艺的研究，与用户形成战略合作伙伴关系，实现整机与零部件、设计与工艺及检测、制造与应用协同发展。支持装备制造企业建设核心技术攻关、协同设计制造、设备远程运维的工业互联网平台。

支持机械行业企业开展创新设计研究，发展众包、众创等模式。充分利用全社会资源，应用云计算、大数据、虚拟现实、3D 打印等新技术构建企业技术创新平台。

建立健全产品全生命周期的服务型制造体系，构建服务型制造标准体系和统计口径，发展生产性服务业，不断提高服务型制造水平。

建立重大装备远程监测中心、集成呼叫中心、配件服务平台，融合 GPS 终端、GPS 智能系统，实现基于物联网的设备实时监控与远程运维平台，并在此基础上拓展物联网服务平台，为用户提供配件网络销售、租赁回收等市场营销服务。

支持机械行业企业开展数据安全技术手段建设，提升数据安全防护水平、风险监测能力和应急处置能力,鼓励使用数据安全技术产品、服务和解决方案。聚焦机械行业企业数据安全保护和开发利用,建立全生命周期的数据安全保障体系。

引导制造企业积极开展主动服务,提供更有效的基于产品的服务。在网络安全、稳定、可靠的保障基础上,建立数字化互联互通的行业统一标准,鼓励企业开发拥有知识产权的软件和服务平台,实现机械行业从生产型制造向服务型制造转型。

第三章 汽车行业

一、基础能力

（一）基础零部件

电控喷油系统、动力总成电子控制模块、驱动电机、电机电子控制系统、动力电池单体及系统、电池管理系统、燃料电池系统、机电耦合装置、自动变速器、缸内直喷系统、电控附件系统、混合动力变速系统、机械传动机构、传动机构电子控制系统、能量再生制动系统、适用于双面冷却的 IGBT 芯片及模块、基于 SiC 的芯片及模块、电驱动高速轴承、整车制动能量回馈系统、双向 DC/DC 变换器、高集成度电流传感器、高散热效率平面散热器、发动机专用电控单元 ECU、发动机控制系统控制器、混合动力系统关键控制系统核心控制器、稀土永磁电机、氢循环系统、Ⅳ型 70MPa 储氢瓶可变配气机构、发动机后处理器、高品质底盘橡胶元件。

（二）基础材料

新能源汽车动力电池正/负极材料、电解质材料、隔膜材料。具体地，研发具有良好导电性、稳定性的正极材料，制备高安全性、高稳定性、循环性能好的金属合金负极，开发高电导、宽电化学窗口和高热稳定性的新型液态电解质、聚合物固体电解质和无机硫化物固体电解质等。研发燃料电池催化剂、双极板涂层材料。研发轻量化复合材料/混合材料、电机用硅钢和永磁材料、特种橡胶、高强度钢、铝镁合金材料、高端弹簧钢、低摩擦材料、新型耐高温活塞材料、轻质树脂基阻尼材料、轻型低成本耐高温高可靠性塑料、摩擦片材料、变截面少片钢板弹簧等新材料和新结构，以及铝硼合金材料、低密度 PVC 胶、双组分聚氨酯发泡胶。研发 780MPa 及以上超高强度钢、车用复合材料、车用橡胶。

（三）基础工艺

异种材料连接工艺、复合材料构件成形制造工艺、金属材料精密挤压成型工艺、超高强度钢塑性成形工艺、汽车件近净成形制造工艺、精密激光加工工艺、高功率密度电机扁铜线应用工艺、激光连接工艺、超高强度钢热成型冲压工艺、铝合金热成型和温成型工艺、高精度铝合金冲压工艺、铝合金挤压铸造工艺、混合动力发动机气缸孔喷涂工艺、水性漆 B1B2 涂装工艺。

（四）汽车工业软件

汽车行业三维计算机辅助设计（CAD）软件、汽车行业计算机辅助工艺设计（CAPP）软件、汽车行业企业资源计划（ERP）软件、汽车行业系统设计及仿真软件（MBSE）、汽车行业产品全生命周期管理（PLM）软件、汽车行业结构/多体动力学/流体/热力学/电泳/声学仿真（CAE）软件、汽车行业计算机辅助制造（CAM）软件、汽车行业制造执行系统（MES）、汽车行业分布式控制系统（DCS）、汽车行业数据采集与监视控制（SCADA）系统、汽车行业生产计划排产系统（APS）。

（五）产业技术基础公共服务平台

建立新能源汽车重大共性技术研发平台、新能源汽车公共检测平台、智能网联汽车技术研发与应用平台、节能与混合动力总成共性技术研发与应用平台、基于物联网技术的汽车零部件企业共享制造平台。

建立节能与新能源汽车电池碰撞安全性测试服务平台、节能与新能源关键零部件测试服务平台、新能源汽车整车热管理技术创新平台、节能与新能源汽车混合动力技术测试创新平台、汽车气动—声学性能开发和试验检测技术基础公共服务平台、内燃机电子控制模块化系统评测服务平台、自动驾驶测试与示范平台，以及符合国家信息安全法规要求的用户出行数据、充电数据采集和服务平台。

二、质量提升

（一）高端装备

开展新能源汽车全新底盘、动力总成、汽车电子等产品研发与应用，发展整车控制系统、电池管理系统、电驱动系统。推进低能耗电动空调系统、电制动系统、电动转向系统、48伏怠速起停系统产业化。开展先进混合动力专用发动机、插电式混合动力机电耦合驱动系统、先进混合动力起动发电一体机、高功率充电系统、无线充电系统、充电站（桩）及换电站装备研发与应用。推进高能效锂离子电池、新型高比能量三元锂电池产业化，燃料电池产品化，开发制氢和储氢及加氢设备。建设新能源汽车整车及关键零部件测试评价技术平台。支持动力电池及关键材料自动化生产设备、驱动电机用旋转变压器研发与应用。推进混合动力汽车关键系统及零部件产业化。

（二）总成产品

电控机械自动变速箱、双离合器变速器（DCT）、无级变速器（CVT）、8档及以上自动变速器差速器总成、汽车变速箱用单向离合器、应用电子离合器的手动变速器、汽车发电机单向滑轮总成、高集成度的多合一电驱动总成；轿车动力总成及传动系统旋转密封产品。

（三）汽车零部件

高密度、高强度、高精度汽车粉末冶金零件；高性能汽车铸件，包括缸体、缸盖、曲轴等；蠕墨铸铁、等温淬火球铁（ADI）、非铁合金铸件等；新能源驱动系统用铸件，包括电机、电控、减速器壳体，以及总成产品壳体；轴承产品，包括轿车轮毂轴承单元、轿车变速箱轴承、汽车用柔性轴承、汽车转向系统轴承与滚珠丝母集成单元、汽车蜗轮增压器轴承、重型汽车下推力杆用向心关节轴承、汽车ABS偏心圈轴承单元、长寿命水泵轴连轴承、载重汽车轮毂轴承单元、轿车第三/四代轮毂轴承关键零件；铝合金传动轴；低地板大型客车专用车桥、空气悬架；吸能式转向系统；低泄漏电磁阀；直喷喷油器。

（四）智能控制产品

发展汽车电控系统及设备，具体包括：发动机控制单元（ECU）、变速箱控制单元（TCU）、动力控制单元（PCU）、制动防抱死系统（ABS）、智能驾驶域控制系统、车道偏离预警（LDW）系统、车道保持辅助（LKA）系统、智能车联 V2X 域控制系统、智能车联通信模块、汽车数据智能处理系统、汽车多传感器融合控制系统、汽车智能高精定位导航系统、汽车自动巡航系统、智能泊车系统、牵引力控制系统（TCS）、电子稳定控制系统（ESC）、车身控制模块（BCM）、主动减振系统、网络总线控制系统、车载故障诊断仪（OBD）、多域控制器、电控智能悬架、电子驻车系统、自动避撞系统、电子油门、车用功率器件、随动前照灯系统、电涡流缓速器、大中型客车变频空调、LED 车灯；汽车用微控制器芯片、汽车座舱域控制系统、车内感知单元、车对车与车对物通信模块、车身总线通信芯片、车用传感器与模块；镶嵌式车载信息智能单元及系统、车载智能互联 TBOX 系统、车载人工智能系统。

（五）节能与新能源汽车新材料

开展高安全性、高能量密度、低成本动力电池材料研究，开展高容量储氢材料、质子交换膜燃料电池及防护材料研究，实现先进电池材料合理配套。开展新型 6000 系、5000 系铝合金薄板产业化制备技术攻关，以满足深冲件制造标准要求。开展高强度 7000 系铝合金挤压型材技术攻关，开展 1000MPa 以上汽车冷冲压钢板、1800MPa 热冲压钢板、1300MPa 等截面及 3D 辊压技术、铝合金高真空压铸技术、半固态及粉末冶金成型零件产业化及批量应用研究。加快镁合金、稀土镁（铝）合金在汽车仪表盘及座椅骨架、轮毂等领域应用，提高大丝束碳纤维性能及质量一致性。开展长玻纤增强热塑性复合材料、连续玻纤增强热塑性复合材料、碳纤维增强热塑性复合材料零部件产业化及批量应用研究，扩展高性能复合材料应用范围，支撑汽车轻量化发展。

（六）公共检测环境

推进汽车低风阻设计技术应用。支持传统汽车节能、性能测试，产品一致性、安全性等方面的第三方检测验证环境建设，包括汽车底盘测试、噪声与振动

（NVH）测试、碰撞安全试验、电磁兼容（EMC）测试、结构动态测试、排放测试分析、动力总成动态试验、动力电池系统测试等，以及开发对标数据库，建设乘用车动力总成测试平台及测试规范、汽车风洞试验室。

三、智能制造

建设汽车行业智能场景、智能车间、智能工厂和智慧供应链，贯彻国家智能制造标准体系要求，通过 5G、大数据、人工智能等新一代信息技术与先进制造技术的深度融合，推进制造技术突破和工艺创新，提升智能制造应用成熟度水平，推进制造模式和企业形态的根本性转变。

（一）生产智能化

面向汽车产品研发、工艺设计、柔性制造、质量管控、仓储物流等重点环节，部署智能制造装备和工业软件，提升全产业链智能化水平。

1. 研发设计。应用基于模型的系统工程、数字孪生、参数化设计等技术，搭建数字化协同设计和仿真平台，进行整车结构、电子电器、系统控制、人机环等多专业和多学科协同设计与仿真分析，并结合虚拟测试与试验技术，快速迭代车型设计。基于计算机辅助工艺设计软件，打通设计、工艺协同流程，并行开展冲压焊接、涂装、装配等工艺设计与虚拟仿真验证，预测、改进工艺方案和参数，提高整车质量稳定性。

2. 生产制造。部署汽车制造领域智能制造装备，应用工业机器人、柔性加工和装配装备、智能检测和物流装备，构建关键部件和整车柔性化生产线，适应大批量定制化生产的模式。融合应用 5G、机器视觉、大数据分析、参数调优等技术，实现整车工艺参数和流程的自适应优化，进一步提升质量。部署覆盖主要工艺流程的生产全流程一体化管控平台，向上打通研发、设计，向下打通工业控制、智能装备，实现生产经营决策快速下达，进而提升制造系统韧性。

3. 仓储物流。部署汽车制造领域智能物流与仓储装备和系统，实现材料、关键零部件、整车的自动化出入库和物流配送；依托仓储管理系统与生产计划和生产控制系统的打通协同，实现基于生产线物料需求的拉动式物料配送，结合生产状态和物流负荷自动优化配送方案,提高物流效率,降低库存成本。

(二)工业互联网

1. 汽车行业工业互联网平台。建设汽车行业工业互联网平台,基于平台开展新车型协同设计、碰撞仿真,打通用户需求和上下游供应链,实现个性化定制、柔性化生产、弹性供应链、零部件追溯模式,实现数字化驱动的敏捷柔性生产。

2. 汽车行业工业互联网标识解析。面向汽车行业建设工业互联网标识解析二级节点,支持建立工业互联网标识解析采集系统,开展产品全生命周期管理、产品追溯等工业互联网标识解析应用。

四、绿色制造

(一)绿色制造

开展汽车整车涂装废气(VOCs)清洁净技术规模化应用,汽车有害物质替代与减量化技术研发应用,汽车整车焊装节能减排技术规模化应用;推进动力电池梯次利用和再生利用产业化,报废汽车绿色智能精细拆解与高效分选回收,热固性塑料及复合材料低成本回收,节能减排铸造、锻造技术提升及规模化应用,汽车制造全寿命能耗及排放评估标准建设,数据统计与改进技术研发应用,汽车全生命周期碳排放研究及核算。

(二)安全生产

推进动力电池组装、运输、存储安全技术规范制定及检测设备开发;支持配置在线检测与防错装置、冲压设备安全防护装置、乙炔等易燃易爆气体泄漏监测报警与应急处置装置;加强喷漆车间安全监控与职业卫生防护设备设施配套,并加强涂装 VOCs 治理。

五、服务型制造和技术改造服务体系

鼓励汽车行业服务型制造不断创新业态与模式,支持促进汽车行业服务型制造关键技术的科技成果转化与应用；支持汽车行业运用 5G、云计算、大数据、人工智能等新一代信息技术，提升汽车行业服务水平。

鼓励汽车行业建立设计资源数据库、成果展示库、工程实验室等公共服务平台；鼓励汽车及周边企业研发设计工具和软件，结合具体应用，丰富基础零部件代码库，研发、推广工业 App 应用，运用新材料、新技术、新工艺推进关键领域设计突破。推动汽车行业关键零部件、新能源汽车动力电池和充电系统、动力电池回收利用系统设计，推动乘用车及冷链物流车、消防车等专用汽车设计等。

鼓励汽车行业有关企业联合建设制造资源信息共享平台，推动闲置资源信息共享和对接，突破资源约束和空间约束，平衡供需。建设共享制造工厂，共同使用生产设备、工厂生产线、办公空间、工人等资源，推动平台接单、订单共享、协同生产，推动制造资源、制造能力和服务能力开放共享，实现企业间协同和社会制造资源广泛共享。

引导汽车制造企业实施从需求分析到淘汰报废或回收再处置的产品全生命周期管理，发展专业化服务体系，开展远程在线监测/诊断、健康状况分析、远程维护、故障处理等质保服务。支持汽车行业开展产品回收及再制造、再利用等绿色环保服务，建设再制造旧件溯源及产品追踪信息系统，建立产品信息质量反馈机制，促进再制造产业规范发展。支持产业界、科研院所联合研发再制造修复技术、再制造零部件剩余寿命评估技术、再制造质量控制与虚拟检测技术等再制造技术。推动完善汽车行业再制造工艺技术标准、质量检测标准、产品认证标准，建立系统、完善的再制造国家标准体系。

鼓励汽车行业利用软件和信息通信技术开展信息增值服务，创新服务模式，提升服务效率，提高产品附加值；拓展生产领域增值服务，开展个性化定制服务，研发设计具备个性设定和动态更新功能的产品。鼓励汽车制造企业加快产品、装备的智能互联升级，面向行业与用户使用场景研发软硬件一体化的产品系统，拓展融合"硬件+平台+软件"的一体化解决方案，创新高附加值服务，鼓励企业从单纯硬件竞争向应用服务竞争转变，增强客户黏性。开展故障预警、远程维护、质量诊断、远程过程优化等在线支持和数字内容增值服务。创新服务计费模式，健全产品营销服务体系。发挥公共服务平台、产业联盟的作用，引导中小企业开展产品全生命周期服务。发展面向制造全过程的计量检测等服务，完善公共服务平台功能。

支持汽车行业工业企业开展数据安全技术手段建设，提升数据安全防护水平和应急处置能力，加强数据安全技术与安全产品应用，建设部署企业侧数据分类分级、分级保护、风险监测和应急处置等技术手段，鼓励使用数据安全技术产品、服务和解决方案。聚焦汽车行业工业企业数据安全保护和开发利用，建立全生命周期的数据安全保障体系。

鼓励汽车行业模式创新，加快服务型制造发展，提升利润空间，提供租赁、物流运输等服务，推广按服务计费模式；拓展配套金融业务，以核心企业为中心向产业链上下游企业延伸，提供金融服务等；利用并发挥服务型制造示范企业优势资源与作用，研究分析可应用于汽车行业的典型经验，总结推广经典案例与方法，以点带面促进全行业企业转型升级。

第四章 船舶行业

一、基础能力

（一）基础零部件

基础零部件包括：齿轮、密封件、RV 减速器、电子调速器、薄壁轴瓦、双金属气阀、船舶自动识别系统（AIS）核心芯片、磁控管、水下连接器、水下阀门、水下脐带缆、水下插拔器、水下声学定位系统产品、深海高效矿石切割钻头、海洋温差能大深度海水提升泵、超大型浮体高承载连接器、激光雷达、雷达前端信号处理模块、雷达回波视频信号压缩传输模块。

（二）基础材料

基础材料包括：高止裂厚钢板（最大厚度 80mm），450Mpa 级高强度双相不锈钢宽厚板、船用殷瓦钢、镍钢及配套焊接材料，极地用低温钢、低温高锰钢及配套焊接材料，货油舱（COT）用耐腐蚀钢及配套焊接材料，金属复合材料，超级双相钢材料、海洋工程用 Q690 大厚板配套焊接材料，深水平台专用钢材，齿条钢特厚板（厚度大于 180mm），大壁厚半弦管（最大壁厚 85mm），大规格无缝支撑管（最大尺寸 $\varPhi$400mm×30mm），钛合金油井管，X80 级深海隔水管材及焊材，海底油气输送耐高压复合管材，大口径深海输送软管，CT70 级及以上连续油管，柔性立管复合材料，深海装备高强高韧易焊钛合金材料，深海矿石切割头材料，水下履带用复合材料，海洋工程用高效无缝药芯焊丝，水下焊接材料，降低船体摩擦阻力用涂料，极地船舶低温涂料，船用低含量/无挥发性有机物（VOCs）涂料，透声材料，专用高强度聚氨酯绝热材料，水下非金属密封材料，高性能深水阳极材料，液化天然气（LNG）货物围护系统隔热材料、胶水、不锈钢波纹板。

（三）基础工艺和技术

基础工艺和技术包括：激光复合焊接工艺，激光切割工艺，横向自动焊接工艺，舰船用燃气轮机薄壁、异型件等关键零部件精密加工与焊接工艺，船用发动机智能化电控系统精密制造与检测技术，双燃料低速船用发动机试车系统，大型海洋风电叶片全尺寸静动态测试技术，薄壁小径管爬波超声检测技术，船用发动机智能化电控系统精密制造与检测技术，大型船用锻件的低成本、长寿命制造技术。

（四）船舶工业软件

船舶工业软件包括：船舶工业三维计算机辅助设计（CAD）软件、船舶设计水动力/强度数值仿真软件、船舶生产建造软件、船舶行业设计全流程三维软件、船舶行业结构性能分析软件、船舶行业流体性能分析软件、船舶行业振动噪声数值仿真软件、船舶行业电磁仿真分析软件、船舶行业燃气轮机传热分析软件、船舶行业多物理场/多学科联合仿真软件、基于模型的船舶行业三维工艺规划与仿真（CAPP）软件、船舶行业管理软件、面向精益造船的船舶行业车间制造执行系统（MES）、船舶结构及设备维护软件、船舶运维管理系统、船舶测试验证软件和虚拟实验平台。

（五）产业技术基础公共服务平台

依托海洋能源企业、海洋养殖企业、装备制造企业、科研机构、专业机构等联合组建的海洋工程装备创新联盟，建立国家级深海试验与检测平台，支持建设第三方检测认证机构，建立与完善海洋工程通用系统和设备、专用系统和设备，以及关键部件的检测试验设施，加强相关系统和设备的技术标准、规范的研究和制订，建立数据服务平台。

支持船舶产品原始创新和建造示范项目，开发符合国际新公约、标准和规范要求的氨燃料、纯电池动力、燃料电池动力和混合动力等新型动力船舶，如特种设备试验船、高冰级极地科考船/破冰船、水面自主船舶，以及为环保减排赋能的智能化船舶。

支持海洋工程装备创新示范，加快边际油田自安装采油平台、极地海工平台等研发应用。支持特种海洋资源开发装备，潮流能、波浪能、温差能等海洋新能源装备，新型远海浮式风电装备及大型安装装备，以及深远海大型养殖装备等产业化创新示范。

支持船舶与海洋工程装备关键配套设备创新示范。建设深水试验场、油气水下系统和设备虚拟仿真装配与维护平台、水下生产系统试验井等设施，满足海洋工程重要设备试验验证和认证需要。

二、质量提升

（一）核心设备

1. 船舶动力系统及设备。 包括智能环保型船用中/低/高速柴油机、LNG 船用双燃料低/中/高速柴油机、LNG/氨/氢/甲醇等新燃料发动机、高压共轨燃油喷射系统、智能化电控系统、单级或两级超高压比增压器、高端船用发电机、船舶电站、船用主动力及辅助动力燃料电池、船用动力电池、风帆推进总成、低转速大功率推进电机、光伏发电并网系统、船用集装箱式移动电源。

2. 船用环保装备。 包括废气再循环（EGR）系统、选择性催化还原（SCR）装置、尾气后处理复合（IEGCS）装置、紧凑型能量利用与消声（I-EUS）装置、碳捕集利用与封存（CCUS）系统、气泡减阻系统。

3. 船用推进系统及设备。 包括喷水推进系统、气层减阻系统、全回转舵桨系统、一体化推进器、动力定位系统、直流组网系统、电力推进装置等。

4. 甲板及舱室机械。 包括电动克令吊、甲板拖带系统等大型、高端甲板机械及关键部件，以及自有品牌货油泵、焚烧炉、分离机、污水处理装置、海水淡化装置、压载水处理装置。

5. 燃料储存、供给系统及设备。 包括高锰钢 LNG 储罐、LNG 罐式集装箱专用运输船配套系统、低温燃料储存舱、替代燃料供给系统、遥控阀门。

6. 通信导航系统及设备。 包括内河/沿海船舶自主导航系统、海上船舶无线通信网络、连续波固态雷达、新一代自有品牌综合船桥系统、符合国际海事组织（IMO）规范的船用导航雷达系统等通信导航和自动化系统。

7. 海洋工程关键设备与系统。包括：海上高精度地震勘探系统、深海锚泊系统、内转塔式单/多点系泊系统、动力定位系统、海洋平台控制系统；海洋平台甲板机械、海洋平台电站、板翅式换热器、超低温特种电机、深海通用基础件；大型海上发电用内燃机、双燃料燃气轮机、天然气压储机，分油机，压载泵；深水钻机（钻井包）、修井机，自升式平台钻井系统，钻井/生产隔水管，自升式平台升降/锁紧/滑移系统；海洋观测/监测仪器设备、深海探测/识别和预警装备、深海装备公共试验/检测平台；反渗透海水淡化膜组器、能量回收装置、膜压力容器、海水高压循环增压泵和蒸馏法海水淡化核心部件、中空纤维超滤组件、LNG 气化及冷能利用系统等。

8. 水下系统和作业装备。包括：水下管汇和井口头、水下采油树、水下防喷器、水下成橇化生产装置、水下抽油设备、水下集输管汇系统、水下设施应急维修设备、钛合金隔水管、输液旋转接头、应急减灾和消防设备；ROV/AUV 和多功能水下机械手、载人深潜器、无人智能深潜器、海底管线切割/焊接设备、大深度高耐压测井仪器、海底挖沟机、海底管线检测和维修设备等。

（二）船舶与海洋工程装备

1. 推进船舶研发、设计、建造、试验等。包括：用于极地运输、极地科考、极地破冰、极地资源开发、极地旅游等的极地装备；大洋声学设备试验船、大中小型邮轮；汽车运输船、豪华客滚船、货物滚装船、集装箱滚装船等滚装类船舶；液化天然气、液化石油气、乙烷、液氨、液氢、二氧化碳等液化气体运输船等。

2. 推进海洋工程装备研发、设计、建造、试验、检测、鉴定与标准化等。包括：自升式钻井平台、钻井船、潜式钻井平台等移动式钻井平台；深水浮式生产储卸装置（FPSO）、半潜式生产平台、浮式液化天然气储卸装置（LNG-FPSO）、边际油田型浮式生产储油装置等浮式生产平台；浮式储存及再气化装置（FSRU）、天然气水合物钻采船/平台、大洋钻探船；海底金属矿产资源勘探开发装备；岛礁重载建设平台、岛礁旅游开发平台、海上油田设施拆解装置等；港口作业船、物探船、铺管船、起重船、三用工作船、守护船、供应船、海上风电安装（运维）船、潜水支持船等；海洋风电资源开发装备、海洋养殖工程装备；深海空间站、大型浮式结构物等。

3. 配套设备。发展高技术船舶与海洋工程装备重点配套设备集成化、智能化、模块化设计制造技术。

三、智能制造

建设船舶行业智能场景、智能车间、智能工厂和智慧供应链，贯彻国家智能制造标准体系和船舶总装建造智能化标准体系建设指南的要求，通过 5G、大数据、人工智能等新一代信息技术与先进制造技术的深度融合，推进制造技术突破和工艺创新，提升智能制造应用成熟度水平，推进制造模式和企业形态的根本性转变。

（一）生产智能化

面向船舶行业产品生产作业、安全管控、供应链管理等重点环节，部署智能制造装备和相应的工艺软件，大幅缩短产品研发周期，降低船舶产品不良品率，提升生产效率。

1. 总装制造。突破智能制造关键共性技术，重点针对加工、焊接等关键作业环节，攻克曲板、肋骨、管子等自动化、数字化和智能化制造装备，开发曲面成形、打磨、涂装、焊接等专用智能装备。

建立船厂物联网系统，构建中间产品、设备、人员和场地空间的全方位互联关系，以船体分段、管子加工、分段涂装等车间为对象，建设基于 5G、人工智能等新一代信息技术的智能单元、智能生产线、智能车间和外场（舾装、装配）智能生产工艺。

开展船舶工业应用标准研究，推进基础共性标准和关键技术标准在船舶行业的应用，构建船舶智能制造标准体系。

2. 安全管控。基于智能传感、机器视觉、特征分析、专家系统等技术，通过安全风险实时监测与应急处置等手段，动态感知、精准识别危险环节的各类风险，实现面向工厂全环节的安全综合管控，以及安全事件的快速响应和智能处置。

3. 供应链管理。构建面向船舶生产全过程、全业务链的网络化协同体系，开展船舶工业企业供应链协同应用。通过建立供应链管理系统，集成大数据、区块链和知识图谱等技术，打通上下游企业数据通道，实现供应链可视化监控、综合绩效分析，以及风险隐患识别和高效处置。

（二）工业互联网

通过建设信息基础设施，持续提升供应链、生产制造各环节数据的采集、传输、处理、共享、分析、应用能力，支撑工厂业务运行与优化创新，提升港口和航运基础设施信息化、智能化水平。

建立船舶行业工业互联网平台，组建车间/企业级局域高速互联网，实现船舶设计、制造、管理和服务等信息数据的有效连接与融合，支持船舶制造过程海量多源异构数据的实时传输，建立智能物流体系。

构建工业互联网安全综合防护体系，应用到主流船舶、大型邮轮、大型汽车滚装船、特种船舶等典型高技术、智能化船舶及数字化船坞等场景，形成船舶行业企业全面纵深防御体系和安全综合防护、监管能力，确保船舶行业企业具备覆盖主机、设备、网络、数据等的安全防护能力。

四、绿色制造

（一）绿色制造

开展绿色设计。优化船体结构功能，消除冗余功能设计，降低制造成本和资源消耗，重点提高钢材利用率。

选择绿色材料。开展新型节能环保绝热保温材料的开发与应用，选择环保型焊丝（焊条），推广无污染、节能、高效、低耗的绿色涂料。

应用绿色加工工艺技术。包括：无余量制造技术，干式切削加工技术，激光切割技术，数字化板材/管材/型材冷弯成型技术，搅拌摩擦焊、电子束焊和激光焊等高效焊接技术，区域化涂装环保作业等绿色涂装工艺，超高压水除锈技术，报废船舶绿色智能精细拆解与高效分选回收技术。

（二）安全生产

为实现安全生产，开展海洋工程平台、大型邮轮建造火灾安全评价系统、LNG货物仓焊接综合控制安全管理系统、易燃易爆气体监测系统，以及焊接、涂装作业防护设备设施等开发与应用。

五、服务型制造和技术改造服务体系

开展工业设计服务，推进船舶及配套设备全生命周期服务体系建立，鼓励船舶企业运用新材料、新技术、新工艺推进关键领域设计突破，重点突破绿色智能船、邮轮等船舶、深远海油气资源开发装备等海洋工程装备，以及核心配套系统、设备的全生命周期设计。

建立船舶行业公共技术协同研发平台，建立零部件配套加工中心、培训服务中心、研发创意中心、电子商务平台、物流及售后服务平台、知识产权交易平台、产品检验检测服务平台等，为产业链上下游提供整体解决方案。

建设以制造业企业为中心的网络化协同制造服务体系，鼓励船舶企业利用软件和信息通信技术开展信息增值服务；开展故障预警、远程维护、质量诊断、远程过程优化等在线支持和数字内容增值服务，创新服务模式，提升服务效率，提高产品附加值。

支持软件和信息技术服务企业面向制造业提供信息化解决方案；支持制造业企业、互联网企业、信息技术服务企业跨界联合，提供面向细分行业的研发设计、优化控制、设备管理、质量监控等云制造服务；鼓励工业企业采购使用工业云服务，承接专业制造业务，外包非核心业务。

支持船舶行业工业企业开展数据安全技术手段建设，提升数据安全防护水平和应急处置能力，加强数据安全技术与安全产品应用，建设部署企业侧数据分类分级、分级保护、风险监测和应急处置等技术手段，鼓励使用数据安全技术产品、服务和解决方案，聚焦船舶行业工业企业数据安全保护和开发利用，建立全生命周期的数据安全保障体系。

支持船舶企业取得资质,提供工程总承包、建设—移交(BT)、建设—运营—移交(BOT)、建设—拥有—运营(BOO)等多种服务,开展市场调研、产品设计、工程监理、工程施工、系统控制、运营维护等业务。

鼓励船舶企业发展船舶、设备租赁和融资租赁服务;支持企业与金融租赁公司、融资租赁公司加强合作,实现资源共享和优势互补;加强与海外施工企业合作,开展设备海外租赁业务;发挥财政资金杠杆作用,充分利用保险服务功能,落实首台(套)重大技术装备保险补偿机制。

利用并发挥服务型制造示范城市、各级示范企业优势资源与作用,尤其在区域碳达峰、碳中和的布局下,不断完善船舶工业企业在全球市场的专业化分工,打造低碳生产企业,在"碳泄漏—碳边境税"的治理中取得主动,研究分析典型经验,总结推广经典案例与方法,以点带面促进全行业、全区域的船舶工业企业转型升级。

第五章 民用航空航天行业

一、基础能力

（一）基础零部件/元器件

显示组件、惯性器件、大功率电离器件、航空传感器、智能蒙皮微机电系统、紧固件和轴承、SoC/SiP 器件、微机电系统、激光陀螺仪、高精度/甚高精度光学敏感器、超高效Ⅲ-Ⅴ族晶体太阳电池、薄膜砷化镓太阳电池、精密阀门、金属密封圈、滑环转动圈数、嵌套型 X 射线光学镜头、高效 PCU 电源控制器、宇航级新型功率 MOSFET、专用数模混合集成电路、大功率瞬态功率吸收二极管、SiC 大功率高 MOSFET、背照连续转移型四色/五色 TDICCD、六维力传感器、旋转编码器、大飞机用液压密封件、民用航空发动机驱动液压泵、民用航空 EHA 高速双向变量泵、高可靠伺服阀与作动器。

（二）基础材料

高强高韧轻质结构材料、高温结构材料、结构功能一体化材料、高性能碳纤维材料、PBO 纤维及其复合材料、高性能 Rusar 纤维及其复合材料、耐 650℃以上温度的高温钛合金材料、拉伸强度超过 1400MPa 的高强钛合金材料、变形高温合金、高性能聚合物纤维、高性能铝合金、镁基合金新材料和锂基新型金属合金材料、镍基下游高端合金及功能材料、航空用高品质钢材、富氧燃气通道耐高温抗冲刷涂层材料、高温合金离心轮粉末冶金材料、银锆铜材料、高质量铜合金粉末材料、热防护材料、玻璃空心微球、超导炭黑、高辐射涂层粉体原材料、电弧沉积专用铱钯材、超高吸收率消光漆、富锂多元锰基正极材料、高性能硅基复合负极材料、高压绝缘灌封材料。

（三）先进基础工艺

航空发动机整体叶盘制造工艺、宽弦风扇叶片制造工艺、单晶涡轮叶片制造工艺、高性能燃烧室制造工艺、整体叶盘结构修复技术；抗疲劳制造技术，发动机热端部件表面预处理技术，抗氧化黏结层制备技术，高熔点、耐冲刷面层制备技术，异形件涂层均匀化制备技术；复合材料构件塑性制造工艺、高温高强钢塑性制造工艺、复杂构件整体成形工艺、大型火箭固液推进剂安全连续装药技术、航天产品无重力自动化装配技术、高可靠性焊接技术、精密高效塑性成形工艺、复杂结构零件性能及变形控制热处理工艺、清洁热处理表层硬化工艺、绿色高效真空热处理技术、等离子喷涂及注入技术、激光及电子束表面改性技术、激光粉末烧结成形工艺、高能束流增材制造工艺、增材制造用高性能金属粉末制备工艺；高可靠核心电子设备、高可靠伺服阀与作动器、旋转机械部件、密封部件等零部件制造工艺，航空航天用高性能纸基复合材料制备技术。

（四）产业技术基础

1. 关键航空设备认证和监测。进行关键适航技术能力建设和适航审定条件及验证条件建设，完善运输类飞机等各类航空产品的适航审定政策，建成具有完善组织机构、充足人力资源、健全规章体系、先进硬件设施和较强国际合作能力的适航审定体系。

2. 宇航材料可靠性验证评价评估。运用智能维护综合集成技术，建设具备健康监测与产品客户支援综合集成管理、飞机级/系统级和部件级综合健康管理模型、大数据分析、基于多种数据挖掘技术的飞机数据信息策略等能力的软硬件系统。

（五）基础设施和能力

重点发展总体设计、系统集成、设计与试验等核心能力。

1. 研发能力和科研试验设施建设。建立航空设备和系统研发平台、专业化生产线和快速响应试制线、高品质试验风洞、强度试验和试飞设施、发动机试验台。

2. 适航基础条件建设。提高适航技术，加强人才培训，提升试验试飞验证条件，建设满足特殊气象和环境需求的试飞机场和试验设施，使其与周边民用运输机场的正常运行相协调。加强适航审定能力建设。

3. 技术基础条件建设。加强材料考核、标准件检验、计量测试、质量检测、可靠性试验、环境试验等条件建设，特别是航空发动机科研保障基础条件建设。

（六）民用航空航天工业软件

航空航天行业三维计算机辅助设计（CAD）软件、航空航天行业计算机辅助工艺设计（CAPP）软件、航空航天行业企业资源计划（ERP）软件、航空航天行业系统设计及仿真软件（MBSE）、航空航天行业产品全生命周期管理（PLM）软件、航空航天行业结构/流体/热力学/电气仿真（CAE）软件、航空航天行业计算机辅助制造（CAM）软件、航空航天行业维护维修与运营（MRO）软件、航空航天行业故障预测与健康管理（PHM）系统、航空航天行业制造执行系统（MES）、航空航天行业分布式控制系统（DCS）、航空航天行业数据采集与监视控制（SCADA）系统。

（七）产业技术基础公共服务平台

建设民航绿色发展领域重点实验室，打造绿色民航综合性科创平台和政产学研用一体的科研创新网络，加强联合攻关和协同攻关，推动示范项目、研究成果、数据信息等共享应用。聚焦大数据、人工智能、基础软件等核心技术应用、关键装备研发与国产化替代，推进重大实验平台和仿真验证平台建设，完善行业实验测试及验证设施。建设行业重要网络和信息系统的在线安全监测与预警平台，加强实时监测。建设支撑行业应用的大数据中心等信息基础设施，提升行业数字化处理、数字化响应和数字化决策支撑能力。以构建无人机产业生态为导向，鼓励建设一批创新平台，支持以无人机全产业链发展为重点的低空经济集聚区建设，发挥创新集聚带动作用。

二、质量提升

（一）高端装备

1. 民用航空。稳步推进大型飞机、航空发动机及燃气轮机等重大专项工程，开展航空新技术研究及高端装备研制。推进干线/支线飞机（涡扇及涡桨）、直升机、多用途飞机、特种飞机、新构型飞机、工业及民用无人机和通用飞机产业化。加快推动大型客机规模化系列化发展，突破核心技术并提高系统集成能力，加强大型飞机供应链及产业配套能力，加快新型支线飞机工程研制和系列化改进改型。突破高推重比、先进涡桨（轴）发动机及大涵道比涡扇发动机技术，支撑干线飞机发展及满足直升机和中型运输机动力需求，建立发动机制造工业体系。开发先进机载设备及系统，形成完整的航空产业链。鼓励发展使用重油的活塞式发动机和应用航空生物燃料的涡轮发动机，推进小型发动机市场化应用。鼓励氢燃料、全电、组合动力等新型发动机关键技术研究。不断提高超音速商务机和新概念新构型总体气动技术、先进高可靠性机电技术、新一代航空电子系统能力、航空新材料加工技术。

2. 民用航天。发展新一代运载火箭、重型运载器，提升进入空间能力。发展新型卫星等空间平台与有效载荷、空天地宽带互联网系统。推动载人航天、月球探测工程，适度发展深空探测。推进航天技术转化与空间技术应用。

（二）民机整机和系统

推进干线飞机、支线飞机研发及配套产业化，通用飞机（含直升机）及配套产业化，无人机研发及配套产业化，燃气轮机产业化。推进民机航电、机电、飞控、起落架、轴承等产业化。加快建设一批专业化数字化示范工厂，显著提高航空产品制造质量稳定性和生产效率。发展高可靠性、长寿命、环境适应性强、标准化、低成本的航空设备和系统，实现适航取证。进行航空零部件转包生产能力建设和国际风险合作研制民用航空产品能力建设。加快提升空管宽带数据通信、C波段和Ku波段卫星通信、导航系统、雷达管制等技术，发展空管自动化系统、应急系统、数字化空管系统、空中交通流量管理系统、进离港排序系统、模拟训练系统、民航安全绩效分析系统、飞行标准监督管理系统、无线飞行品质监控系统、机场安全监管平台等装备。完善基于性能导航的飞行程序（PBN）、电子飞行包（EFB）、平视显示器（HUD）、自动相关监视广播系统（ADS-B）、地基增强系统（GBAS）、地空数据链、协同决策系统（CDM）、机场跑道拦阻系统、飞机地空宽带系统、航空系统组块升级（ASBU）等。完善多星座、多频率卫星导航信号地基完好性监测评估和信号增强系统、航空气象与航空情报新技术、航数值预报技术、航空气象四维数据库、基于航空情报交换模型的航空资料数据库。推动"北斗"系统在通用航空、飞行监视和机载导航系统等方面的应用。完善时间敏感网络（TSN）交换机、工业互联网网关、无人机用导航装置，实现航空应用远程监测。

（三）民机主结构和关键部件

满足适航要求的民机整机集成、民机大舱门、高可靠性长寿命智能控制民机起落架结构、大型整体化复合材料主结构、新型轻质合金整体化结构；安静高效旋翼、大尺寸长寿命旋翼结构、旋翼/尾梁电动折叠凳；高性能民用航空动力系统、低噪声风扇、高速螺旋桨/桨扇、高效高压比压缩系统、低污染长寿命燃烧室、高效率长寿命涡轮、高效率变速动力低压涡轮；高可靠民用航空动力传输系统、直升机传动系统、传动附件、涡桨发动机减速器、齿轮风扇发动机减速器、对转共轴涡桨发动机减速器等。

（四）民机运营服务保障系统

加快新机型先锋用户示范运营和设计优化，提高飞机航线适应性和竞争力。发展空中飞行管理、新航行系统、通用航空导航监控系统和设备、飞行培训、客户服务、快速检测、保养维修和机场保障设备，发展灭火、喷洒、起吊、投放、救援、救生、监测、遥感、照相等特种任务系统和设备。构建国际风险合作伙伴关系，建成功能完备的航空产业配套体系。开展新型民用飞机示范运营和市场推广，建立具有市场竞争力的产品保障和客户服务体系。

运用 5G、人工智能等新一代信息技术，发展数字化维修与智能维护、可视化及快速供应保障、维修保障设备及其适航性、客户化的可穿戴机务维修、基于地理信息系统（GIS）的民机综合保障等软硬件。促进航空制造与运营服务协调发展，发展航空租赁，利用互联网技术建立先进航空运营体系，促进服务模式创新。

（五）民用航天技术和产品

发展低成本快速响应运载火箭及可重复使用天地往返运输系统。发展以民用船舶为发射平台的海上航天发射模式。发展重型运载火箭总体和460吨级液氧煤油发动机、220吨级氢氧发动机。发展对地观测卫星系统、通信广播卫星系统、空间科学与技术试验卫星、低轨宽带卫星互联网系统、卫星地面资源。进行北斗卫星接收、多卫星系统融合、卫星导航、精密卫星授时和卫星通信关键技术研究，推进多系统兼容的北斗卫星接收机终端的模块化、小型化和芯片化。加强卫星通信在军民领域的应用，包括交通、海洋渔业、救援减灾、资源调查等的遥感数据处理技术和支撑平台；增加卫星通信产品种类及数量，包括卫星通信车、便携站、天线等；增加空间生物领域产品种类及数量，包括生物医药、生物保健品、航天工程育种等空间环境应用产品。发展节能环保装备，包括太阳能集热器/集热管、智能水处理设备、热控产品等；增加真空装备及衍生品种类及数量，包括真空改性、低温贮运及镀膜产品等。

（六）民用航天应用及特种装备

1. 卫星应用领域。 卫星导航产品，以北斗系统为主多系统兼容的处理芯片、导航卫星应用终端；卫星通信产品，包括卫星通信车、便携站、天线等；遥感数据应用，包括交通、海洋渔业、救援减灾、资源调查等遥感数据处理技术和支撑平台。

2. 空间站应用领域。 包括空间站科学实（试）验与应用、空间生命科学与生物科学技术、微重力流体物理与燃烧科学、空间材料科学、空间天文和应用新技术。

3. 特种装备领域。 节能环保装备，包括太阳能集热器/集热管、智能水处理、热控产品等；真空装备及衍生品，包括真空改性、低温贮运及镀膜等产品；特种材料制品，包括复合材料制品、钛合金及高温合金紧固件、钢铝复合轨等；空间生物产品，包括生物医药、生物保健品、航天工程育种等空间环境应用产品。

（七）航空航天装备材料

提高航空材料制造水平，掌握铝锂合金及复合材料等加工制造核心技术。加快高强铝合金纯净化冶炼与凝固技术研究，开展高温、高强、大规格钛合金材料熔炼、加工技术研究，突破超高强高韧 7000 系铝合金预拉伸厚板及大规格型材、2000 系铝合金及铝锂合金板材工业化试制瓶颈，系统解决铝合金材料残余应力、关键工艺参数窗口控制范围优化、综合成品率与成本控制问题，提升新型轻合金材料整体工艺技术水平。加快特种稀土合金在航空航天中的应用。突破高强高模碳纤维产业化技术，开展大型复合材料结构件研究及应用测试。开展高温合金及复杂结构叶片材料设计及制造工艺攻关，完善高温合金技术体系及测试数据，解决高温合金叶片防护涂层技术，满足航空发动机应用需求。加快 3D 打印钛合金材料在航空结构件领域的应用验证。降低碳/碳、碳/陶复合材料生产成本，提高特种摩擦材料在航空制动领域的占有率。

发展低成本复合材料和损伤容限高、耐腐蚀好的高强度、超高强度铝合金、铝锂合金、钛合金及超高强度钢和不锈钢。发展时效成形铝合金、超塑性成形钛合金及非热压罐成形的新型树脂。针对民机发动机，发展 DD6 单晶涡轮叶片、FGH96 粉末涡轮盘、长寿命关键转动件用 GH4169 合金、长寿命钛合金大型整体精铸件、钛合金宽弦空心风扇叶片、单晶叶片用涂层、Ti6242 钛合金整体叶盘、低膨胀 GH909 高温合金、第三代单晶高温合金、第三代粉末高温合金、复合材料风扇叶片、碳/碳复合结构材料、变形 TiAl 高压压气机叶片、陶瓷基复合材料浮动壁、高强高韧轴承齿轮钢等。发展符合适航要求的二代/三代单晶高温合金、二代/三代粉末高温合金、高温钛合金、高温合金/钛合金复杂结构精密铸件、热障涂层等；减振降噪材料、橡胶密封及阻燃防火材料、无铬无镉绿色表面防护材料、内饰材料、座舱玻璃、润滑材料、轴承、液压管路材料。发展航空航天发动机 Ti-Zr 基、Pd-Ni 基、Mo 基和 Ni-Cr 基高温钎焊材料。发展特种材料制品，包括复合材料制品、钛合金及高温合金紧固件、钢铝复合轨等。

（八）航空质量标准体系

建设民用航空标准规范体系，提升大型试验设施和非标设备的测试和校准技术能力；推动企业建立质量技术体系，开展质量控制技术研究，建设环境和可靠性等质量保障的试验设施，完善质量管理制度；针对重点产品实施精品工程；发展质量认证、评估和审定等中介机构，建立航空事故分析研究机构，建立航空质量信息管理平台。

三、智能制造

建设民用航空航天行业智能场景、智能车间、智能工厂和智慧供应链，贯彻国家智能制造标准体系要求，通过5G、大数据、人工智能等新一代信息技术与先进制造技术的深度融合，推进制造技术突破和工艺创新，提升智能制造应用成熟度水平，推进制造模式和企业形态的根本性转变。

（一）生产智能化

面向民用航空航天产品研发、工艺设计、柔性制造、质量管控、仓储物流等重点环节，部署智能制造装备和相应的工艺软件，大幅缩短新型号开发周期，降低生产制造成本，提升生产效率。

1. 研发设计

应用基于模型的系统工程、数字孪生、多学科设计优化等技术，搭建整机数字化协同设计和仿真平台，进行发动机、起落架等关键部件，整机机体结构，飞行控制、航电系统等多专业协同设计、仿真优化；基于数字孪生构建"虚拟铁鸟"，在数字空间中开展整机功能、性能仿真分析和验证方面，实现"虚拟铁鸟"工程化项目技术的发展应用；建设工艺设计仿真平台，实现机加、成形、复材、装配等工艺设计优化；基于整机数字样机模型，开展数字化装配仿真的装配工装定义、数控制造、过程管理、检验检测，实现制造过程的综合仿真装配协调和全机构型管理及其集成。

2. 生产制造

应用工业机器人、柔性工装、自动化对接、高效高精度自动制孔等，构建整机脉动式装配线，融合应用5G、机器视觉、VR/AR等技术，进一步提升装配效率和质量。部署生产管控一体化平台，实现产品设计、生产计划、车间执行等全流程的一体化管控平台，应用数据协同高效协调小批量生产制造过程，推动全流程生产、质量等信息的汇聚，构建产品质量履历，实现全生命周期质量追溯。结合产线节拍和物料需求预测，精准制定物料配送计划，并精准配送，减少库存量，确保装配齐套性。建设复合材料构件、金属成形数控加工、装配等专业智能车间和智能生产线。

应用非接触测量技术与装备，提升产品制造质量和效率，构建车间物流管理系统，打通生产计划、车间执行系统，实现面向单机脉动式装配过程的物料配送模式。

（二）工业互联网

1. 民用航空航天行业工业互联网平台

建立民用航空航天行业工业互联网平台，打通行业全要素、全产业链和全价值链的全面连接，支持数字化管理、网络化协同、服务化延伸、智能化生产及产融结合等新模式发展。

2. 民用航空航天行业工业互联网标识解析

面向民用航空航天行业建设工业互联网标识解析二级节点，支持建立工业互联网标识解析采集系统，开展产品全生命周期管理、产品追溯等工业互联网标识解析应用。

四、绿色制造

（一）绿色制造

培育顺应民航绿色发展需求的技术咨询、系统设计、运营管理、节能改造等专业化服务主体。应用纤维增强复合材料和钛、铝等轻质合金。应用壁板类复材结构自动铺放（铺带、丝束铺放）、主结构自动三维编织、液体成形（RTM、RFI、树脂注入等）、高效自适应数控加工、轻质结构高效塑性加工、轻质结构高能束流增材制造、轻质整体构件高品质焊接等生产线及设备。提升低污染燃烧室设计技术、高效率风扇和压气机研制技术，完善航空发动机、燃气轮机关键件再制造技术，增材制造、智能加工及无损检测技术。促进民航业与绿色技术装备、清洁低碳能源等制造产业融合发展。

（二）安全生产

依托民航重点实验室、工程技术研究中心等建设，调动业内外各方面力量的积极性，加强民航安全技术研究和成果转化。推动航空安全实验、科研验证、技术标准创新等方面的能力提升。积极推动新技术在运行风险监测预警、跑道安全防护、危险品运输、高效安检等领域应用。

五、服务型制造和技术改造服务体系

在民用航空航天领域开展工业设计服务，重点实现飞机气动及结构、航空发动机、机械设备及系统运用新材料、新技术、新工艺等关键领域突破。

推动服务外包专业化、规模化、品牌化发展，在研发设计、能源管理、财务管理、人力资源管理等多个环节，广泛采用服务外包，加强与海外施工企业合作，开展设备海外租赁业务。

支持制造业企业提升专业化服务水平，积极承接离岸和在岸服务外包业务，深度嵌入产业链运营管理。引导制造业企业实施从需求分析到淘汰报废或回收再处置的产品全部生命历程的产品全生命周期管理（PLM）。开展远程在线监测/诊断、健康状况分析、远程维护、故障处理等质保服务。

支持航空航天领域工业企业开展数据安全技术手段建设，提升数据安全防护水平和应急处置能力，加强数据安全技术与安全产品应用，建设部署企业侧数据分类分级、分级保护、风险监测和应急处置等技术手段，鼓励使用数据安全技术产品、服务和解决方案。聚焦航空航天领域工业企业数据安全保护和开发利用，建立全生命周期的数据安全保障体系。

拓展总集成总承包服务领域。在航空航天装备领域，支持企业增强实力，取得资质，提供工程总承包、建设—移交（BT）、建设—运营—移交（BOT）、建设—拥有—运营（BOO）等多种服务，开展市场调研、产品设计、工程监理、工程施工、系统控制、运营维护等业务。

发挥财政资金杠杆作用，充分利用保险服务功能，落实首台（套）重大技术装备保险补偿机制。支持承揽国际重大工程。推进国际产能和装备合作，支持承包商走出国门，承接国际重大项目工程，由工程承包向标准技术输出、信息系统集成、交钥匙工程、系统解决方案等方向发展。

第六章 钢铁行业

一、基础能力

（一）先进基础工艺

低品位复杂成分铁矿深部无废采选成套工艺装备技术，铁矿悬浮磁化焙烧技术，基于氢冶金的新工艺流程，绿色、高效焦化工艺基础集成技术，纯净钢冶炼生产技术，薄板坯高速连铸无头轧制基础工艺装备技术，连铸和轧钢过程铸坯技术，钢材组织性能及表面质量预报和在线监控基础工艺技术，钢铁生产全流程质量稳定控制的综合生产技术，数字化、网络化、智能化钢铁制造技术，大型关键冶金装备集成工艺，钢铁制造工艺流程中的能量流网络构建和集成优化基础技术。

（二）钢铁工业软件

钢铁行业热动力学/相场模拟/分子动力学仿真（CAE）软件、钢铁行业有限元（结构、疲劳、多物理场耦合等）仿真（CAE）软件、钢铁行业企业资源计划（ERP）软件、钢铁行业制造执行系统（MES）、钢铁行业分布式控制系统（DCS）、钢铁行业数据采集与监视控制（SCADA）系统、钢铁行业可编程逻辑控制器（PLC）软件、钢铁行业生产计划排产系统（APS）。

（三）产业技术基础公共服务平台

炼钢生产远程诊断及操作指导系统，智能炼钢控制系统，钢材轧制过程优化控制系统，钢铁行业各主工序基础数据库平台，钢铁产业智能化绿色低碳管控平台，钢铁行业绿色化智能化标准验证与测试公共服务平台。

建立难选铁矿资源高效开发技术研究基地、氢冶金（富氢高炉冶炼、富氢熔融还原、氢基直接还原）技术研究基地、非高炉炼铁技术研究基地、高炉安全监测及长寿研究基地、高效低成本洁净钢冶炼研究基地、高比例球团炼铁技术研发基地、智能化绿色化电炉研发基地、洁净废钢加工研发基地、关键工序生产装备智能故障诊断及远程指导研究基地、近终型制造技术研发基地；建设钢铁新材料制造业创新中心、绿色产品研发创新中心、应用环境材料创新中心、钢铁制造流程创新中心、钢铁互联网数字化转型促进中心、钢铁数字孪生创新中心、高质量钢铁产品标准研制中心、钢铁产品及工艺数字化研发中心、钢铁应用产业链数据共享中心、生产线品种质量能力分级评价中心；建设高质量产品检验检测认证平台、绿色产品测试认证平台、钢铁新材料生产应用示范平台；建设关键钢铁材料的研究和实验设施，钢铁生产关键工序大数据中心；建设采选矿、铁前、炼铁、炼钢、轧钢各主要工序共性技术创新示范及智能化技术创新示范。

二、质量提升

（一）矿山、焦化和烧结球团

铁矿深部开采、露天转地下开采工艺，有效利用低品位、难处理及共伴生资源的选矿工艺，地下采选一体化开采工艺。有效利用低品位、难处理及共伴生资源的悬浮磁化焙烧、深度还原短流程熔炼等选冶联合新技术，煤调湿、配煤专家系统技术，非炼焦煤炼焦技术，超厚料层低温烧结技术，烧结、球团智能配矿技术。

（二）炼铁、炼钢和轧钢

高炉布料系统优化技术，生产操作可视化技术，安全长寿综合技术；中高磷铁水冶炼技术，高效低成本转炉洁净钢生产技术，RH 精炼高效脱碳技术，薄带铸轧技术，高含量合金钢连铸工艺技术，超大断面特殊钢连铸坯料质量控制技术，中间包感应加热恒温技术，连铸高拉速技术，连铸坯热装热送技术，连铸坯感应加热技术；加热炉蓄热式燃烧、加热炉富氧燃烧等技术，加热炉智能燃烧控制技术，大规格产品铸轧一体化技术，变厚度轧制技术，近终型轧制技术，复合轧制技术，无头和半无头轧制技术，大中型钢高精度轧制技术，新一代 TMCP 品种全覆盖技术。

（三）建筑、海洋、交通、电力装备用钢

建筑用钢包括 400MPa 及以上建筑钢筋和桥梁用中厚板、超高强度建筑用结构钢、高强不锈结构钢、耐火耐候建筑用钢、高强度冷弯矩形管。海洋用钢包括船舶和海洋工程用大厚度止裂钢、极地船舶 PC3-PC5 级船型用钢、LNG 船用殷瓦钢、海洋平台桩腿结构用高强钢、高强度双相不锈钢、超级双相不锈钢、超级奥氏体不锈钢、大口径高品质特种合金管、3000 米海底油气用大壁厚管线管。交通用钢包括高铁轮对用钢、轨道客车转向架用钢、超高强汽车板、低成本热轧和冷轧高强汽车板、高性能齿轮钢、高性能轴承钢、铁道车辆车体材料用新型耐蚀钢、载重汽车用弹簧扁钢、飞机起落架用超高强大规格不锈钢棒材。电力装备用钢包括第三代核电关键设备用材料、第三代核电反应堆安全壳用钢、高温合金、高能效配电变压器用取向硅钢。以及高性能球扁钢、高性能 LPG 容器用钢、化工用高端耐蚀合金宽厚板、耐蚀耐候长寿命工程机械、海洋工程与桥梁用钢、新一代冷轧高强螺纹钢筋、基于全生命周期碳足迹评估的绿色钢铁产品。

（四）智能检验检测

基于机器视觉、激光及超声波等人工智能和先进传感技术，进行质量缺陷与状态监测类检测技术与装备开发。这些技术与装备包括：铁前区域的原燃料粒度在线检测、出铁口铁水温度在线检测、高炉上料及送风风口状态检测等；炼钢区域的转炉钢包洁净度识别装备、脱硫智能扒渣系统、连铸机清坯表面质量检测装备等；轧钢区域的板形、表面、温度、跑偏及尺寸识别等缺陷与状态的检测与控制；针对带钢特性，基于磁的带钢内部孔洞和夹杂的缺陷检测、冷轧带钢在线力学性能检测等技术；产品组织性能在线检测与精确预报技术；全流程工艺质量数据集成和质量在线综合评价技术；产品工艺质量参数采集与存储、追溯分析技术；产品质量交互分析与异常诊断技术；关键工艺装备智能检测、故障预测、自动诊断与维护的智能运维大数据系统。

高精度的自动计量技术；实验室物理、化学及原燃料等检验业务的取制样、检测分析、检测数据、检测报告等方面自动化智能化技术；钢中位错、带状、晶粒度及夹杂物等显微组织的自动定量分析技术；企业一体化的智能检测实验室或检测中心建设。

（五）钢铁新材料

高性能、多功能、高品质特殊钢材料；超超临界火电用耐热钢铁材料；新型耐蚀钢、耐热钢及高温合金；高性能粉末冶金材料；高性能热作模具钢、高耐蚀耐磨镜面塑模钢、高韧高耐磨冷作模具钢等；超纯净高强度切割钢丝用盘条、数控机床滚珠丝杠用钢；复合金属材料。

三、智能制造

建设钢铁行业智能场景、智能车间、智能工厂和智慧供应链，贯彻国家智能制造标准体系要求，通过 5G、大数据、人工智能等新一代信息技术与先进制造技术的深度融合，推进制造技术突破和工艺创新，提升智能制造应用成熟度水平，推进制造模式和企业形态的根本性转变。

（一）生产智能化

面向钢铁研发、生产作业、质量管控、能源管理、设备管理、仓储物流安全管控、环保管控等重点环节，部署智能装备和工业软件，推进智能工厂建设，大幅提升生产效率，降低产品不良率。

1. 研发设计

建设利用智能感知实现原料自动判定、跟踪和管理的示范工程，应用快速评价、在线制备检测、流程模拟和材料试验等技术，创建钢铁原料物性数据库和模型库，优化钢铁原料选择和配方设计，支撑实现钢铁创新研发。

2. 生产制造

部署钢铁行业成套装备，在炼铁、炼钢、轧钢各产线建设完善的智能化传感、检测、控制环境，实现从车间操控层到工厂管理层的数据贯通和集成。搭建钢铁行业生产过程全流程一体化管控平台，融合机理分析、多尺度物性表征和建模等技术，实现钢铁生产过程精准、实时和闭环优化控制。部署智能检测装备，融合 5G、机器视觉、缺陷机理分析技术，开展钢铁质量在线检测、分析、评级、预测。

3. 过程管理

建设能源管理系统，开展钢铁生产全生命周期能耗数据采集、计量和可视化监测，实现能效平衡与优化管理。建设高炉、转炉、轧机等关键工艺装备生产全生命周期可视化操作、远程诊断系统平台，建立设备故障诊断与预测模型，精准判断关键工艺装备运行状态，开展预测性维护，减少意外停机。

4. 仓储物流

部署仓储装备与智慧物流系统，按照物流作业计划，应用条码、射频识别、智能传感、实时定位等技术，实现从钢铁原材料到钢材成品流转的物料全过程跟踪，以及物流动态调度、精准配送和路径优化，提升精细化管理水平。

5. 安全与环保

部署智能传感与控制装备等，基于智能传感、机器视觉、特征分析等技术，动态感知、精准识别钢铁生产过程各危险环节，实现安全事件快速响应。

6. 智能工厂铁钢轧全流程一体化建设

推进钢铁行业智能工厂铁钢轧全流程一体化的建设，将新一代信息技术与先进制造技术深度融合，实现炼铁、炼钢、轧钢等生产工序间，以及设计、装备、生产、安全环保、供应链、服务等制造活动间的网络化协同与优化。

（二）工业互联网

1. 大数据平台

推进钢铁生产大数据平台建设与示范。建设钢铁行业工业互联网平台，建立基于平台的工艺优化、能源管理、安全识别、质量检测、物流管理等创新性应用，实现数据驱动的绿色生产、安全生产与高效生产，提升钢铁行业数字化绿色化水平；推动基于标准化、模块化、可移植平台架构的智能车间及智能工厂示范。开展基于大数据平台的企业智能制造生产新模式示范，推进钢铁行业网络化协同制造服务、云服务、在线监测与诊断服务等平台建设；推进钢铁产业大数据跨专业、多维度综合分析功能应用，探索行业互联网新业态、新模式。

2. 新型网络

推动钢铁生产企业实施网络升级改造，实现质量在线判定、设备状态预测、高级优化排产、实时成本盈利预测、能源精细化管控、数据与知识融合驱动的智慧运维等网络化应用。

面向钢铁行业建设工业互联网标识解析二级节点，支持建立工业互联网标识解析采集系统，开展产品全生命周期管理、产品追溯、缺陷预测以及用户的数据服务等工业互联网标识解析应用。

四、绿色制造

（一）绿色制造

相关技术包括：剥采比低、铲装效率高的露天采矿技术，高效、高浓度或膏体充填的地下采矿技术，主矿产及伴生元素充分利用的节能环保型选矿技术，废石、尾矿等固体废物综合利用技术，采场、排土场和尾矿库的生态环境保护与恢复治理技术；原料系统全封闭式改造技术；高温高压全干熄焦技术，荒煤气显热回收利用技术，以及焦炉烟道气脱硫脱硝、焦炉上升管余热回收利用技术、焦炉烟尘治理、焦化废水深度处理回用、焦炉煤气高效脱硫、焦炉煤气高效利用、焦油化工产品深加工、脱硫废液制酸等技术；烧结矿竖式冷却及烧结烟气一体化综合治理技术，烧结余热回收利用技术；炼铁的热风炉用电优化技术，高炉出铁场、矿槽和炉顶等除尘技术，余能余压、高炉煤气、高炉渣显热高效回收利用等技术；炼钢的转炉煤气干法除尘、转炉煤气和蒸汽余热回收利用、含铁尘泥处理技术，电炉废钢预热、烟气余热回收利用技术，钢渣显热高效回收利用及资源化技术；轧钢的炉窑低热值烟气余热利用技术，轧机烟尘、油雾及碱雾净化技术，冷轧污水处理技术，废酸再生技术。

冶金固体废弃物综合利用。相关技术与装备包括：矿山尾矿、尘、泥、铁皮等综合利用技术，钒、钛、稀土等回收利用技术，钢渣有压热焖过程余热回收技术，废钢铁高效智能判定、分级和加工技术，钢渣分级分质利用技术，铁合金的矿热炉烟气余热利用技术，工业废水、废酸、废油等循环利用技术与设备，生活污水资源化回收利用技术，控制 PM2.5 排放的高效除尘技术。

低碳技术。包括工业炉窑烟气碳捕集技术，高炉煤气分离与碳捕集技术，微波烧结、预还原烧结等低碳炉料技术，基于煤气分离和循环利用的低碳高炉关键技术，富氢碳循环高炉技术，氢基熔融还原技术，等离子氢冶金工艺，低温冶金技术；冶金副产煤气和烟气二氧化碳高效低成本富集提取技术，二氧化碳催化合成制化工产品技术，二氧化碳矿化固定技术，多产业联合提碳减碳固碳技术；二氧化碳在钢铁制造流程的资源化利用技术，热载体循环煅烧石灰及二氧化碳资源化回收技术，二氧化碳地质化利用、化工利用、生物利用技术，全流程低碳精细化管控技术，低碳工艺及产品服役应用的计算数值模拟技术。

能源利用技术。推进煤炭清洁利用技术、新能源（风能、太阳能、生物质能、氢能等）及海水淡化技术在钢铁企业的应用，发展连铸坯热送热装技术，推动钢铁企业能源管控中心建设、优化升级与推广，推进钢铁企业节能减排整体解决方案研究与应用。

节水技术。包括绿色循环水处理技术、低蒸发量循环水冷却技术、智能检漏技术、全流程废水资源的综合处理与回收利用技术。

开发能够应用于钢铁行业的自动化高效解体、再制造表面工程、增材制造、零部件绿色清洗、再制造产品服务寿命评估、基于监测诊断的个性化设计和在役再制造关键技术及装备。

建设绿色钢铁生产示范企业及园区。

（二）安全生产

建设冶金炉生产动态监测和安全预警系统；煤气回收、输送、存储安全监控系统；蒸汽回收、输送、存储安全监控系统；二氧化硫、一氧化碳等有毒气体监控系统；氢气的输送、加压及安全监测、防范系统；运输安全监控系统；人员安全危险识别预警系统。

五、服务型制造和技术改造服务体系

推进钢铁企业由制造商向服务商转变。鼓励钢铁企业与下游用钢企业主动对接，围绕用户需求，结合先期研发介入、后期持续跟踪改进（EVI）模式，创新技术支持和售后服务，完善物流配送体系，提供材料推荐、后续加工使用方案等一系列延伸服务，创造和引领高端需求。支持有条件的钢铁企业在汽车、船舶、家电等重点行业，以互联网订单为基础，发展个性化定制生产模式，满足客户多品种、小批量的个性化需求。

推进钢铁制造信息化、数字化与制造技术融合发展。基于钢铁企业现有设备层、基础自动化、生产过程控制、制造执行、企业管理五级系统，建立新型数字化转型平台。支持有条件的钢铁企业建立大数据平台，在全制造工序推广知识积累的数字化、网络化、智能化。支持钢铁企业在环境恶劣、安全风险大、操作一致性高的岗位实施机器人替代工程。

鼓励企业探索搭建钢铁工业互联网平台。汇聚钢铁生产企业、下游用户、物流配送商、贸易商、科研院校、金融机构等各类资源，打通行业全要素、全产业链和全价值链的全面连接，支持数字化管理、网络化协同、服务化延伸、智能化生产及产融结合等新模式发展。

支持钢铁行业工业企业开展网络和数据安全技术手段建设，构建基于海量数据采集、汇聚、分析的服务体系，支撑钢铁行业工业互联网安全资源泛在连接、全面感知、动态传输、弹性供给、高效配置的工业互联网平台。提供各类云化工业互联网安全软件和新型工业互联网安全 App，提升安全态势感知、超前预警及应急处理能力。聚焦钢铁行业工业企业数据安全保护和开发利用，建立全生命周期的数据安全保障体系。

支持钢铁企业实施合同能源管理。培育壮大钢铁行业专业节能服务公司，支持高耗能企业提供节能培训和节能诊断，实施合同能源管理项目，提供钢铁生产节能整体解决方案，提高能源利用效率。

支持钢铁企业开展合同排污管理。培育壮大钢铁行业专业环保服务公司，开展减排减污专业诊断和培训，提供从产品设计、制造到分销、物流环节的整体环保解决方案，减少废气废水废渣排放。

在钢铁产业集聚区，积极探索和实施物流集中铁路运输方案，系统优化物流体系，减少物流过程中无组织排放。推进京津冀及周边地区、汾渭平原钢铁企业外部运输"公转铁"，实现清洁运输。

第七章　有色金属行业

一、基础能力

（一）产业技术基础

开展关键矿产资源勘探开发与利用、大宗/紧缺矿产绿色高效开发与集约利用、战略性矿产绿色选冶、资源综合利用与循环回收利用等工艺技术与装备，保障矿产资源供给能力和绿色低碳生产。开发质量稳定的轻合金、铜合金、稀有稀土金属、贵金属和难熔金属等材料及产品，开发制品精深加工及工程化应用、重点基础材料的集成应用、绿色低碳制备技术与装备开发及应用等技术，提高中高端材料有效供给能力和水平。开展生产装备、高端分析检测仪器、核心部件等制造技术自主研发，提高关键技术、部件、装备和系统基础保障能力。完善产品研发设计、生产制造等重点环节的检测保障体系，加强检验测试方法攻关。开展有色金属资源、材料、产品，以及绿色低碳、资源综合利用等标准的制修订工作，建立和完善知识产权保护体系及标准体系。

（二）有色金属工业软件

有色金属行业反应热动力学/相场模拟/分子动力学/有限元（结构、疲劳、多物理场耦合等）仿真软件（CAE）、有色金属行业企业资源计划（ERP）软件、有色金属行业制造执行系统（MES）、有色金属行业分布式控制系统（DCS）、有色金属行业先进控制（APC）软件、有色金属行业数据采集与监视控制（SCADA）系统、有色金属行业安全仪表系统（SIS）、有色金属行业可编程逻辑控制器（PLC）软件、有色金属行业生产计划排产系统（APS）。

（三）产业技术基础公共服务平台

建立矿山、冶炼、材料加工等技术研发平台，重点推进中试、工程化及产业化共性工艺技术应用，开展性能测试、分析检测、表征评价等。建设有色金属制造业创新中心、轻量化材料创新中心、极端环境材料创新中心、轻质高强结构材料创新中心、高性能复合材料创新中心等。

二、质量提升

（一）关键材料和部件

航空用铝合金厚板，汽车轻量化用铝合金材料及零部件，航空航天用模锻件，高成型性低裂纹扩展速率飞机蒙皮用铝合金薄板，多用途铝箔，石油钻探用高端铝合金，新型引线框架材料，高性能镁合金及深加工材，航空航天用高精度钛合金型材，航空航天、汽车等高端装备制造业用高性能硬质合金刀具，智能移动终端用高性能金属合金材料及压磁粉芯，无铅焊料，高端贵金属封装材料，封装用高性能钯铜丝，高性能动力电池正极材料，电池级碳酸锂，新兴产业用高端钼材料，智能开关用触头材料组件，蚀刻加工型框架材料铜带，锗单晶及晶片，高性能铁氧体永磁器件、稀土永磁、催化功能材料等。

（二）有色金属新材料

高性能轻合金材料、高性能低成本钛合金材料、新一代高性能铜合金材料、贵金属材料、有色金属电子信息材料、粉末冶金材料、新型涂层材料、硬质合金材料、稀有金属材料；钽铌铍等特种稀有金属材料；功能元器件用有色金属关键配套材料、新型能源材料、稀土功能材料、先进半导体材料、新型高生物相容性医用材料、3D打印用材料等。

三、智能制造

建设有色金属行业智能场景、智能车间、智能工厂和智慧供应链，贯彻国家智能制造标准体系要求，通过5G、大数据、人工智能等新一代信息技术与先进制造技术的深度融合，推进制造技术突破和工艺创新，提升智能制造应用成熟度水平，推进制造模式和企业形态的根本性转变。

（一）生产智能化

面向有色金属矿山、冶炼、加工和再制造过程中生产作业、质量管控、安全管控、能源管理、环保管控等重点环节，部署智能制造装备和相应的工艺软件，大幅提升生产效率，显著降低产品不良率。

1. 生产制造。部署智能制造装备，建设生产管控一体化平台、实时高精度定位与导航系统、生产过程实时调度系统等，实现高速采集、原料配比、多机协同等有色金属生产过程控制优化。

2. 质量管控。开发有色金属行业基于大数据分析的板型、表面、光学物流跟踪检测等质量评价系统、板型先进执行机构与随动自适应控制系统，通过智能在线检测、生产巡检、质量数据统计分析和全流程质量追溯，实现精细化质量管控。

3. 安全与环保。部署工业机器人、智能检测装备等，集成智能传感、机器视觉、5G 等技术，打造自动化有色金属矿山冶炼和加工生产线，实现危险作业环节的无人化少人化。建立有色金属资源管理和采掘管理系统、生产作业环境实时监测系统等，实现环保精细化管控。

（二）工业互联网

建设有色金属行业基于工业互联网的矿山、冶炼和加工工厂数据采集平台与数据中心、智能操作控制、全流程优化决策等数据中心集成平台，适合行业特点的工业互联网框架，应用装备远程智能监控和预测性维护系统，推动 5G、人工智能等新一代信息技术、在矿山和工厂的物联技术与生产控制技术的融合应用等。开发原料制备、自动装炉与出炉、自动取样、混匀、磨料、缩分等先进过程控制系统与工业软件，打造基于数据驱动与智能决策的数字化车间。

构建多层级数据化网络，通过全要素连接网络系统，实现数据的实时采集和可靠传输，满足设备智能维护、产品质量监控、工艺流程优化分析、全流程故障诊断、安全环保生产监控等网络需求。建立工业互联网标识解析采集系统，开展产品全生命周期管理、产品追溯等工业互联网标识解析应用。建设工业互联网安全防护体系，强化工控系统网络安全防护，提高工业互联网安全态势监测、综合防护、应急处置等技术能力。

四、绿色制造

（一）绿色制造

围绕重点品种关键工艺环节开展节能低碳、清洁生产、减污降耗等绿色制造技术。具体包括：矿山复垦技术与应用，冶炼过程低碳技术研发和应用，赤泥综合利用技术研发和产业化，有色金属矿产资源清洁高效利用技术及相应的成套装备开发，碳素焙烧炉烟气脱硝技术及产业化，冶炼中低温余热回收利用，高端领域钛合金返回料综合利用，稀土浸萃一体化技术，锑清洁冶炼新工艺，钨锡多金属矿尾砂资源综合利用，盐湖锂资源综合开发利用，新型结构铝电解槽、铝电解槽双端节能技术，稀贵金属清洁分质高值化利用，电解铝、再生铝及加工材生产危废处置技术及应用，以含砷物料高值化利用和最终固化为基本特征的协同处置技术，尾矿毒害组分有效分离及阻隔技术，尾矿硅酸盐组分分级利用制备硅酸盐水泥、特种混凝土、活性超细粉体技术，废旧动力电池资源优先提锂高效回收镍钴锰技术，以及磷酸铁锂电池资源高效提锂与无害化处置，锌冶炼湿法浸出渣资源化与无害化处置工艺，铝灰渣资源化技术产业化，铜冶炼 PS 转炉吹炼工艺环保升级改造，再生金属保级利用技术和装备。

（二）安全生产

推动矿产资源精细勘查、矿产资源储量动态管理、开采设备信息管理场景的安全防护，监测有色金属行业工控设备、边缘设备等安全风险，提升有色金属行业生产控制过程中全要素的可查、可管、可控。部署有色金属行业智能维护系统。支持安全、卫生防护距离不能满足要求的中小型有色金属生产企业搬迁改造。推动尾矿库及渣堆场安全改造。

五、服务型制造和技术改造服务体系

建设有色金属行业网络化协同制造服务平台，开展创新设计、质量动态监测、共性技术研发等生产性服务。建设具有设备智能维护、产品质量监控、工艺流程优化分析及全流程故障诊断等多种物联网功能的矿冶及有色金属加工智能服务云平台；建立高性能航空铝材和乘用车用新型铝合金承载结构件基础服务平台，通过铝合金厚板等典型产品的残余应力闭环检测、模拟仿真、加工制造等海量试验数据，构建并优化铝合金成分、性能、轧制参数等数学模型，提升材料制备技术水平。

鼓励铜、铝、镍、镁、钴、钛、钨等有色金属加工企业建立高效协同的研发设计平台，通过电子商务、大数据、云平台等，响应下游用户个性化定制、加工配送、产品租赁、维修服务等需求，建立从先期介入（EVI）到全面用户技术支持与服务的业务体系，推进生产型制造向服务型制造转变，创新商业模式和提高增值服务能力，形成产需衔接、协同发展的新模式。

支持有色金属行业工业企业开展数据安全技术手段建设，提升数据安全防护水平和应急处置能力，加强数据安全技术与安全产品应用，建设部署企业侧数据分类分级、分级保护、风险监测和应急处置等技术手段，鼓励使用数据安全技术产品、服务和解决方案。聚焦有色金属行业工业企业数据安全保护和开发利用，建立全生命周期的数据安全保障体系。

支持有色金属企业开展合同排污管理。培育壮大有色金属领域专业环保服务公司，提供覆盖有色金属采掘、冶炼、锻压等业务的整体环保解决方案，开展减排减污专业诊断和培训，采用在线监测、智能化生产和物流系统等优化生产制造流程，减少废气废水废渣排放。

第八章 建材行业

一、基础能力

（一）产业技术基础

水泥熟料高能效低氮预热预分解及先进烧成技术，水泥全流程、全环节超低能耗标杆示范新技术，水泥熟料氢能煅烧技术，新型低碳、固碳胶凝材料制备技术，窑炉尾气二氧化碳利用关键技术，水泥窑炉烟气二氧化碳捕集与纯化催化转化利用关键技术，水泥高效节能料床粉磨技术，高效节能流化床煅烧技术，高强耐磨氧化铝陶瓷水泥粉磨技术，陶瓷金属复合材料立磨磨辊/磨盘技术，水泥、掺合料颗粒形貌高效整形技术。特种玻璃新材料制造关键工艺技术及装备，玻璃熔窑利用氢能成套技术及装备，玻璃熔窑窑外预热工艺及成套技术与装备，玻璃熔窑富氧、全氧燃烧技术，大型玻璃熔窑大功率"火—电"复合熔化技术，浮法玻璃低温熔化技术，玻璃生产超低排放工艺及装备，优化玻璃熔窑结构和锡槽本体结构、提高熔窑能效的制造技术，光伏发电玻璃成套制备技术。建筑卫生陶瓷用电能、氢能、富氧燃烧等新型烧成技术及装备，大吨位连续化陶瓷生产用球磨机，卫生陶瓷高压注浆、快速干燥、机械手施釉设备，建筑卫生陶瓷行业工业废弃物综合利用技术，建筑陶瓷低品位原料应用技术，建筑陶瓷超大型薄板高效生产技术，卫生陶瓷 3D 打印技术，功能陶瓷粉体制备技术，先进陶瓷部件精密制造技术，微波干燥技术及装备，绿色建筑用相变储能、固碳、漫反射隔热陶瓷材料。多功能装配式墙材制品技术，结构保温一体化外墙板生产技术。非金属矿分级提纯、晶形保护、粒形粒貌控制技术。玄武岩纤维池窑化生产技术与装备，高强高模、低介电、高硅氧等高性能玻璃纤维池窑化生产技术，石材加工成套技术及装备。能耗智能监测和节能控制技术及装备。建材企业生产过程零外购电力、零化石能源消耗、零一次资源消耗、零碳排放、零废弃物排放、零生产一线工人的工艺技术装备。

（二）建材工业软件

建材行业工程预算软件（BIM）、建材行业二维/三维计算机辅助设计（CAD）软件、建材行业计算机辅助工艺设计（CAPP）软件、建材行业企业资源计划（ERP）软件、建材行业制造执行系统（MES）。

（三）产业技术基础公共服务平台

建立建材工业物联网技术应用平台、新型低碳水泥技术研发平台、固碳胶凝材料研发平台、工业固废建材资源化利用技术研发平台、装配式建筑建材部品部件研发设计平台、浮法玻璃冷端全线跟踪及全仿真监控系统研发平台、建材工业智能制造技术创新平台，建设低排放烧成技术及高效节能粉磨技术水泥生产创新中心、建材机制标准砂及粉体高效整形工程技术中心、绿色氢能煅烧水泥熟料关键技术创新中心、新型低碳胶凝材料研发与应用示范中心、水泥工业生产碳捕集存储应用技术研发中心、特种水泥工程技术应用中心、浮法玻璃熔窑综合节能技术创新中心、特种玻璃材料及制品创新中心、高性能电子玻璃材料工程技术中心、氮化物陶瓷工程技术研究中心、建筑节能用气凝胶材料技术创新中心、建筑陶瓷卫生洁具工业设计中心、人工晶体材料及器件创新中心、功能陶瓷材料及器件创新中心、高强轻质骨料烧成和材料技术创新中心、绝热节能材料研发及应用创新中心、非金属矿深加工创新中心、高性能石膏胶凝材料创新中心、光伏建筑一体化建筑材料应用创新中心、超低能耗建筑与低碳/零碳/负碳建筑用新型建材创新中心、高性能环保型摩擦密封材料研发创新中心、装配式建筑工业设计中心、建材行业用耐火材料创新中心、建材工业替代燃料收集加工应用技术示范中心、生态砖瓦新材料研究产业创新示范中心、砖瓦工业屋面瓦研发创新示范中心、建材大数据研究中心、绿色建材产品集成应用示范中心、零外购电力成套技术开发与应用示范中心、建材产品全生命周期跟踪技术研发平台等。

二、质量提升

（一）水泥基材料

防辐射水泥基材料，绝热和导热水泥基材料，可燃冰开采固井水泥基材料，绿色低碳低热高贝利特水泥基材料，3D 打印水泥基材料，海洋工程及舰艇抗腐蚀涂层水泥基材料，水电工程用防冲刷磨损、气蚀破坏混凝土，非贯穿裂缝、渗漏修补水泥基材料；海洋工程用高抗侵蚀低碳水泥基胶凝材料，超高强、高韧低碳水泥基复合材料；超低温海洋油田固井水泥制备技术，复杂地质环境下固井自修复水泥基材料；轨道交通用道桥混凝土结构超快速修复水泥基材料；干法施工的墙（地）面材料。

（二）绿色建材

绿色水泥及水泥基材料（烧黏土复合水泥基材料、偏高岭土复合水泥基材料、少熟料复合水泥基胶凝材料、无熟料胶凝材料、3D 打印建筑材料、高强高性能特种工程材料），综合利用固废的混凝土制品，高效绿色混凝土外加剂，适用于海绵城市、水环境治理、特色小镇、新农村建设、建筑工业化的部品化建材产品，环境友好型装饰材料，低成本相变储能墙体材料及墙体部件，光伏建筑一体化部品部件，真空节能玻璃，Low-E 玻璃，陶瓷薄板砖，瓷抛砖，地暖陶瓷砖，发泡陶瓷隔墙板，发泡陶瓷墙、面一体板材，发泡陶瓷保温板，透水路面砖和路面板，节水型、轻量化卫生陶瓷，高强度隔热多孔陶瓷板，无铬耐火绝热一体化耐火材料，烧结制品制造的防水防腐防火保温一体化的装配式墙材制品及环境修复功能材料和生态材料制品，低导热长寿命耐火材料，近零级甲醛释放人造板，建筑保温装饰一体板，水性涂料，无溶剂涂料，高性能玻璃纤维及其热塑性复合材料制品，无石棉摩擦密封材料，高分子防水卷材和大口径管材，节能门窗，硅藻泥，玻璃隔热涂料，绿色板材，弹性地板，绿色无醛人造板，环保竹材，纺织墙布。

（三）节能降碳技术改造

利用清洁能源煅烧水泥熟料的技术应用和生产线改造；水泥、平板玻璃、建筑卫生陶瓷生产线节能降碳升级改造，以达到或优于标杆水平；水泥低阻高效预热预分解系统、第四代篦冷机、模块化节能或多层复合窑衬、气凝胶、窑炉专家优化智能控制系统改造，大比例替代燃料技术应用改造，分级分别高效粉磨、立磨/辊压机高效料床终粉磨、立磨煤磨等制备系统改造，水泥厂高效节能风机/电机、自动化、信息化、智能化系统技术改造，先进过滤材料、低氮分级分区燃烧和成熟稳定高效的脱硫、脱硝、除尘技术改造。玻璃熔窑全保温、熔窑用红外高辐射节能涂料等技术改造，玻璃熔窑全氧燃烧、纯氧助燃工艺技术改造，玻璃窑炉、锡槽、退火窑结构和燃烧控制技术优化改造，平板玻璃生产线天然气、电气化改造提升；建筑陶瓷干法制粉工艺技术改造，建筑陶瓷薄型化技术改造，卫生陶瓷压力注浆成型技术改造，智能釉料喷涂技术改造。

（四）关键工艺技术改造

特种水泥生产煅烧及粉磨工艺和装备技术改造，水泥窑、烧结砖焙烧隧道窑协同处置废弃物技术改造工程，水泥、玻璃生产两化融合改造工程，玻璃熔窑烟气除尘、发电及脱硫脱硝一体化改造工程，浮法玻璃原片质量提升及性能优化改造工程。特种玻璃熔化成型技术，先进陶瓷粉体制备技术，高温固体氧化物燃料电池粉体及其组件共烧成技术、成型烧结技术，大尺寸人工晶体制备技术，结构功能一体化耐火材料集成制造及在役诊断维护等技术的工程化，混凝土搅拌站除尘系统改造工程，混凝土搅拌站粉料输送系统升级改造工程；适用于建材窑炉的煤洁净气化成套装备技术改造；发电玻璃生产线改造升级；建筑陶瓷柔性生产与薄型化技改工程，新能源材料涂层负载陶瓷板材关键技术改造；防水防腐防火保温一体化的装配式墙材制品工艺技术改造；非金属尾矿综合利用技改工程。

推进高性能热防护材料技术向工业和建筑节能减排技术领域转化（低成本纳米孔高效隔热保温材料及应用关键技术等），加强原材料、制备工艺、专用设备等方面的系统研究，实现气凝胶材料低成本化，并在工业和建筑节能领域推广应用。发展特种水泥应用关键技术（海工水泥、极地水泥、3D打印水泥等），混凝土降本增效应用关键技术（混凝土配合比优化设计关键技术等），超薄柔性玻璃一次成型技术及装备。

（五）新型建材及无机非金属新材料

极端环境下用高性能混凝土材料；水泥和玻璃窑用"节能、环保、轻量化、长寿命"耐火材料；新型低碳高标号水泥；特种功能型水泥；超快速修复水泥基材料；8.5代以上液晶平板显示器（TFT-LCD）玻璃基板和高强玻璃盖板；高性能锂铝硅玻璃；碲化镉、铜铟镓硒薄膜太阳能电池；高纯石英粉体；半导体用大尺寸石英坩埚；光刻机用高纯石英玻璃；核动力堆高放射性废液固化玻璃；高纯石墨材料；高性能氮化硅、碳化硅、氮氧化铝陶瓷粉体；氧化铝、氧化锆、氮化硅、碳化硅等功能陶瓷基复合材料；高性能陶瓷膜材料；高k电介质陶瓷；特高压陶瓷绝缘子；大尺寸、高质量、低成本的人工晶体材料；大尺寸非线性晶体（中远红外、紫外、深紫外）；高光产额闪烁晶体；高功率、长寿命激光晶体；高性能弛豫铁电晶体；高强玻璃纤维、高模低膨胀玻璃纤维、超细玻璃纤维、低介电玻璃纤维、高硅氧玻璃纤维等高性能特种玻璃纤维及其制品；热塑性复合材料、高性能复合材料、智能型玻纤制品及复合材料制品；高强、高模碳纤维及制品；碳芯电缆；玄武岩纤维及制品；气凝胶材料；集成电路封装料；玻璃或陶瓷波导管；先进能源、航空航天、传感器件、节能环保、信息技术等高端应用领域用石墨烯；石墨烯基电极材料、散热材料、加热材料、防腐涂料、传感器、显示材料等；环境友好型非金属矿物功能材料（高效防渗材料、土壤修复剂、水处理剂、高性能摩擦材料、高效阻燃剂及高强石膏、高端石墨制品、高效催化剂、助滤剂、高效水泥助磨剂、高效煤粉助燃剂、高效脱硫剂、缓控释药物等）；非金属矿物功能填料；航空器用复合制动摩擦材料、高速列车用制动衬片、核电用无腐蚀石墨密封垫片、湿式自动变速箱用摩擦元件。

三、智能制造

通过5G、大数据、人工智能等新一代信息技术与先进制造技术的深度融合，建设建材行业智能场景、智能工厂和智慧供应链，推动建材工业的技术转型升级，实现行业高质量发展。

（一）生产智能化

1. 矿山开采

配置无人爆破、无人矿车、在线检测装备等智能装备，部署数字化采矿平台、矿山爆破设计与仿真系统、矿车智能调度系统等专用工业软件，运用三维仿真、智能采选、自动配矿等先进技术，实现石灰石、砂石等非金属矿采矿、爆破、配矿、运输等制造全过程的智能化管理，保障非金属矿生产活动安全、高效、高质。

2. 工艺研发

应用 CAD、ANSYS、Abaqus、熔窑模拟模型软件等设计与仿真软件及产品全生命周期管理系统，搭建工艺模型库，基于机理分析、数据挖掘等技术，实现先进陶瓷、人工晶体、玻璃纤维等生产工艺研发全过程仿真与优化，提高工艺研发效率及工艺设计结果的准确性。

3. 生产作业

部署行业专用装备、工业机器人、智能传感器等智能装备，建设 DCS、PLC、SCADA、冷端控制系统、先进过程控制系统、制造执行系统、设备诊断及预测性维护系统等工业软件，应用智能控制技术、智能排产技术、图像识别等，实时监测生产及设备运行状态，优化生产工艺参数，预测设备故障，提高生产效率及设备运行稳定性，实现生产过程精细化管理。

4. 质量管控

部署在线全元素分析仪、近红外光谱分析仪、粒度分析仪、跨带分析仪、自动送检设备等智能质量检测装备，搭建智能质量管理系统，与 DCS、先进过程控制系统集成，实现质量数据采集与存储，通过大数据分析技术挖掘质量异常原因，指导生产配料及生产参数优化，提高产品质量。

5. 安全管控

部署智能传感器、边缘计算单元、监控设备等智能装备，在搬运码垛、投料装车、抛光施釉、喷漆打磨、高温窑炉、切割分拣、压力成型等安全风险较高的岗位实施"机器换人"，建设智能安全监测及预警系统，打造快速感知、实时监测、超前预警、联动处置、系统评估等新型管理模式，提升企业本质安全水平。

6. 能源管理

部署智能传感与控制装备等，利用大数据、人工智能、深度学习、5G、能效优化机理分析、区块链等技术，以碳达峰，碳中和为核心目标，建设面向制造全过程的精细化能源管理系统，实现能耗全面监测、能效分析优化和碳资产管理，推动水泥、平板玻璃、建筑陶瓷、卫生陶瓷等碳排量较大的产业全面提高能源利用率，降低能耗成本。

7. 供应链协同

采用成熟软硬件解决方案，基于大数据、区块链、寻优算法、物联网、知识图谱等技术打通上下游企业数据，实现采购方案可优化、供应链可视化、运输路径可优化、风险可识别化，构建智慧供应链管理系统，打造企业级、区域级、行业级不同维度供应生态系统，完善从研发设计、生产制造到售后服务的全链条供应链协同服务体系。

（二）工业互联网

1. "5G+工业互联网"融合应用服务平台

打造建材行业"5G+工业互联网"融合应用服务平台。充分利用 5G 高可靠性、高安全性、低时延的特性，推进"5G+工业互联网"新技术、新模式在建材行业生产设计、制造、质检、物流、安全等环节的应用，建立设备预测维护、生产能源管控、机器视觉监控等服务。

2. 产品溯源认证平台

建设基于工业互联网标识解析体系的建材行业产品溯源认证平台，推进建材产品原料、生产、仓储、物流运输、市场监督及销售等环节数据的信息采集、信息关联、信息共享，实现产品质量信息的来源可追溯、去向可查证。

3. 绿色低碳管理平台

推动建材行业绿色低碳管理平台建设，结合工业互联网标识解析、区块链等技术，实现能源及碳效数据统一编码和采集，为工业企业提供碳排放监测、碳资产管理、碳足迹核算、碳减排管理等绿色低碳服务。

四、绿色制造

（一）绿色制造

满足单位产品能源消耗限额达到 GB 16780《水泥单位产品能源消耗限额》中能耗限额等级为 1 级的水泥（水泥熟料）生产线；满足单位产品能源消耗限额达到 GB 21340《玻璃和铸石单位产品能源消耗限额》中能耗限额等级为 1 级的平板玻璃生产线；满足单位产品能源消耗限额达到 GB 21252《建筑卫生陶瓷单位产品能源消耗限额》中能耗限额等级为先进值的建筑陶瓷、卫生陶瓷生产线。

推广应用水泥窑烧结砖焙烧隧道窑固废（危废）协同处置及资源化利用技术。推进企业利用自有设施、场地实施余热余压利用、替代燃料、分布式发电等。推广水泥窑烟气碳捕集利用与封存技术、特种水泥资源综合利用及工业废渣利用生产技术；水泥深度脱硫脱硝、化学团聚强化除尘、高效低碳节能等污染物防治和资源综合利用技术；低碳高性能水泥生产技术、新型固碳胶凝材料制备技术；玻璃生产线脱硫除尘脱硝一体化技术；玻璃生产线纯氧燃烧、全电熔及电助熔技术；工业副产磷石膏高效净化提质及高值化综合利用技术；工业副产石膏制备α高强石膏成套技术及装备、利用脱硫石膏生产纸面石膏板余热利用技术；建筑垃圾综合回收处理和再利用；烧结墙体材料余热余压综合利用；烧结墙体材料窑炉脱硫脱氮；陶瓷（耐材、砖瓦、石灰、岩棉等）窑炉脱硫脱硝除尘一体化改造。推广建筑陶瓷干法制粉工艺、连续球磨工艺技术，建立集中制粉商品化应用示范中心。推广建筑陶瓷新型高效清洁煤气化（自）净化技术装备、窑炉新型燃烧技术、窑炉和喷雾干燥塔能源高效循环利用技术；陶瓷砖、超大规格陶瓷薄板减薄工艺技术。开展陶瓷废料综合回收利用。推广基于氢能利用的节能陶瓷干燥窑及烧成窑炉装备；陶瓷砖（板）低温快烧工艺技术；陶瓷窑炉余热高效回收与梯级利用技术；全尺寸超薄陶瓷板（砖）材料体系优化及增强增韧关键技术；摩擦材料热压、热处理及表面烧蚀一体化节能技术和磨削废料回收再利用技术；利用废弃石粉、石渣制备高性能无机型人造石关键技术，利用尾矿生产新型建材和建材部品等技术。发展纤维增强复合材料边角废料及废旧制品回收利用技术与装备；生物降解复合材料制造技术及装备。提高石墨、膨润土、高岭土等非金属尾矿综合利用率。发展水泥无球化粉磨技术。发展建材行业用后耐火材料综合利用技术。发展电熔法生产岩棉技术。

支持建材行业"零外购电工厂""零化石能源工厂""零一次资源工厂""零碳排放工厂""零废弃物排放工厂""零员工工厂"六零示范工厂建设。

（二）安全生产

推动危险工艺岗位实现机械化、自动化作业，加装安全防护装置，实现人机隔离。开发与应用矿山提升运输设备、装置及设施的信号及安全保护装置，大型起重机械安装安全监控管理系统，石膏矿山捕尘、降尘及硫化氢监测系统，回转窑制动、应急独立电源与主辅传动连锁装置等；矿山安全监测监控系统、人员定位系统、紧急避险系统、压风自救系统、供水施救系统、通信联络系统；火灾、爆炸、中毒、人身伤害及污染事故快速响应、处置、抢救与救援设备设施。

五、服务型制造和技术改造服务体系

支持服务型制造公共服务平台建设。围绕建材行业"碳达峰碳中和"目标，在绿色建材、新型建材、复合材料、矿物功能材料等领域，搭建若干产业发展公共服务平台，规范技术服务标准，开展技术研发、知识产权运用、检验检测、技术评价、技术交易、质量认证等专业化服务。支持建设新材料数据中心、固废资源化利用数据化资源对接平台、石墨烯制造业创新中心、矿物功能材料等产业发展联盟，支持绿色建材、玻纤及复合材料、石墨、石墨烯等联盟发展。建设绿色建材、先进无机非金属材料的检测、标准、应用、专利等基础数据库，增强公共服务能力。分区域、差异化创建若干以绿色建材、非金属矿采选及其精深加工为特色的新型工业化产业示范基地。

发展建材工业研发设计、创业孵化、知识产权、科技咨询等服务业，推进设备维修专业化服务，发展壮大面向建材工业的生产性服务业。在玻璃深加工制品、建筑卫生陶瓷、石材、竹材、新型房屋等行业推广创意设计和制造。推进建材行业电子商务、专业物流网络配送体系建设。在装饰装修材料等行业建立设计、选材、配送、施工一体化网络平台。在碳纤维、玻璃纤维等高性能无机纤维及其增强复合材料、精细陶瓷、人工晶体、矿物功能材料等行业建立研发、设计、检验检测、标准、认证等服务平台。发展从非金属矿地质勘查、工程咨询、工程设计、工程建设、设备安装到工程总承包的建材工程建设服务产业链。

支持建材行业工业企业开展数据安全技术手段建设，提升数据安全防护水平和应急处置能力，加强数据安全技术与安全产品应用，建设部署企业侧数据分类分级、分级保护、风险监测和应急处置等技术手段，鼓励使用数据安全技术产品、服务和解决方案。聚焦建材行业工业企业数据安全保护和开发利用，建立全生命周期的数据安全保障体系。

培育壮大建材领域专业环保服务公司，引导环保设备制造商、环保治理企业向环保整体解决方案服务商转变。支持水泥、玻璃、陶瓷等领域建材企业与专业环保治理公司合作，开展减排减污专业诊断和培训，提供从产品设计、制造到分销、物流环节的环保整体解决方案，优化制造流程，减少废气废水废渣排放。

第九章　石化与化工行业

一、基础能力

（一）石化与化工工业软件

石化行业三维计算机辅助设计（CAD）软件、石化行业流程模拟软件、石化行业结构/流体仿真（CAE）软件、石化行业工程计算分析软件、石化行业供应链管理软件、石油分子管理软件、石化行业企业资源计划（ERP）软件、石化行业资产管理软件。

（二）产业技术基础公共服务平台

在石油化工、新能源技术、化工新材料、精细与专用化学品、现代煤化工、钾资源开发及盐湖资源综合利用、节能环保七大领域推进创新平台建设。

低成本高效炼化一体化创新技术平台。发展原油多产化学品技术、炼油化工总流程一体化优化、先进加氢催化剂及先进加氢技术、汽柴油高效脱硫技术、炼化副产品深加工利用技术等。

新能源技术开发与应用创新平台。发展生物甲烷、氢能开发与利用、汽车电池、化学储能等。

化工新材料开发与应用创新平台。发展溶液聚合技术、高压聚合技术、聚烯烃高性能牌号开发、聚烯烃热塑性弹性体材料技术、单活性中心聚烯烃催化剂技术、单活性中心催化乙烯丙烯共聚技术等高端聚烯烃技术；高性能工程塑料及特种工程塑料技术，生物基、可降解及可回收材料技术；高性能橡胶合成技术、高性能聚氨酯材料技术、高性能膜材料技术；碳纤维、芳纶和超高分子量聚乙烯纤维等高性能纤维、树脂基复合材料技术；碳纳米管、石墨烯和气凝胶等前沿材料技术。

精细与专用化学品开发应用创新平台。发展高效低毒农药及助剂、高效专用肥料及助剂、高效环境友好选矿药剂、绿色环保涂料及黏合剂、新型催化材料及高性能催化剂、分子蒸馏技术、催化蒸馏技术；先进信息用化学品，重点包括高性能电子化学品、石墨烯、黑磷烯、氮化硼、二硫化钼等二维材料和纳米晶须新材料、电子级环氧树脂、光纤预聚棒等。

先进煤炭清洁转化利用创新平台。发展新型低阶煤清洁高效转化技术、煤制油技术升级及特种和专用油品开发、百万吨级煤制芳烃技术、大型气化技术、大型甲烷化技术、煤焦油高质化利用、煤制乙二醇产品质量提升等。

钾资源开发及盐湖资源综合利用创新平台。开展低品位含钾卤水转化、深层卤水勘探及固转液技术的开发与应用，杂卤石制钾肥技术开发，不同地质条件下地下钾石盐、光卤石矿制钾肥技术研究。加强盐湖钾、锂、硼、镁、溴、钠、铷、铯等资源综合利用，提升产品价值。

绿色环保材料及环保技术创新平台。发展环境友好的生物可降解材料生产技术、全生物降解高分子材料、缩聚产品解聚技术、含氟温室气体减排、挥发性有机污染物污染控制技术与装备、高浓度难降解有机废水和含盐废水处理技术、废渣无害化资源化利用技术、含油污泥安全处置与资源化技术、秸秆及木屑等生物质综合利用、二氧化碳捕集利用与封存（CCUS）。发展绿色轮胎材料与轮胎生产技术，包括满足绿色轮胎标签生产的合成橡胶材料生产技术、绿色轮胎生产技术、大型工程轮胎结构设计等。

建设渗透汽化膜与膜过程重点实验室，高性能热塑性弹性体工程实验室，水溶性聚氨酯树脂工程实验室，工程塑料选材设计分析仿真工程实验室，烯烃聚合催化及过程工程实验室，高性能输送带新材料及先进制造工程实验室，煤炭清洁转化节水减排工程实验室；工业固废资源化利用研究中心，复混肥工程研究中心，脱硫环保技术工程研究中心，化石碳氢资源高效利用工程技术中心，国家农药创新工程技术中心；工业催化产业技术基础公共服务平台，高效分离产业技术基础公共服务平台；国家级石油和化工行业工业基础数据库。

二、质量提升

（一）化肥和农药

推广先进煤气化、低压氨合成、氮肥生产废水超低排放等技术。加强中低品位磷矿和磷矿伴生资源利用，推进半水-二水法/半水法、再结晶法、湿法磷酸生产技术开发与应用，提高磷石膏综合利用率。提高钾资源综合利用水平。发展中微量元素复合肥、缓（控）释肥、水溶肥（液体肥）等新型肥料。发展高效、低毒、绿色农药原药和环保型农药制剂及助剂，推广农药及其中间体清洁生产工艺，推广生物技术和生物农药。

（二）电石、氯碱和纯碱

推广生态电力与煤炭耦合制乙烯-乙烯氧氯化制聚氯乙烯、膜极距离子膜制烧碱等技术，加快离子膜的研发和应用推广，推进氯化氢催化氧化制氯技术的研发应用，加强副产氢气的综合利用，发展电石法聚氯乙烯无汞催化剂工业化技术、高抗冲性能聚氯乙烯特种树脂和管材、型材、阻燃型等聚氯乙烯专用料。支持发展天然碱制纯碱，推广氯化铵直接施肥和井下循环制纯碱技术。

（三）无机盐和硫酸

推进铬盐、氰化物、钡锶盐、黄磷等行业清洁化改造，发展为高端材料配套的纳米晶须产品和医药级、食品级和电子级无机盐产品以及动力锂电池用高性能无机材料。加快液相碱溶氧化电解生产重铬酸钠技术、电解铬酐技术、二氧化碳酸化生产水合沉淀白炭黑技术、盐湖卤水高效低成本提锂技术生产电池级碳酸锂及电池级氢氧化锂、高效二氧化硫氧化钒催化剂制备、废硫酸高值化综合利用、硫化氢半干法制硫酸等新技术的研发应用，加快开发单项金属离子≤100ppt的电子级硫酸生产技术及成套设备。

（四）精细化工及专用化学品

发展水性、高固体分、粉末、辐射固化等环境友好型涂料和耐高低温、高抗污等功能涂料及绿色交通运输涂料。推广染料及其中间体清洁生产工艺，发展新型纤维和新型印染工艺的高端染料和有机颜料。推广苯定向氯化-吸附分离法间二氯苯清洁生产工艺。发展热熔胶等环保型胶黏剂，无毒绿色增塑剂，聚磷腈及反应型无卤阻燃剂，抗老化等环保型塑料助剂，无磷可降解缓蚀阻垢剂等环保型水处理剂，无氟氯环保发泡剂，安全型食品添加剂和饲料添加剂，非离子表面活性剂和氟硅类特种表面活性剂。利用固载离子液体催化二氧化碳转化制备碳酸二甲酯和乙二醇。

（五）化工新材料

高性能树脂材料。包括通用塑料改性及合金、尼龙、聚碳高性能工程塑料合金、挤出级和薄膜级聚苯硫醚、聚醚醚酮、聚醚酮酮、液晶聚合物、聚醚砜、高温尼龙等特种工程塑料，高档加氢石油树脂。生物基材料。包括丁二酸、己二酸、乙二醇、1,3-丙二醇、1,4-丁二醇、碳酸二甲酯、呋喃二甲酸、氨基丁酸、羟基脂肪酸、3-羟基丙酸等含碳化学品；聚乳酸（PLA）、聚丁二酸丁二醇酯（PBS）、聚对苯二甲酸丁二醇-己二酸丁二醇共聚酯（PBAT）、聚乙醇酸（PGA）、聚碳酸亚丙酯（PPC）、聚羟基脂肪酸酯（PHA）、聚呋喃二甲酸乙二醇酯（PEF）、聚呋喃二甲酸丙二醇酯（PPF）、聚呋喃二甲酸丁二醇酯、聚碳酸酯（PC）等含碳聚合物；高吸水树脂、导电、高导热树脂等功能性树脂；高碳 α-烯烃共聚乙烯、超高分子量聚乙烯、单活性中心催化聚烯烃等高端聚烯烃及高碳 α-烯烃等配套单体；有机硅共聚改性聚氨酯材料、车用轻质环保高性能聚氨酯材料、水性聚氨酯树脂、无溶剂聚氨酯树脂等环保型聚氨酯材料以及脂肪族异氰酸等特种单体；可溶性聚四氟乙烯、超高分子量聚四氟乙烯、拉膜级聚偏氟乙烯等高性能氟树脂以及全氟烯醚等特种含氟单体；甲基苯基硅树脂等特种树脂、苯基硅油等高性能硅油以及苯基和乙烯基特种有机硅单体。

特种橡胶及弹性体。包括稀土顺丁橡胶、氢化丁腈橡胶、高性能硅橡胶、氟橡胶、丙烯酸酯橡胶，以及聚氨酯类、聚烯烃类、聚酰胺类等新型热塑性弹性体，高官能度溶聚丁苯橡胶复合材料。

高性能纤维。包括高强和高模量碳纤维以及对位和间位芳纶、聚对苯二甲酸丙二醇酯纤维、超高分子量聚乙烯纤维、聚酰亚胺纤维、聚苯硫醚纤维、玄武岩纤维、碳化硅纤维、耐高温尼龙、长碳链尼龙等。

功能性膜材料。包括高通量纳滤膜、高性能反渗透膜等水处理用膜；汽车建筑用聚酯隔热膜、太阳能电池背板及飞机内饰用 PVF 膜、动力锂电池隔膜和高性能铝塑封装膜、燃料电池用含氟磺酸膜等新能源产业用膜；偏光膜、微棱镜型光学膜等信息产业用膜；用于二氧化碳捕集和 PM2.5 分离等的特种气体分离膜、净化膜；高性能双极膜、聚乙烯醇缩丁醛胶膜等其他功能性膜材料。

电子化学品。包括高纯试剂、电子特气、动力锂电池用高性能正极材料、氟化石墨及石墨烯等新型负极材料、固态电解质、氟代碳酸乙烯酯等新型电解液溶剂；极紫外光刻胶、深紫外光刻胶、电子束光刻胶、高性能液晶材料等高性能电子化学品。

（六）油品、石化产品和轮胎

鼓励炼油企业建设加氢裂化、连续重整、异构化、烷基化等清洁油品装置，加快油品质量升级和炼油产品结构调整。开展原油多产化学品技术研发与应用，鼓励"减油增化""减油增特"技术改造，控制油品产率，增产化工原料和特种油品。

推广丁二烯直接氢氧化合成己二腈、直接氧化法环氧丙烷/共氧化法环氧丙烷、氯丙烯直接氧化法合成环氧氯丙烷、乙烯法、异丁烯法制甲基丙烯酸甲酯。推广湿法混炼工艺和充氮高温硫化工艺，加快发展航空子午胎、绿色轿车胎、农用子午胎等高性能轮胎及专用料。

（七）装备及工艺开发

加快千万吨级炼油、150 万吨级乙烯、百万吨芳烃成套技术装备开发，推进与之配套的大机组、反应器、控制系统等专有技术装备产业化。开发大型半废锅及全废锅煤气化炉、年产百万吨甲醇、百万吨合成氨、150 万吨尿素成套技术装备，包括大型合成塔设计制造、气体分布技术研究、反应器计算设计制造、模拟计算、软件开发以及大型合成工艺技术等。开发大型悬浮床加氢反应器、高压差减压阀和高压煤浆输送泵。加快推广出炉机器人、智能输送线、自动卸料等电石生产配套装备。加快纯碱用水平带式过滤机、粉体流换热器、高效蒸发冷凝（冷却）器等节能设备的推广应用，提高碳化塔、过滤机、煅烧炉等主体设备的加工质量和加工精度。推广大型聚乙烯异向双转子连续混炼挤压造粒机组的全套工艺装置。开发180吨活塞力特大型往复压缩机，包括解决机组大型整体曲轴箱铸件的铸造工艺、加工工艺及工装设计、热处理及磨削加工工艺等。开发轮胎全自动生产关键设备，包括轮胎一次法成型、多层挤出（五层）、连续挤出、硫化胎胚与成品全自动定位、输送工艺和装备，以及全自动智能车间控制系统。

（八）管理服务体系升级改造

1. 石化与化工智能化生产。实现产品开发和工艺流程的智能感知、知识挖掘、工艺分析、系统仿真、人工智能等技术集成应用。实现生产过程实时监测、故障诊断、质量控制和调度优化，深化生产制造与运营管理、采购销售等核心业务系统的综合集成。

2. 节能与安全生产智能化管理。构建污染物排放自动连续监测和工业固体废弃物综合利用信息管理体系，建立能源管理中心。建立危险化学品、民爆器材生产、储运、经营、使用等环节的实时监控和全生命周期监管体系。建立安全生产新模式，在危险作业场所，深化安全风险评估、多层防护、人机隔离、远程遥控、监测报警、灾害预警、应急响应和处置等方面的信息技术集成应用。

3. 研发设计平台和智能化行业解决方案。提供工业设计、虚拟仿真、样品分析、检验检测等软件支持和在线服务。建立并完善基于全行业的生产物料消耗、质量检测、设备运行、能源消耗、环保监测等全生命周期在线监测与管控集成解决方案。

三、智能制造

建设石化与化工行业智能场景、智能车间、智能工厂和智慧供应链，贯彻国家智能制造标准体系要求，通过5G、大数据、人工智能等新一代信息技术与先进制造技术的深度融合，推进制造技术突破和工艺创新，提升智能制造应用成熟度水平，推进制造模式和企业形态的根本性转变。

（一）生产智能化

推进智能工厂建设。围绕流程优化、供应链协同优化、智能生产管控、工艺及能耗管理、设备预测性维护等构建石化智能工厂解决方案。将新一代信息通信技术与石化生产过程的资源、工艺、设备和环境，以及人的制造活动进行深度融合，提升全面感知、预测预警、协同优化、科学决策等关键能力。打造石化工业大数据分析平台，提升智能制造在研发设计、生产运营、远程运维服务、供应链管理等方面的智能化水平，提升企业的经营分析能力、对全过程的预测能力以及市场快速响应能力。

打造数字化生产环境。基于石化智能传感器、智能检测/控制、工业物联网以及移动互联等技术，打造泛在感知的石化生产环境。通过信息技术与运营技术的深度融合，实现从底层现场设备层向上贯穿过程控制层、生产执行层、经营管理层的数据贯通和集成；对原油与产品属性、生产工况、工艺参数等进行智能感知，实现从原油供应、生产运行到产品销售全流程与全生命周期资源属性和特殊参量的快速获取与信息感知。

推动先进过程控制（APC）系统、实时优化（RTO）系统应用。构建模型化、实时化、智能化的新一代炼化企业生产执行系统（MES）、企业资源计划（ERP）系统，建立计划、调度和操作一体化闭环管理体系，以安全、清洁、稳定生产为核心，实现全面感知实时监控、预测预警自动发现、异常侦测主动应对、科学决策精准执行的智能管控目标。

推进智慧园区建设。运用信息化、智慧化手段提升对园区内外关键信息资源的整合能力，提升园区本质安全与环境保障水平，加强应急处置和循环经济能力建设，促进能源管理和高效物流服务，以及园区公共服务平台建设工作。通过大型化、基地化、炼化一体化的智能工厂建设，带动产业链优化升级和价值链重构，实现智能工厂、智慧基地（智慧园区）和智慧城市的协同发展。

实施民爆行业少（无）人化专项工程。发展工业炸药危险少（无）人操作生产工艺系统；工业雷管主要危险岗位人机隔离操作、连续化自动化生产工艺系统；

火工药剂、震源药柱等危险作业工序人机隔离装备；工业机器人及智能成套装备推广应用；重大危险源和关键危险工序违规违章行为的智能识别、提示和自动报警技术。

（二）工业互联网

推动工业互联网企业网络化改造。构建面向石化生产全过程、全业务链的网络协同体系。运用新型网络技术实现石化生产过程中设备、工艺、资源、环境和人员全面互联互通。通过打造网络化生产环境，采集原油状态、生产工况、工艺参数、环境参数等实时数据并传送至上层平台，实现流程优化、智能生产管理、工艺能耗管理、设备预测性维护、安全生产等应用。面向石化与化工行业建设工业互联网标识解析二级节点，建立工业互联网标识解析采集系统，开展产品全生命周期管理等工业互联网标识解析应用。

打造工业互联网平台。构建基于信息物理系统（CPS）的石化与化工行业工业互联网平台。打通行业全要素、全产业链和全价值链的全面连接，支持企业业务系统和工业设备上云，建立石化与化工行业工业机理模型库，开发一批高价值工业App、微服务及基于平台的系统解决方案，在物料配方优化、工艺参数设计与仿真、生产过程建模与控制、设备故障诊断与远程运维等关键场景应用，引导建立基于工业互联网平台的生产线数字孪生系统。支持数字化管理、网络化协同、服务化延伸、智能化生产、个性化定制及产融结合等新模式发展。

建立工业互联网安全技术体系。强化石化与化工行业工业互联网安全防护能力建设，开展分布式控制系统（DCS）、可编程逻辑控制器（PLC）、安全仪表系统（SIS）、可燃气报警系统等关键系统的漏洞挖掘技术研究，推动攻防演练、态势感知、应急处置等安全平台建设，提升及时发现高危漏洞、威胁信息共享及应急处置能力。

四、绿色制造

（一）绿色制造

实施挥发性有机物综合整治，加快涂料、胶黏剂、农药等领域有机溶剂替代和生产过程密闭化改造。开发推广光气等高毒原料替代技术，推广催化加氢、绝热硝化微通道反应器、大型煤气化废热回收、百万吨级低阶煤热解分质分级高效利用、全封闭高压水淬渣及无二次污染磷泥处理黄磷等绿色工艺。加强炼油及储运环节的油气回收治理。加强煤化工、农药、燃料等高浓度难降解废水和废盐治理。推进磷石膏、氟石膏、钛石膏、造气炉渣、电石渣、碱渣、废硫酸、含硫废液等固体废物和危险废物的综合利用，废弃高分子材料化学回收，工业尾气回收利用制高值化学品和燃料。开发推广煤化工、燃料、农药等行业废水治理及再利用技术。推进 CO_2 在驱油、合成有机化学品等方面的应用示范。加强高温和强放热工艺装置余热综合利用。推进农药废弃包装物回收及无害化处理。推广石化与化工高含盐、高 COD 废水处理技术、油田含油废水处理及回用技术。加快推广稀土永磁无铁芯电机、电动机用铸铜转子、高能效等级的小型三相异步电动机、锅炉水器系统平衡及热回收工艺设备、高效换热器、低温余热发电用螺杆膨胀机、乏汽与凝结水闭式回收设备等。实施硝酸生产技术提升及硝酸尾气 N_2O 减排等技术改造。加快非粮生物质糖化、非粮生物质替代粮食发酵生产、高效提纯浓缩等关键平台技术攻关，打造工业菌种与酶蛋白元件库，开发应用高选择性吸附、萃取等分离提纯工艺，推广高通量高选择性分离膜和长周期膜分离装备，以及高效低温蒸发、气体干燥分离等成套装备，提高生物基材料生产效率。

（二）安全生产

化学品危险性鉴别和工艺风险评估。应用化学品物理、健康与环境的危险性分类鉴别装备、风险评估技术和数据库，在重大危险源企业推广应用定量风险评价、危险与可操作性分析（HAZOP）、保护层分析、安全仪表完整性评估、报警分级管理、FGS 有效性评估、基于风险检验（RBI）及以可靠性为中心的维护（RCM）等，在石化与化工行业开展反应风险性评估与研发反应失控抑制技术与装备应用。

安全装备和监控系统。发展装备安全设备设施及紧急停车系统（ESD）、高完整性等级的安全仪表系统。应用涉及硝化、氧化、磺化、氯化、氟化、重氮化、加氢反应等危险工艺的化工生产装置，实现自动化控制。改造防火、防雷、防静电设施，提高技术措施等级，健全安全生产预警条件。发展有毒有害、易燃易爆气体泄漏检测报警系统和火灾报警系统，易燃液体储运装卸装置、防静电设施及联锁紧急切断装置，重大危险源参数远传、连续记录及监控预警系统。推进危险化学品重大事故监控预警工程。面向重点装置、关键部位设置视频监控系统。研发危险化学品储罐缺陷声发射无线自组网实时监测及诊断技术及设备；研发危险化学品储罐罐底板腐蚀检测关键技术及设备；研发全尺寸、大口径管道内检测器及智能评估系统；研发水下石油天然气管道腐蚀检测探测设备；研究长输油气管道高后果区在线监控成套技术及装备。研制高可靠、高精度有毒气体、可燃气体传感器及成套设备；研发有毒和可燃气体远程、大空间多光谱在线检测成像设备；研发危险化学品重大灾害场景火焰、烟气智能识别技术及设备；研发大空间雷电探测感知器件及自组网预警设备。

快速响应的化学事故应急救援系统。建立具有日常应急管理、风险分析、监测监控、预测预警、动态决策、应急联动等功能的应急指挥平台。发展重大化学事故应急救援实时监测、辅助决策系统及单兵装备，重大化学事故处置实时监控系统。研发危险化学品泄漏事故应急处置系统、有毒有害气体（氨、氯等）泄漏喷雾吸附系统、紧急泄氨器与应急处置罐、堵漏和洗消装备及系统。研发危险化学品特异性、高灵敏度侦检装备及特效解毒药品；研制危险化学品救援人员作战标准化成套装备；研发长距离、高精度无人机人员识别、定位及搜救技术及装备；研发移动火炬成套系统及装备。

危害控制装备及系统。包括事故状态下危害控制装备及系统，事故围堰及清净下水设施，防汛、防台风、防构筑物倒塌设备设施；储罐收料液位动态监控系统；储罐区高效应急响应和快速灭火系统；危险化学品槽车金属万向管道充装系统；车辆行车记录仪及基于卫星定位技术的高危化学品道路运输监控系统；基于卫星定位技术的危险化学品水运监控系统。

化工园区安全管理与规划布局。关注化工园区选址安全与科学规划布局，化工园区危险化学品事故和自然灾害事故耦合防灾控制。发展化学工业园区区域安全监控与事故应急救援工程、一体化应急系统。对有发生爆炸危险的生产、储存设施周边的科研、生产、办公、储存设施等有人员活动场所进行调整改造。推动位于城镇人口密集区内、安全卫生防护距离不能满足相关要求，以及因城市规划调整需要的危险化学品生产企业搬迁。推动沿长江等重点流域人口密集区的危险化学品生产企业搬迁改造。

五、服务型制造和技术改造服务体系

发展石化与化工行业生产性服务业。整合优化生产服务系统，重点发展科技服务、研发设计、工程承包、信息服务、节能环保服务、融资租赁等现代生产性服务业，为行业提供社会化、专业化服务。

培育石化和化学工业与互联网融合发展新模式。构建面向石化生产全过程、全业务链的智能协同体系，推进原油调和、石油加工、仓储物流、销售服务供应链的协同优化。建立健全化肥、农药、涂料等生产监督及产品追溯系统，采用物联网、射频识别、物品编码等信息技术，推进生产企业商品编码体系建设，建立产品追溯数据库。积极开展"互联网+农资"活动，鼓励生产企业建立农户基础信息库，提高农化服务水平，实现供需协同。推广农资电商等商业新模式。

支持石化与化工行业企业开展数据安全技术手段建设，提升数据安全防护水平和应急处置能力，加强数据安全技术与安全产品应用，建设部署企业侧数据分类分级、分级保护、风险监测和应急处置等技术手段，鼓励使用数据安全技术产品、服务和解决方案。聚焦石化与化工行业工业企业数据安全保护和开发利用，建立全生命周期的数据安全保障体系。

引导石化企业与能源服务公司开展合同能源管理，针对不同的用能企业提供不同的项目解决方案，制定科学合理的节能目标契约，通过开展全过程服务降低石化企业能耗。鼓励石化行业企业发展先进技术，先进工艺提升现有的生产装置，减少排放，降低能耗，提升企业综合竞争力和可持续发展能力。通过研发先进的"三废"治理技术，提升石化行业的服务增值水平，支持石化企业通过加强应用研发，开拓传统产品应用消费领域，增强企业实力。

支持石化企业参与海外资源的勘探与开发，推进油气资源、钾资源开发，轮胎生产基地建设，鼓励石化企业立足当地，实现就地加工转化，构建完整的供应链管理体系和上下游一体化的战略合作产业链。鼓励化工企业通过投资、并购、重组、外包服务的方式获得化工新材料和高端专用化学品的生产技术，强化企业技术能力，促进石化与化工行业产业升级。推进企业技术装备国际化，通过石化化工项目建设、重大工程技术装备总承包等系统解决方案提供开拓海外市场，形成全方位对外合作。

鼓励石化与化工企业参与行业科研创新平台的建设，提升科技成果转化速度，完善科技成果的处置和收益分配。建立重点领域产业联盟，促进企业的上下游合作，充分利用保险补偿功能，实现首台（套）重大技术装备补偿机制。

第十章 医药行业

一、基础能力

（一）基础零部件

大容量 X 射线管、新型 X 射线光子探测器、超声诊断单晶探头、面阵探头、血管或内窥镜检测用微型高频超声探头、CT 探测器、大容量 CT 球管、液体轴承球管、基于硅光电倍增管 PET 探测器、闪烁晶体、高速滑环、高分辨高灵敏度光子探测器、微焦点面阵射线源、X 线相衬光栅、CCD/CMOS 光学成像模组、模块化离心机、机械臂、光学导航系统、多自由度力反馈主从操作器、气动执行器、精密陶瓷柱塞泵、手术执行器驱动装置、液压阻尼缸。

（二）基础材料

可降解血管支架材料、透析材料、医用级高分子材料、植入电极、动物细胞无血清培养基，高效崩解剂、安全性高的包衣材料、中药注射剂用辅料、新型脂质体材料、生物药新型载体、佐剂、稳定剂和保护剂等新型药用辅料，药包材用中性硼硅玻璃，药用卤化（溴化和氯化）丁基橡胶，高抗撕裂强度硅橡胶、高性能环保压电陶瓷、低弹性模量医用钛合金、超弹性镍钛合金、假肢体制备碳纤维材料、高强度可降解骨科植入材料、人工关节用交联超高分子量聚乙烯。

（三）医药工业软件

医药行业二维计算机辅助设计软件（CAD）、医药行业三维计算机辅助设计软件（CAD）、量子化学计算软件（CAE）、医药行业数值计算软件、医药行业流体/力学/结构/光学仿真软件（CAE）、医药行业可编程逻辑控制器软件（PLC）、医药行业企业资源计划软件（ERP）。

（四）产业技术基础公共服务平台

围绕创新药物发现、化学药物先进制备、古代经典名方复方制剂、新型抗体构建等产业发展共性关键技术，整合各方研发力量和资源，实现重点技术突破。建设体外诊断试剂研发和产业化平台，加强原料酶、诊断性抗体等试剂原料基地建设；支持高端医学影像设备及其核心部件、先进治疗设备及高端植入介入产品的开发；发展基于新靶点和新作用机制的创新药，发展针对我国特定疾病亚群的新药、新复方制剂、伴随诊断产品；发展改良型新药，在已知活性成分的基础上，对其结构、剂型、给药途径、适应证、用法用量、规格等进行优化，以具备更高的临床价值；支持缓控释制剂、脂质体、纳米微球、靶向微丸、黏膜及肺部给药系统、经皮给药系统等高端制剂与新型给药/释药系统及用于高端制剂的药用辅料、新型包装系统等的开发；支持联合疫苗、治疗性疫苗、ADC 药物、新型抗体药物等生物技术新药和生物类似药大品种开发。构建中药材种植、初加工、检测等环节质量控制体系，提升中成药生产数字化、智能化水平，建设中药全产业链质量技术服务平台。

支持医药研发数据和公共资源平台建设，建设和整合疾病临床信息数据库、生物样本库、药用化合物库、中药化学成分库、药物杂质标准品库、药包材添加剂数据库，实现数据和资源开放共享，为全行业医药研发提供服务。

开展高性能医疗设备可靠性、安全性、适宜性等临床应用评价，建设标准、检测、验证等公共技术服务平台，完善医疗设备产业体系。建设生物技术药物发现、评价、检测、安全监测等公共技术平台，完善生物技术药物产业体系。

二、质量提升

（一）高端装备

高性能医疗设备。 提升基于硅光电倍增管 PET 探测器、3.0T 超导磁体、多通道并行接收/发射谱仪、加速管、高清 CCD、单晶容积探头、高功率磁控管、真空泵、比例阀、基因测序专用传感器、透析膜等核心关键部件及原材料等专业生产能力，形成 X 射线正电子发射断层成像仪（PET-CT）、磁共振成像仪（MR）、

X射线计算机断层摄影设备（CT）、医用直线加速器（LA）、内窥镜（ES）、超声成像仪（US）、放射治疗装备、高频呼吸机、连续性血液净化设备（CRRT）、基因测序设备等高端医学装备的核心部件和整机生产能力；发展新一代微创、无创和全科诊疗设备与检测设备、外科手术器械和机器人。

医院数字化系统和远程医疗装备。加快新一代互联网技术与生物医学工程技术的融合应用，加强医院数字化系统、远程医疗系统、个体健康信息管理系统等关键技术的研制和产业化，提供集成化、一体化整体解决方案。

智能医疗装备。推动医疗装备智能化发展，研制数字化、智能化的新型体外诊断系统、应急救治、生命支持、保健康复等医疗器械。

（二）生物技术药物

开发治疗恶性肿瘤、自身免疫性疾病、神经系统疾病等难治疾病，以及用于紧急预防和治疗感染性疾病的抗体药物。发展新一代免疫检测点调节药物，多功能抗体、G蛋白偶联受体（GPCR）抗体、抗体偶联药物（ADC），发展抗体与其他药物的联用疗法。

针对流感、疱疹、肝炎、疟疾、结核、艾滋病、人乳头瘤病毒、新冠病毒等重大或新发传染病，加快多联多价疫苗、基因工程疫苗、核酸疫苗等新型疫苗的开发。

开发免疫原性低、稳定性好、靶向性强、长效、生物利用度高、新给药途径的基因工程蛋白质及多肽药物。

开发国内市场紧缺的凝血因子、抗巨细胞病毒免疫球蛋白等产品。

开发针对新靶点、新适应证的嵌合抗原受体T细胞（CAR-T）、嵌合抗原受体NK细胞（CAR-NK）等免疫细胞治疗、干细胞治疗、基因治疗产品和特异性免疫球蛋白等。

（三）化学药物

落实仿制药质量和疗效一致性评价要求，完成国家基本药物、小品种药一致性评价，鼓励有条件的企业开展口服固体制剂、注射剂之外的其他剂型产品的一致性评价。

抗感染和抗肿瘤药物。开发抗病毒、抗多药耐药菌、抗耐药结核杆菌、抗其他微生物的新型抗感染药物；开发治疗肺癌、肝癌、乳腺癌、胃癌等我国高发性肿瘤疾病的毒副作用小、临床疗效高的靶向、高选择性抗肿瘤药。

心脑血管疾病药物。开发防治高血压、脑卒中、心力衰竭、心肌梗死和血栓形成等疾病的作用机制新颖、长效速效、用药便捷的新型单、复方药物。

内分泌及代谢疾病药物。开发治疗糖尿病、骨质疏松及其他营养代谢综合征的作用机制新颖、长效高效、用药便捷的新型单、复方药物。

针对我国存在用药空白、短缺或产品落后的其他高发多发性疾病，严重危害生命健康的罕见病，技术落后的儿童用药，具有新靶点、新机制的化学新药，有明确临床价值的改良型新药，基于反义寡核苷酸、小干扰 RNA、蛋白降解技术（PROTAC）等新型技术平台的药物，开展相应的产品研发及生产。

（四）中药

发展濒危药材人工繁育技术，优质中药材种子种苗技术，中药材无公害种植、养殖技术，中药生产质量控制技术，符合中药特点、基于病证特点的制剂形式和给药技术。构建以高质量中药材为目标的栽培技术体系。

完善中药质量标准体系，提升中药全产业链质量控制水平。围绕重大疾病及中医药治疗优势病种（慢性病、疑难病等），开展古代经典名方复方制剂和确有临床疗效的中药新品种的开发生产。

结合对藏药、维药、蒙药等民族药的系统整理，开展具有民族医药理论特点、资源特色和治疗优势的民族药新药的研发和生产。

针对重大疾病，利用我国特色天然药物资源，开发一批有效成分明确、作用机理清楚、剂型先进的有效成分或有效部位新药。

（五）医疗装备

开发数字化 X 射线机、多层螺旋 CT 机、超导磁共振成像系统、核医学影像设备、超声成像设备、医用直线加速器、聚焦超声治疗系统、医用手术机器人、血液透析设备、体外膜肺氧合机（ECMO）、纳米刀肿瘤治疗系统、质子治疗系统、重离子治疗系统、手术机器人、口腔种植机器人、新一代人工心脏、脑起搏器、新型人工心脏瓣膜系统等。开发用于血细胞、生化、免疫等分析的自动化临床检测系统及配套试剂；全自动生化设备。开发普外及专科手术室成套设备和高性能麻醉工作站、无创呼吸机等。开发安全性和可靠性高，应用数字化和信息化技术的普及型医疗器械。开发高效崩解剂、共加工辅料、安全性高的包衣材料和注射剂用辅料等。

研发 X 射线正电子发射断层成像仪、正电子发射型断层扫描及磁共振成像系统、磁共振成像仪、X 射线计算机断层摄影设备、医用直线加速器、彩色多普勒超声成像系统、专科超声诊断设备、电子内窥镜、聚焦超声肿瘤治疗系统、全自动生化检测设备等核心关键部件。

（六）医药新材料

加强药用辅料和直接接触药品的包装材料和容器的标准体系建设。推动仿生医学、再生医学和组织工程与生物技术的融合，促进新型高生物相容性医用材料的研制和产业化。支架瓣膜、心室辅助装置、颅骨材料、神经刺激器、人工关节和脊柱、运动医学软组织固定系统、人工晶体等高端植入介入产品。重组胶原蛋白类、可降解材料、组织器官诱导再生和修复材料、新型口腔材料等生物医用材料。开展碲锌镉晶体、稀土闪烁晶体及高性能探测器件产业化技术攻关，解决晶体质量性能不稳定、成本过高等核心问题，满足医用影像系统关键材料需求。发展医用增材制造技术，突破医用级钛粉与镍钛合金粉等关键原料制约。发展苯乙烯类热塑弹性体等不含塑化剂、可替代聚氯乙烯的医用高分子材料，提高卫生材料、药用包装的安全性。提升医用级聚乳酸、海藻酸钠、壳聚糖生产技术水平，满足发展高端药用辅料的要求。

三、智能制造

建设医药行业智能场景、智能车间、智能工厂和智慧供应链，贯彻国家智能制造标准体系要求，通过 5G、大数据、人工智能等新一代信息技术与先进制造技术的深度融合，推进制造技术突破和工艺创新，提升智能制造应用成熟度水平，推进制造模式和企业形态的根本性转变。

（一）装备数字化

支持开发数字化、智能化医疗设备，包括基于 AI 影像技术的影像设备，能开展辅助治疗规划的放疗系统，可穿戴设备，远程医疗执行系统等。

支持提高制药装备的数字化、自动化、智能化水平，增强信息上传下控和网通互联功能。发展生物药生产所用的生物反应器及控制系统、蛋白分离纯化系统，化学药原料药生产所用的发酵罐搅拌和控制系统、先进结晶罐、连续反应设备、核酸合成仪，制剂生产所用的符合欧美质量要求的造粒、包衣、压片、胶囊充填设备，口服固体制剂连续生产设备，流化床包衣设备，塑料"吹灌封"设备，透片贴剂、粉雾剂、膜剂等新型制剂生产设备等。

支持发展生产过程自动控制所用高端传感器（溶氧探头、PH 电极、DO 电极等）；支持开发在线质量检测系统，适用于制药企业的工业机器人、无人搬运车（AGV）、视觉识别系统等。

（二）生产智能化

1. 以信息技术赋能医药研发

支持人工智能、云计算、大数据等技术在研发领域的应用，通过对生物学数据挖掘分析、模拟计算，提升新靶点和新药物的发现效率。在实验动物模型构建、药物设计、药理药效研究、临床试验、数据分析等环节加强信息技术应用，缩短研发周期、降低研发成本。推进健康医疗大数据的开发应用和整合共享，探索建立统一的临床大数据平台，为创新药研发及临床研究提供有力支撑。

2. 提高生产过程自动化和信息化水平

支持企业在工厂设计、生产制造、物流仓储、经营管理等各个环节应用数字化手段，包括应用 MES、LIMS、QMS、WMS 等系统及集成数据应用平台，全方位提高质量控制水平和运营效率。支持采用工业互联网、物联网、大数据等信息化技术，广泛获取和挖掘生产过程的数据和信息，为生产过程的自动优化和决策提供支撑。支持信息技术在企业安全管理中的应用，增强安全生产的感知、监测、预警、处置和评估能力，提升本质安全水平。

支持企业应用信息技术改进质量管理。建立生产质量信息实时监控系统，实现质量数据的自动采集、管理和可追溯，保证数据的真实性和完整性。开发应用基于过程分析技术（PAT）的智能化控制系统，建立质量偏差预警系统，最大限度约束、规范和减少员工操作，促进 GMP 严格执行，有效保证产品质量稳定。

支持企业建立集中式公用工程自控系统，涵盖制冷机组、洁净室空调系统、水系统、电力系统、蒸汽系统等内容，将制药工业中洁净环境控制，水、电、气、汽等供应与调度作业全面覆盖和管理，以降低能耗，提升生产效率。

3. 发展智能制造新模式

适应药品委托生产（CDMO）模式快速发展趋势，支持建设 CDMO 智能工厂，通过数字化体系建设，实现生产柔性化、透明化、质量可追溯，更好满足委托方对生产过程管理的要求。

适应智慧医疗、互联网医院快速发展趋势，建设覆盖疾病诊疗、药品配送、医疗机构收费、医保结算等环节的数字化管理体系，形成医疗机构、药品生产经营企业、保险公司、信息技术服务商等共同参与的"互联网+医药"生态。

（三）工业互联网

建设大规模的生物资源库和生物信息中心核心平台。建设网络化的国家生物资源和生物信息服务设施，加强对基因信息的深度发掘，带动新型测序仪的发展。

建设中药材生产流通追溯平台，构建中药材种植、加工、检测、运输、贮藏、流通等环节信息化追溯体系，为中药企业提供服务。

基于5G、时间敏感网络、工业以太网、边缘计算、工业PON、工业无线、IPv6、人工智能等新技术，实现核心设备、仪器、物料、作业间、人员、环境系统间互联互通，数据在多个环节中（药品研发、制造、质量检验等）一致流通。通过企业内网，实时采集药品生产过程中数据并实现生产流程可视化，实现MES、LIMS+LES、ERP系统间协同和集成。面向医药行业建设工业互联网标识解析二级节点，建立工业互联网标识解析采集系统，开展产品全生命周期管理等工业互联网标识解析应用。

建设医药行业工业互联网平台，支持医药生产设备和业务系统上云，开发药物研发机理模型库，开发一批高价值工业App、微服务及解决方案，实现高效药品研发和质量管控，引导建立基于工业互联网平台的产供销系统，实现医药产品可识别、可追溯，保证药品安全。

建设核心医院信息系统（HIS）、医疗协同等业务系统的安全监测与防护平台，监测勒索病毒等恶意软件的运行，形成风险发现、应急处置能力。建设电子病历和健康数据的隐私保护系统，防护敏感数据不泄漏，达到隐私防护合规要求。

四、绿色制造

（一）绿色制造

支持化学原料药生产过程清洁工艺和设备的应用，显著降低单位产值COD排放量，降低有毒有害气体等废气排放。支持生产用于酶法生物转化工艺的各种酶，包括用于抗生素、他汀类药物生产的各种酶。支持开发应用新型技术和装备，提高发酵废水废渣处理水平，同时降低污染治理成本，支持开发应用抗生素菌渣无害化处理技术。开展绿色技术创新，采用新型技术和装备改造提升传统生产过程，开发和应用连续合成、生物转化等绿色化学技术，加强生产过程自动化、密闭化改造。以厂房集约化、生产洁净化、废物资源化、能源低碳化为目标，打造一批低排放绿色工厂。

（二）安全生产

强化药物研发、生产等环节的生物安全防控能力建设，推动重点领域企业建立生物安全管理体系，针对关键环节开展生物安全风险评估，分不同等级加强生物安全管理。

支持企业完善 EHS 管理体系，提升 EHS 相关硬件和软件，最大限度减少环境污染、安全事故和职业病发生，培育履行社会责任、以人为本、可持续发展的企业文化。

五、服务型制造和技术改造服务体系

支持医药企业研发数据和构建智慧医疗云服务平台，建设和整合疾病临床信息数据库、生物样本库、化合物库、中药化学成分库、药物杂质标准品库、药品包材添加剂数据库，实现数据和资源的开放共享；鼓励发展"互联网+医药"，研发智慧医疗产品，开发应用具备云服务和人工智能功能的移动医疗产品、可穿戴设备，各种类型的基于移动互联网的健康管理软件（App），建立远程监护、咨询的远程医疗系统；加强对健康医疗大数据的开发和利用，发展电子健康档案、电子病历、电子处方等数据库，实现数据资源互联互通和共享，指导疾病诊治、药物评价和新药开发，发展基于大数据的医疗决策支持系统。

支持医药企业开展数据安全技术手段建设，提升数据安全防护水平和应急处置能力，加强数据安全技术与安全产品应用，建设部署企业侧数据分类分级、分级保护、风险监测和应急处置等技术手段，鼓励使用数据安全技术产品、服务和解决方案。聚焦医药行业工业企业数据安全保护和开发利用，建立全生命周期的数据安全保障体系。

鼓励发展合同生产、合同研发、医药电子商务、生物技术服务、医疗器械第三方维护保养等新型服务模式；围绕生物技术药物和化药制剂，鼓励建设专业从事合同生产为主的高标准药品生产基地；鼓励医疗器械、制药设备企业开展产品延伸服务，从提供产品向提供整体解决方案转变，建设第三方检验中心、影像中心、透析中心和病理中心；推动家用、养老、康复医疗器械的开发和应用，适应人口老龄化的需要，培育新的健康消费需求；鼓励医药流通企业发展现代医药物流，采用信息技术实施供应链管理，整合上下游资源，打造全产业链服务模式，提高供应链管理效率。鼓励零售药店发展规范化直营连锁，延伸业务范围和服务内容，充分发挥执业药师药学服务作用，满足消费者多层次、多样化的健康需求。

第十一章 轻工行业

一、基础能力

（一）基础零部件

涉及家电行业的高效电机、高效小型化压缩机、高效低噪风扇、高效变频控制器、小型化高效换热器、高效发热元件、高效集成化传感器、高效照明系统、节能显示器件、节能门封、高效燃烧器系统。涉及造纸行业的稀释水流浆箱、靴式压榨设备、钢制扬克缸、关键专用传感器、磨浆机耐磨膜片、膜转移涂布机、可控中高软压光机等关键设备及部件。高档机械表换向轮组件、主夹板、智能表传感器。电池钢壳。高档自行车变速器及其套件。缝纫机高品质旋梭，机针（弯针），高精度、高转速部位紧固螺钉及各类传动零件（轴、杆、凸轮、齿轮等），以及高性能电磁铁、自动绕线器、电子夹线器、自动换底线装置、自动送布轮、自动切刀组件、自动送料（送带）装置等自动化缝纫部件。涉及生物发酵行业的发酵过程所需的质量流量控制器、溶液中溶氧/CO_2传感器、总有机碳（TOC）传感器、离子敏场效应晶体管（ISFET）pH传感器，以及智能化生物反应器系统中的发酵多组分实时在位监控核心部件与发酵过程预测软件，高性能生物传感器用超规整化纳米晶体生物传感芯片。涉及食品行业的在线传感器。多工位组合笔头机床用的高精度转盘、高精度自锁弹性卡头等基础零部件（回转精度±0.004毫米内、转台夹头孔同心度0.005毫米以内）。

（二）基础材料

电池行业。高能量、长寿命动力电池正极、负极、隔膜、电解液等关键材料。长寿命、高倍率锂离子电池电极材料，耐高温高压电池隔膜，高性能固体电解质材料，超级电容器新型碳材料，耐高压电解液和新型添加剂等高性能电池材料；代铂催化剂、高效质子交换膜、固体氧化物等燃料电池用新材料；碳纤维板栅、泡沫石墨、陶瓷隔膜等铅蓄电池用新材料。

家电行业。新一代低 GWP 高效制冷剂，环保高效绝热材料，新型高效密封材料，新型高效传热材料，高性能稀土磁铁材料，薄规格低铁损铁芯材料，适用于 R290、HFOs 等低 GWP 高效制冷剂的压缩机润滑油，换热器亲水疏水材料，新型减振降噪材料。

造纸行业。微/纳米纤维素基先进复合材料、应急防护用纸、新能源用化学电源关键材料、高等级芳纶绝缘纸、汽车用高性能湿式摩擦纸基材料等航空航天、轨道交通、能源等国家重大工程用关键高性能纸基复合材料。

乳制品行业。乳糖、乳铁蛋白、低聚糖、DHA、OPO 结构油脂、矿物元素等婴幼儿配方乳粉功能基料。

塑料行业。高性能、低成本生物降解塑料，无卤阻燃剂塑料制品，高性能特种及改性工程塑料，超高强度低压聚乙烯强力膜，氟塑材料，碳纤维材料，新型抗菌高分子材料，高分子基材血液净化材料，先进树脂基复合材料，高阻隔 BOPA 膜及其专用树脂。

此外，包括食品和饮料包装用高（氧）阻隔性材料、高性能生物基聚酰胺（PA）材料、高品质聚乳酸材料、生物多糖材料、可再生包装材料。金属笔头材料，非金属材料滚珠笔头、新型记号笔专用基础材料。功能突出的无铬鞣剂，整饰材料及助剂，皮革疏水性调控材料，灰碱替代材料，胶原生物材料，以铬鞣革屑为基材的复合新材料；兼顾减震、回弹、轻量、环保等功能的高性能鞋底材料，应用于中底、鞋垫的具有抗菌功能的中草药等中国元素材料，应用于皮革制品的阻燃、隔热、保温等各种功能性材料。安全环保型和特殊功效型表面活性剂、生物基表面活性剂。搪瓷瓷釉静电粉、搪瓷瓷釉预磨粉材料、功能性搪瓷瓷釉材料。眼镜镜片用高性能树脂单体材料、功能镀膜材料。新型环保牙膏用磨料和口腔生物活性材料，牙釉质再矿化新型生物材料。

（三）先进基础工艺

塑料行业。水性与无溶剂型聚氨酯合成革制备工艺及技术，功能性高分子材料超临界 CO_2 微发泡成型技术工艺及技术，高性能、高值化 PVC 制品工艺及技术，高性能氟材、改性聚酯农用棚膜制备工艺及技术，高安全性食品包装用无溶剂复合膜生产技术，废旧塑料高值化利用技术，宽幅多层共挤与在线涂敷集成的聚烯烃农膜生产技术，超高分子量聚乙烯管、超大口径钢带增强聚乙烯螺旋波纹管生产技术，高分子材料微纳多层复合制品制备技术，高分子材料可控制备与成型技术，全生物降解聚合物薄膜材料吹塑成型和高密度高强度发泡塑料芯材的清洁制备技术，功能性食品软包装涂装减材与单材化技术，挥发性有机物（VOCs）高效净化治理技术，高分子材料3D打印技术。

陶瓷行业。坯釉料标准化生产技术、花纸装饰技术、施釉新工艺新方法、原料标准化生产技术、成形设备自动化生产技术等。

缝纫行业。缝纫机针距、压脚、线张力自适应、自调整及控制技术，柔性面料抓取及输送技术，缝制机械模块化设计及机构优化技术，多步进独立驱动集成控制技术，高精度数字化控制技术，机器视觉技术，机器人缝制技术，易磨、易耗部件新材料开发及表面处理技术（高耐磨含油材料、自润滑膜材料、PVD镀钛、DLC处理等）。

制革和毛皮硝染行业。无铬鞣、无盐少盐制革及废水脱盐、除臭、生物制革等技术，重金属媒染工艺的替代工艺，废液循环利用及皮革固体废弃物资源化再利用技术，自动化、高性能制革制鞋装备技术；智能裁切、针车流水线、帮底装配、智能仓储等关键环节的自动化技术，整合多个工序及全流程的自动化和智能化技术。

电池行业。新型电解液、固态电解质、负极材料制备技术，铅炭电池工艺，锂离子电池隔膜涂覆工艺。

生物发酵行业。工业酶制剂高效发酵生产及绿色应用技术，有机酸高效发酵与系统集成技术，L-苏氨酸高效生产新技术新工艺，基于代谢工程的蛋白酶、脂肪酶高效控制发酵技术，淀粉糖、多元醇的绿色制造技术，L-色氨酸高效生产新技术新工艺，新型高效清洁产品生产工艺，绿色表面活性剂产业化及其在液体洗涤剂中的应用技术，无溶剂超浓缩衣用液体洗涤剂和油脂基阴/非离子表面活性剂制备技术，低泡型表面活性剂和高质量醇醚羧酸盐（AEC）生产工艺，新酶基因、酶蛋白大规模高效表达技术，淀粉链水解度靶向精准控制技术，高效节能液化混合技术，高效率膜分离、连续色谱、连续结晶、连续离交等技术，多尺度发酵过程调控、高密度发酵等工艺，基于人工智能的生物反应过程解析、模拟和控制技术。

食品行业。营养靶向设计与健康食品精准制造技术，食品细胞工厂生产技术，分子食品创制技术，人造肉制品生产技术，营养健康食品规模化加工技术，食品生物工程绿色制造工艺，食品非热杀菌技术。

此外，包括造纸清洁生产与节能减排降耗先进工艺，造纸原料生物质精炼技术，纸浆无元素氯漂白技术；手表主夹板精密柔性加工工艺，手表弹性元件（游丝发条）精密加工工艺技术；固态发酵领域智能制造和机器人技术；无铅易切削不锈钢笔头技术；高端纤维复合材料体育运动装备技术；碳纤维复合材料降解再利用技术；木质家具低挥发性涂料和水性胶黏剂应用技术；化妆品用天然植物原料有效成分提取技术；新材料（复合材料、轻合金、低合金钢等）自行车制造技术。在灯具行业产品研发和定制化生产中3D打印技术的应用。

（四）轻工工业软件

轻工行业二维/三维计算机辅助设计（CAD）软件、轻工行业计算机辅助工艺设计（CAPP）软件、轻工行业企业资源计划（ERP）软件、轻工行业制造执行系统（MES）、轻工行业分布式控制系统（DCS）、轻工行业数据采集与监视控制（SCADA）系统、轻工行业可编程逻辑控制器（PLC）软件。

（五）产业技术基础公共服务平台

建设家电、五金、钟表、家具、文房四宝、照明、皮革、制笔、日用陶瓷、日用玻璃、日用搪瓷、化妆品和礼仪休闲等行业创意创新设计平台，智能表人体健康可穿戴技术研究平台，智能家电云服务平台，进口冷冻食品等冷链食品追溯管理平台及其他食品安全公共服务平台。建立工业酶制剂生产菌种、酶库及数据库，工业酶制剂评价与创新平台，生物发酵协同攻关及创新平台，生物制造菌种及产品安全评价平台，功能性发酵制品安全营养评价及产品标准化技术平台。建立产酶微生物菌种库，建立新型酶制剂产品生产示范基地。建设洗涤剂原料与产品性能测试及质量安全风险评估平台、各类洗涤产品模块化设计平台。建设溯源法塑料包装卫生安全管理平台。建设家电、皮革、五金、家具、塑料、表面活性剂等产业集群协同创新服务平台，个性化定制及网络制造平台。建设基于物联网的智能家居平台。

二、质量提升

（一）家电

采用节能环保、变频、智能等技术，改造提升家电整机及冰箱压缩机、空调器压缩机、电机等关键零部件的制造水平。实施家用吸油烟机洁净性能升级改造；大火力和智能烹饪电磁灶技术升级改造；大容量洗碗机技术升级改造；集成嵌入式厨电技术升级改造；热泵干衣机技术升级改造。实施电机生产线的技术升级改造；高效换热器技术改造；空气净化器用高性能过滤器升级改造；空气净化器空气检测模块升级改造；净水器超低压大通量反渗透膜升级改造；净水器模块化滤芯升级改造；净水器管阀集成模块升级改造；CO_2热泵热水器压缩机技术改造；低导热绝热技术改造，高效绝热材料改造（导热系数降低20%）；高效变频压缩机技术改造（提升压缩机效率10%）；高效风冷无霜大容量多门变频电冰箱技术升级改造。

（二）塑料制品及洗涤用品

采用塑料节水器材和长寿命（3年及以上）功能性农用薄膜生产先进技术、绿色建材及特种管材生产技术、高气密性节能塑料门窗生产技术。发展绿色高性能橡塑新材料稀土功能助剂开发和应用技术，非聚烯烃超长效农用功能性棚膜，高分子体系专用稳定剂；采用新型环保阻燃塑料制品生产技术、新型免喷涂塑料生产技术；推广生物分解材料及产品的应用。采用高安全性表面活性剂，发展绿色、功能化表面活性剂制备技术，高效洗涤剂助剂制备技术，功能化浓缩化洗涤剂制备技术。

（三）皮革及缝制机械

研发性能突出的防水、防污、易清洁、抗菌防霉、导电/防辐射、阻燃皮革等新产品，时尚引领型皮革材料及适合未来发展趋势的汽车用皮革、家居用皮革等。

采用 3D 与 CAD 设计、沉浸式技术、虚拟仿真设计和视觉化呈现，构建与未来数字化制品业相匹配的设计技术平台和样品研发模式。推进智能缝制设备和机壳柔性加工生产线技术改造，发展高品质旋梭、机针（弯针）、轴类等关键零部件加工的高效、高精度、自动化、柔性化加工工艺及装备。

（四）钟表、自行车和衡器

推进互联网、大数据、人工智能、云计算、区块链等新一代数字科技深度融合，以智能制造为主攻方向推动产业技术变革和数字化转型优化升级，推动发展模式向智能化转变。以钟表类关键技术设备和重点项目（机械手表机芯零部件加工多工位组合数控设备及基于物联网和云计算的时间同步系统技术改造项目）为突破口，集中力量改造升级关键零部件，提高自主化水平。推进电动自行车锂离子电池安全性能提升和电控系统匹配升级改造、小型化、智能化、高精度称重传感器及衡器技术改造。

（五）日用玻璃、眼镜和文教体育用品

包括高档玻璃器皿、微晶玻璃器具、医药用中（性）硼硅玻璃、无铅水晶玻璃、轻量化玻璃瓶罐；渐进多焦点、非球面、自由球面眼镜片的设计、加工技术和装备，眼镜片各种镀膜技术和装备；电动跑步机智能装配车间，老年人健身康复器材，老年人电动跑步机，美工刀装配、包装自动化产线，文具产品包装流水线。

（六）食品

建立健全食品企业诚信管理信息平台、产品质量可追溯体系和冷链配送体系。制盐行业，根据需求开发食盐品种，发展绿色食盐，推广使用新型抗结剂。农副食品加工行业，升级改造设备和生产环境，提升产品质量检（监）测能力。酿酒行业，推动白酒、葡萄酒、黄酒、啤酒和白兰地等生产过程机械化、自动化和智能化，提升副产物综合利用率。制糖行业，推进工艺装备自动化、智能化改造，支持产品多元化发展，加快食糖产品质量追溯体系建设，鼓励食糖包装多样化和轻量化等。发酵行业，鼓励小品种氨基酸、氨基酸衍生物及其制品、核苷（酸）及核苷衍生物、新型有机酸及其衍生制品、多元糖醇、酵母制品及酵母衍生制品、

新型酶制剂和复合型酶制剂，功能发酵制品、益生元和益生菌系列产品在食品中的应用，进一步推动食用酵素生产；发展天然提取的新资源食品及食品添加剂，开发利用天然原料来源的调味品产品。饮料行业，研发营养健康型产品、低糖和无糖产品，包括非浓缩还原（NFC）果汁、高含量果汁饮料、茶饮料、蛋白饮料、发酵饮料、功能性饮料、营养素补充饮料，加强植物基原料功能性研究及在饮料产品中的应用。乳制品行业，研发和生产乳制品深加工产品，包括奶酪、乳脂肪、乳蛋白、乳铁蛋白及针对特殊人群的乳制品开发和生产。粮食加工行业，进行节粮技术改造，推进稻谷烘干，提升副产物综合利用率。油脂加工行业，提升油料自给能力，提升副产物综合利用率。罐头行业，建设优质原料基地，开发功能型、菜肴类罐头产品；开展食品典型组分的系统组学研究与健康干预机制、食品感知科学、食品物性科学基础及其对加工制造的调控机制、食品增材制造技术研究；开展益生菌资源挖掘与菌种库建设；进行人造肉制品的研究开发。

（七）轻工装备

大型制浆生产线及非木浆置换蒸煮设备，包括年产 20 万～30 万吨漂白硫酸盐木（竹）浆生产线、年产 15 万吨脱墨废纸浆和 30 万吨废纸浆生产线、年产 10 万～15 万吨高得率化机浆生产线等。高速、宽幅、智能化、节能型文化纸机、板纸机、卫生纸机，包括幅宽 2.8 米以上、车速 1600 米/分以上的卫生纸机，幅宽 6 米以上、车速 1500 米/分以上的大型高速文化纸机和幅宽 5.6 米以上、车速 1000 米/分以上的纸板机。高效节能隧道式成套洗涤装备。中央洗涤工厂的大规模集成智能化配套设备。使用新型干洗溶剂作为介质的新型干洗设备。高效、节能的大型烘干和熨平设备。洗涤布草、物料智能分拣和传输系统。高效、功能性、环保型表面活性剂清洁、高收率工艺技术配套成型设备，无溶剂浓缩化液体洗涤剂、窄分布醇醚催化剂绿色制造工艺及装备，二噁烷高效脱除装备。化妆品高精度称重灌装设备（CPK 精度大于 1.33）。

异型玻璃瓶罐在线检测设备，自动化托盘包装设备，玻璃器皿压吹生产设备，玻璃制品自动爆口、抛光机等。日用陶瓷等静压、滚压、干燥、施釉一体化生产设备，快速干燥、机械手施釉设备。日用搪瓷产品机器人涂搪集成设备，干、湿法静电喷涂搪瓷生产线及回收系统，瓷釉智能化、自动化生产的计量、配料、输送、熔制、成型装备系统，搪瓷瓷釉性能与质量检测设备。塑料多层共挤薄膜机，多层共挤超大型中空成型机，XPS、PU 挤出发泡保温板生产装备，大口径塑料双壁波纹管生产线，注塑机专用伺服电液系统等，挤出成型一体化成套装备，高效节能塑料加工成型关键技术及装备。农用生态膜智能装备。中性笔、圆珠笔及笔芯自动化生产装备，多工位高精度笔头加工设备。LED 照明产品自动组装设备及适用于多种规格产品的柔性加工设备。锂离子电池自动化生产线，环保型高性能铅蓄电池连续式极板生产装备，封闭式全自动分板刷板（耳）装备，管式极板自动化挤膏生产装备，电能回馈式充放电机。

食品饮料行业。建立 2.4 万盒（罐）/时以上饮料、乳品干法无菌纸盒（罐）包装生产示范线；建立乳制品干法无菌高速柔性智能灌装生产线，可实现加气功能，加气产品灌装速度 3.6 万瓶/小时，不加气产品灌装速度 4.5 万瓶/小时。支持基于过程控制技术的液态食品原料前处理、高速灌装加工技术及关键成套装备，基于大数据采集与分析的食品原料纯净化与品质管控系统，视觉在线检测技术与装备，高速旋转式 PET 瓶吹瓶机、高速无菌吹灌旋盖一体机、高速食品标签贴标机等灌装核心设备，1800 立方米/时以上无油高压空压机、食品及饮料在线和离线检测用分析仪器等辅助设备，6 万～9 万罐/时高速智能易拉罐和 4 万～5 万瓶/时啤酒智能灌装线及高速无菌砖式灌装机成套设备，啤酒高速桶装生产线（大于 400 桶/时），小包装食用油脂高速灌装成套生产线，食品包装专用机器人，智能立体仓储系统等。研发基于双粗和双精塔的酒精制备装置，甘蔗自卸及除砂系统，甜菜卸车除土堆垛机，甜菜干法输送与预处理系统，$\varPhi$1300mm×2600mm 超大型甘蔗压榨机组，甘蔗大型渗出器和甜菜立式渗出器，高速全自动包装系统，以及 1 小时处理 1～1.5 吨柑橘的剥皮机、分瓣机设备。

制革机械行业。研发高效通过式去肉机、真空干燥机铺皮收皮机器人、自动绷板干燥机；优化精密剖层机、削匀机、辊涂机、通过式挤水伸展机、低温干燥机、振荡拉软机等关键设备的设计，建立自动给排水、配料加料、皮张传输、皮革智能配色、智能分级等制革和毛皮加工自动化、智能化系统。研发皮革加工固体废物（皮革废碎料、污泥等）高效处理设备。

制鞋及制品机械行业。发展新型鞋材加工设备，提升裁断、绷帮、定型、帮底结合等制鞋关键设备自动化水平。发展真皮伤残检测识别、生产数据管理、智能排版、皮料快速切割等多个辅助系统，自动化针车流水线，鞋底和帮脚立体操作界面自动涂胶设备。

（八）轻工新材料

太阳能电池背板用 PVF 膜和 PVDF 膜。高比能量安全型锂离子电池电解液，超级电容器隔膜材料。制冷压缩机用无石棉密封材料。人工宝石新材料。耐温绝缘纸，特高压变压器用低介损绝缘纸，超级电容器用纸基介电材料，车用新型空气滤纸，空调用节能环保滤纸。以氨基酸、有机酸、多元醇等衍生物合成的功能性生物基材料。浓缩液体洗涤剂用绿色表面活性剂，浓缩型、节水型液体洗涤剂。高性能陶瓷辊棒，高性能陶瓷膜材料，高性能特种陶瓷铸造砂，高性能陶瓷热交换材料。

连续纤维增强热塑性复合材料，玻璃纤维增强热塑性预浸片材，碳纤维增强热塑性预浸片材，热塑性板材。碳纤维增强聚合物基复合材料。半芳香族聚酰胺，热致液晶聚合物（LCP），触摸屏 ITO 膜用硬化 PET 膜等光学膜。TPEE（热塑性聚酯弹性体）无孔透湿防水功能薄膜，光温控制型纳米防病虫害转光助剂/转光农膜。新型柔性塑料屏幕，3D 打印用降解塑料，免钢衬聚酯合金 PVC 门窗型材。新型显示器用多层陶瓷电容器（MLCC）离型膜聚酯基。生物基高分子材料用稀土功能助剂。聚合物基智能温控贴膜，含杂萘联苯结构系列高性能工程塑料，热塑性聚酰亚胺特种工程塑料树脂，纳米天然纤维复合材料透明膜，聚合物基 3D 打印材料。

新能源电池、环保产业、电子信息产业用功能性膜材料。高效污水处理及除尘用氟塑料制品，生物基降解农用薄膜。适用于苛刻环境、可替代进口的特种塑料制品，航空航天等高端领域用特种工程塑料制品。二氧化碳可降解塑料，PBS/PBAT/BSA 等聚酯类可降解塑料。汽车用高性能塑料材料，汽车内饰用改性聚丙烯材料，汽车结构件用长纤维增强聚丙烯（LFT-PP）复合材料，汽车外饰用改性聚丙烯材料，汽车内外饰用改性丙烯腈-丁二烯-苯乙烯共聚物（ABS）材料。生物质热塑复合材料，生物降解地膜。薄膜型 LNG 储运用增强阻燃绝热聚氨酯泡沫材料。超高透气聚烯烃微纳膜，超高强度低压聚乙烯强力膜，高性能氟材、改性聚酯农用棚膜。PET 湿法无纺布。

三、智能制造

建设轻工行业智能场景、智能车间、智能工厂和智慧供应链，贯彻国家智能制造标准体系要求，通过 5G、大数据、人工智能等新一代信息技术与先进制造技术的深度融合，推进制造技术突破和工艺创新，提升智能制造应用成熟度水平，推进制造模式和企业形态的根本性转变。

（一）生产智能化

家电、家具、文房四宝、玩具、皮革、日用陶瓷、日用玻璃、日用搪瓷、五金、食品等产品个性化设计和定制示范；造纸、食品、日化、家电、电池、五金、塑料、自行车、照明、钟表、文体、制笔、缝制机械、轻工机械等行业智能化建设升级及智能工厂示范；造纸、食品、发酵、制糖、日用陶瓷、日用玻璃、皮革、电池等行业生产过程两化融合控制系统、节能控制、清洁生产和污染治理信息技术应用示范。

缝制行业针对服装、皮件制品规模化、柔性定制需求，开发缝制专用 MES 系统，有机整合从人体数据采集、设计制版、裁剪、缝纫加工和后整理的专业设备及其控制系统，通过生产过程数据智能采集、分析、处理和设备调控，实现不同生产单元之间的数据交互以及制造资源的优化配置，建立各细分应用领域示范柔性缝制生产系统及智能缝制车间/工厂。

推动家电工业数字化、智能化转型升级，通过 5G、云计算、大数据、人工智能等新一代信息技术与家电工业各环节深度融合应用，实现企业生产要素及数据要素全连接，进而实现工厂或产线数字孪生、智能排产、机器视觉智能在线质检、智能物流、智能仓储、智能生产协同、生产过程溯源、智能工艺合规管理、智能巡检及安防、智慧能源管理、智能设备管理、虚拟现场辅助维修装配等，助力企业提质、降本、增效、绿色、安全发展。

推动造纸行业智能化转型升级、制浆造纸生产线运维管理云平台建设。推进食品行业方便食品主食化、厨房工程智能化发展；传统食品智能化加工设备升级改造工程；乳制品行业的智能化、绿色化发展，全产业链的智能化信息采集、监控、分析和控制技术。推动建设酿酒行业以提升白酒品质为核心要素的酿造智能化、包装自动化技改工程。推动生物发酵行业建设基于大数据—机理混合驱动的智能管控系统，发酵过程在线监测与自动控制技术及装备优化。推进智能生物反应器、智能化分离纯化装备等自主化。

（二）工业互联网

建设满足企业内全要素连接的网络系统，包括工业生产装备、产线的网络化升级，原材料管理、生产执行与监控、物流管理等系统的网络化升级与建设，覆盖产品全生命周期和全供应链，实现 IT 网络与 OT 网络互联互通，形成同行业网络化改造的标杆模板。

面向轻工行业建设工业互联网标识解析二级节点，建立工业互联网标识解析采集系统，开展产品全生命周期管理等工业互联网标识解析应用。建设轻工行业工业互联网平台，打通行业全要素、全产业链和全价值链的全面连接，支持数字化管理、网络化协同、服务化延伸、智能化生产及产融结合等新模式发展，实现产业链可视化与配置动态优化。

建设基于安全的标识技术体系的轻工行业防伪追溯大数据平台，形成原料、生产、销售等环节全生命周期的追溯信息，实现轻工行业产品全链条防伪与追溯应用。加强工业互联网安全保护，建设部署工业互联网安全监测、防御、应急处置等技术手段，对设计研发资料、生产数据、技术手法、工艺流程等核心数据进行加密管理，营造企业智能制造与工业互联网安全发展环境。

四、绿色制造

（一）绿色制造

皮革。包括无铬生态鞣制、废水脱盐、除臭、低硫（无硫）脱毛、无氨脱灰、无盐少盐浸酸等技术；短流程的节水、节能集成技术及装备；浸水废液、浸灰废液和铬鞣废液等循环利用技术；皮革废料、制革污泥等固体废物的高值化循环利用及跨产业资源再利用技术；水性胶黏剂、热熔型胶黏剂等材料；复合鞋底模内一体成型技术；制鞋有机废气处理技术。

电池。包括高比能量和高比功率无汞扣式电池、高功率长寿命碱性锌锰电池和其他新型环保一次电池；新能源储能蓄电池和新能源动力蓄电池；高功率锂离子电池和高性能固态锂离子电池；太阳能与风能储能密封蓄电池，微混电动车用密封式和卷绕式起停电池，电动汽车用动力密封蓄电池和卷绕式密封免维护铅蓄电池、超级电容电池、铅碳电池、双极性蓄电池、水平铅布蓄电池等新型蓄电池。发展氧化银电池无汞化，锌空气电池无汞化，扣式碱性锌锰电池无汞化，锌锰电池无汞、无铅、无镉化，废旧锂离子电池资源化梯级利用和处置技术，以及废旧铅蓄电池绿色化、资源化回收处置技术。

塑料制品。发展生物基塑料及其制品，生物降解农膜；聚烯烃塑料的长效长寿命低成本加工技术，高档医用塑料，热塑性树脂超临界流体发泡材料；聚氨酯泡沫、挤出聚苯乙烯泡沫替代含氢氯氟烃（HCFC）发泡剂的生产设备和安全生产技术；合成革清洁生产关键材料和产业化技术、水性聚氨酯合成革生产技术、定岛和不定岛超细纤维聚氨酯合成革生产技术；超临界二氧化碳发泡塑料制品产业化技术；废弃交联塑料及多层复合薄膜的高值化回收利用新技术；废塑料再生利用先进生产线和分选技术；塑木材料和产品的先进制造技术；无溶剂合成革生产技术；电磁替代电阻加热技术；无酸缩合生产工艺替代有酸缩合工艺、改进尿素法 ADC 发泡剂生产工艺（配套多效蒸发技术回收缩合母液中氨氮）等技术；功能性异材多层复合塑料膜原位合金化循环利用技术，废旧塑料薄膜（多层功能性复合膜）高值化利用技术，再生塑料短流程生产环境友好型塑编制品技术。

洗涤用品。开发以天然可再生资源为原料的表面活性剂新产品，应用绿色活性成分的洗涤剂技术，开发应用高效洗涤剂助剂及洗涤剂。发展高浓缩系列洗涤剂（粉、液）技术。推进洗涤剂的节水、节能环保新工艺技术开发与应用。研发固体脂肪醇聚氧乙烯醚硫酸钠表面活性剂的生产技术、"油改水"在乙氧基化生产工艺中应用技术。

五金制品。推进燃气用具、吸油烟机、淋浴房等新兴五金产业新技术、新产品的开发和产业化。开发应用低氮、冷凝燃烧技术和自动恒温防冻热水的燃气热水器和中央热水系统，应用聚能燃烧技术的燃气灶具，应用淋浴水循环利用节水技术和全热回收节能技术的节水节能型淋浴房，应用智能技术的锁具，应用重力铸造技术、限流技术、恒温技术、延时自闭技术、无铅阀芯技术的节水节能智能型水龙头。采用燃烧技术、全预混燃烧技术解决方案，制造节能燃气具产品。应用聚温技术、纳米级涂料以及钛金属的炊具产品。

家电及照明电器。推进房间空调器采用低碳环保制冷剂丙烷（R290）替代HCFC-22技术；推广零部件的通用化、模块化设计；提高产品全生命周期的能源和资源利用效率。推广LED照明产品生产技术、灯具零部件3D打印技术。开展LED照明产品的生态设计，推动智能照明产品在智慧城市建设中的应用。以发展高效照明产品为重点，逐步淘汰白炽灯和含汞的气体放电电光源。推广变频技术在家电产品中的应用。

日用玻璃、陶瓷及搪瓷。研发基于煤制气、天然气为燃料的陶瓷干燥烧成设备低温高效脱硫脱硝技术，轻量化玻璃瓶罐生产技术；推进节能环保型玻璃窑炉（含全电熔、电助熔、全氧燃烧技术、NO_x产生浓度≤1000mg/m^{3}的低氮燃烧技术）的设计、应用；发展废碎玻璃加工自动分拣设备与技术；加大废碎玻璃使用量。开发应用低温烧结高品质日用及卫生陶瓷材料技术、高效节能环保型日用陶瓷窑炉关键技术、工业废弃物在陶瓷行业再生利用技术。开发高档骨瓷、滑石瓷、高档色釉瓷和无重金属溶出的绿色日用陶瓷；搪瓷瓷釉静电干粉生产技术、搪瓷瓷釉预磨粉生产技术、搪瓷生产废气处理及环境保护技术、瓷釉熔制炉节能降耗技术、废水深度处理与回收利用技术。推广搪瓷拼装罐在城市清洁排污工程中的应用，融合城市的绿色双碳建设。

制笔及造纸。采用生物降解材料、环保水性漆，制造笔及纸杆、纸卷等低碳笔类产品。研发具有特种功能的记号笔及与新型笔类产品相配套的各种墨水。研发新型环保笔头金属材料、新型环保高分子笔头、新型环保记号墨水和新型环保乳化墨水。研发纯植物油基胶印油墨、UV-LED紫外光固化油墨等。研发新型稻麦草备料系统；高硬度大液比置换蒸煮技术；中高浓输送、筛选技术；氧脱木素技术；高效节能的废液浓缩技术；非木材纤维原料清洁制浆技术；秸秆制浆废液精制有机肥及有机生物质综合利用技术等。

食品。制盐行业，推广应用五效、六效真空蒸发制盐技术，机械热压缩（MVR）母液回收盐硝联产真空制盐技术，MVR 蒸发钙型卤水制盐技术，食盐绿色环保新型抗结剂研发使用，石灰烟道气净化卤水、膜技术卤水净化工艺；发展浓海水综合利用制盐。基于设施农业生产技术的果蔬供给、重金属源头控制；粮食和果蔬加工行业综合开发利用糠麸、果渣等副产物。肉类加工行业，推广应用现代化生猪屠宰成套设备，发展骨、血综合利用精深加工等。发展白酒酿造与沼气发酵发电联产，酒糟转化加工蛋白饲料；推进啤酒废酵母深加工利用。制糖行业，发展甘蔗自卸和预处理除杂技术、甜菜干法输送技术、膜法制糖技术、甘蔗糖厂低氮燃烧技术，以及发展蔗渣联产发电、废醪液制备生物有机肥及液态肥等。发酵行业，采用新型分离提取、高效节能蒸发技术；开发发酵废醪液、菌渣、有机黏稠污泥和无机固体废弃物减量化与资源化技术；开发低溶解度产品蒸发结晶的 MVR 技术；开发废醪液低温负压处理技术，食品发酵行业废水深度处理与回收利用技术，茶渣、果渣、咖啡渣等副产物综合利用技术。提高大宗粮油及杂粮杂豆产品抗氧化、抗老化、功能活性保持、降低致敏胀气等稳态化绿色加工新技术，天然农副产品（辣椒红素、栀子黄、甜菊糖苷、果胶等）原料的高提取率和综合利用率技术，绿色食品添加剂和配料新产品研制技术。推进冷链物流等节能降耗技术，生物基食品包装材料、可降解包装材料，虫害绿色防控、生物防治关键技术，有机垃圾生物式处理机的研发与应用示范。

自行车。推进电动自行车、电助力自行车用高性能动力系统、控制器、电动机产业化，以提升使用的安全性、可靠性和寿命。推进高性能自行车整车和核心零部件产业化。开展生产过程自动化、智能化、绿色化改造，推进绿色表面涂层工艺在自行车、电动自行车领域的应用等。

（二）安全生产

推进危险工艺岗位实现机械化、自动化作业，机器设备安全防护升级。建立毛皮有机溶剂脱脂溶剂回收系统。对不符合现行相关标准规定的粉尘、可燃气体爆炸危险场所企业进行安全技术改造，应用通风除尘、粉尘爆炸预防、爆炸控制及电气联锁等设备设施，车间除尘、吸尘、滤尘等设备、设施。建立作业环境空气含尘浓度、温度、相对湿度和压力监测报警系统。对不符合现行消防要求的设备设施企业进行安全技术改造。对剪、冲、压设备，高低温、高腐蚀的设备设施，储存和使用有毒有害物质的设备设施安装监测报警装置。推广应用安全管理、监控预警与应急救援辅助决策信息系统。

五、服务型制造和技术改造服务体系

鼓励个性化定制，重点在食品、家用电器、钟表、皮革、家具、五金制品、照明电器等行业发展个性化定制、众包设计、云制造等新型制造模式；鼓励轻工装备优势企业开展工程总承包总集成和交钥匙工程，向客户提供一体化系统解决方案；鼓励轻工企业建设众创平台，提升市场适应能力和创新能力；支持创意设计与轻工制造业融合发展，增强工业设计能力，推广以智能、绿色、协同为特征的工业设计技术，提升工业设计行业的创新能力和服务水平；鼓励支持企业建立设计创新机制、设立工业设计中心，提升轻工企业工业设计能力。

支持轻工行业工业企业开展数据安全技术手段建设，提升数据安全防护水平和应急处置能力，加强数据安全技术与安全产品应用，建设部署企业侧数据分类分级、分级保护、风险监测和应急处置等技术手段，鼓励使用数据安全技术产品、服务和解决方案。聚焦轻工行业工业企业数据安全保护和开发利用，建立全生命周期的数据安全保障体系。

鼓励将互联网大数据服务融入轻工业管理与服务体系，建立社会化、专业化、信息化的现代物流服务体系，降低物流成本。鼓励轻工企业开展个性化定制、网络协同制造、信息增值等服务，探索柔性化生产等服务型制造新模式。强化服务型制造试点示范的引领作用，针对企业、行业、地区等不同主体，在现有优势基础上先行探索经验，重点开展轻工业改造提升试点示范，同时在个性化定制、工业设计、供应链管理、公共服务平台、标准培育等方面推进一批试点示范，为推广实施轻工业改造提升树立典型。

第十二章 纺织行业

一、基础能力

（一）基础零部件与专用件

高新技术纤维和功能性差别化纤维纺丝用喷丝板、网络器、计量泵、高速卷绕头、高频加热牵伸辊等，纺纱设备配套的高速锭子、纺锭轴承、高性能钢领及钢丝圈、高性能转杯、磁悬浮轴承、自调匀整装置、新型针布，精梳机用顶梳、锡林，自动络筒机用电子清纱器、高性能槽筒、捻结器，自动穿经机的关键零部件，高性能无梭织机用喷嘴、电磁阀、高性能弹簧、剑杆头、剑杆带、钢筘、钢片综、新型积极式凸轮、储纬器、电子多臂、电子提花等开口装置，针刺机用针板和针，针织机用细针距织针、全成型织针、输纱器等。

（二）先进基础工艺

原位聚合技术，多组分高比例共聚技术，在线添加技术，高效柔性化纺丝技术，无锑聚酯聚合与纺丝工艺，锦纶 6 熔体直接纺丝成型技术，氨纶干法纺丝技术，高性能纤维稳定化、低成本化生产工艺，高性能纤维增强树脂基复合材料加工工艺，化学法循环再利用涤纶/锦纶/氨纶分解、纯化、聚合工艺，功能性循环再利用涤纶、锦纶切片原位聚合工艺等。

非织造布纺丝、成网、成型基础工艺，特种纤维成网和可生物降解聚合物纺丝成网技术，纳米、微米纤维非织造布产业化技术，多轴向经编、大尺寸成型、三维编织、2.5 维织造工艺技术，纺织柔性材料功能化、绿色化整理技术和复合技术。

低能耗、生态纺织上浆工艺，无浆料织造工艺，新型纤维及多组分纤维混纺交织工艺，资源节约、节能、少水低排放印染绿色加工工艺，多功能智能型面料染整加工工艺。

（三）基础材料

超仿真、阻燃、抗菌抗病毒、导电、相变储能、温控、光致变色、原液着色、吸附与分离、生物医用等功能性纤维材料。碳纤维、芳纶、超高分子量聚乙烯纤维、聚苯硫醚纤维、聚酰亚胺纤维、连续玄武岩纤维、聚四氟乙烯纤维、碳化硅纤维、氧化铝纤维等高性能纤维及复合材料。莱赛尔纤维、生物基聚酰胺纤维、聚乳酸纤维、聚对苯二甲酸丙二醇酯纤维、聚呋喃二甲酸乙二醇酯纤维、海藻纤维、壳聚糖纤维、生物基蛋白复合纤维等生物基纤维材料。

（四）纺织工业软件

纺织行业二维/三维计算机辅助设计（CAD）软件、纺织行业计算机辅助工艺设计（CAPP）软件、纺织行业企业资源计划（ERP）软件、纺织行业制造执行系统（MES）、纺织行业分布式控制系统（DCS）、纺织行业数据采集与监视控制（SCADA）系统、纺织行业可编程逻辑控制器（PLC）软件。

（五）产业技术基础公共服务平台

推动建设先进技术纺织品创新中心，高性能纤维及复合材料创新平台，过滤、医疗卫生、车用、防护等高性能产业用纺织品创新平台，纺织产业智能制造协同创新服务平台。增强国家先进功能纤维创新中心、国家先进印染技术创新中心服务能力。支持建设省级以上重点实验室、工程实验室、工程研究中心、企业技术中心、技术创新联盟等技术研究基地。

建设纺织清洁生产技术创新与推广应用平台，纺织纤维及制品绿色设计、绿色制造创新服务平台，废旧纺织品回收利用综合服务平台，纺织绿色供应链系统集成平台，绿色纤维及制品可信平台等。

加快纺织产业集群协同创新和建设供应链管理大数据综合服务平台、数字化转型公共服务平台、个性化定制网络服务平台。

二、质量提升

（一）化学纤维制造

1. 差别化、功能性纤维。 高效柔性化纺丝技术；纳米纤维宏量制备技术；智能纤维制备技术；阻燃、抗静电、抗紫外、抗菌、新型导电、高强高模低缩涤纶，纳米抑菌、阻燃、导电、蓄热、石墨烯改性、抗紫外线高强锦纶，阻燃、抗菌、相变调温、凉感、蛋白改性再生纤维素纤维，超耐氯、耐高温、易定型可染氨纶，超细、亲水、可染丙纶，超高模、超低温水溶、原液着色、抑菌维纶，抗菌、高吸湿、蛋白改性、异型、三维卷曲、高收缩腈纶等差别化、功能性纤维制备关键技术；静电纺丝、相分离纺丝等纳米纤维高效规模化制备技术；闪蒸纺超细纤维产业化技术。

差别化、功能性聚酯（PET）的连续共聚改性（阳离子染料可染、碱溶性、高收缩、阻燃、低熔点、非结晶、生物可降解、绿色催化等）技术，聚对苯二甲酸丙二醇酯（PTT）、聚对苯二甲酸丁二醇酯（PBT）、聚萘二甲酸乙二醇酯（PEN）、聚2,5-呋喃二甲酸乙二醇酯（PEF）、聚对苯二甲酸环己烷二甲醇酯（PCT）等新型纤维生产技术。

2. 高性能纤维。（1）48K以上大丝束、高强高模高延伸、T1100级、M65J级碳纤维制备技术，高精度计量泵、喷丝板、牵伸机、收丝机、宽幅预氧化炉、高低温碳化炉、宽口径石墨化炉等碳纤维装备制造技术，自动铺放成型和自动模压成型等复合材料工艺技术，碳纤维复合材料修补及再利用技术。（2）对位芳纶原料高效溶解、纺丝稳定控制、高温热处理、溶剂回收等关键技术，大容量连续聚合、高速纺丝、高稳定高速牵引/牵伸等制造技术，间位芳纶纤维溶剂体系、纺丝原液高效脱泡等关键技术，高强、高伸长间位芳纶产业化技术。（3）耐热、抗蠕变、高强度、高耐切割、耐腐蚀、耐辐射超高分子量聚乙烯纤维，细旦、异型截面聚苯硫醚纤维，细旦、防火防核用聚酰亚胺纤维等制备技术。芳香族聚酯纤维、聚对苯撑苯并二噁唑纤维、聚醚醚酮纤维等单体合成与提纯、高速稳定纺丝等关键技术。（4）玄武岩纤维规模化池窑、多品种差异化浸润剂等技术装备，第三代连续碳化硅纤维制备技术，氧化铝纤维、硅硼氮纤维、氧化锆纤维等制备关键技术。

3. 生物基纤维。 莱赛尔纤维、聚乳酸纤维、生物基聚酰胺纤维、对苯二甲酸丙二醇酯纤维、聚呋喃二甲酸乙二醇酯纤维、海藻纤维、壳聚糖纤维等规模化生产关键技术，离子液体溶剂法（ILS 法）、低温尿素法等纤维素纤维绿色制造技术。

（二）新型纺织技术推广应用

1. 纺纱技术。 高速转杯纺、喷气涡流纺等短流程纺纱技术，多组分纤维复合混纺和新结构纱线加工技术，花式纱线自动化加工技术，粗细联、细络联等连续化、数字化纺纱技术，筒纱智能运输打包技术。

2. 非棉天然纤维新型加工技术。 麻纤维连续化、数字化纺纱技术，山羊绒等特种动物纤维梳理及纺纱关键技术，多组分毛纺纺纱技术，高支粗梳毛纺纺纱技术，毛纺半精梳加工技术，蚕丝精干丝加工技术，生态天然彩色桑蚕丝研发及加工技术，木棉等天然纤维素纤维加工关键技术。

3. 织造、针织技术。 高速、数字化、智能化织造技术，新型全成型编织技术，超薄超细面料针织技术，短纤纱经编技术，高速经编、多轴向经编技术，产业用纺织品特种织造、编织成型技术。

4. 印染技术。 热湿舒适（吸湿快干、吸湿凉爽、吸湿发热保暖）、触感舒适、压感舒适、抗菌除臭、抗皱免烫、抗紫外线、防红外线等功能性纺织品与多种功能复合整理加工技术，新型磨毛、轧光、机械柔软等整理技术，涂层复合技术，新型纤维及多组分纤维面料染整关键技术，天然纤维面料功能性整理、易护理后整理技术，新型染纱技术，牛仔面料新型染色和水洗技术，纺织品极端气候条件下的防护技术等。

（三）纺织制成品制造技术

1. 服装加工技术。 服装大规模定制技术，差别化、功能性、智能化服装先进制造技术与产业化，高功能化、多功能复合职业工装和特种防护服装设计制造技术与产业化。

2. 家纺产品加工技术。特殊功能性毛巾产品加工技术，无乳胶机织地毯生产技术，一次性成型家纺产品织造技术，具有感知调节等功能的智能家纺产品加工技术。

3. 产业用纺织品加工技术。产业用纺织品特殊织造和多工艺复合加工关键装备与技术，产业用纺织品涂层、浸渍、复合等功能性整理技术，防辐射、抗静电、防火阻燃、抗冲击、防割、防电磁波、防病毒等功能性纺织材料应用关键技术，医疗卫生用、过滤分离用、土工建筑用、交通工具用、安全防护用、结构增强用、海洋渔网具用等高技术纺织材料产业化及应用关键技术。

（四）纺织机械装备

1. 关键纺织机械装备。生物基纤维、可降解纤维、再生纤维等绿色纤维生产装备，低碳、绿色印染装备和纺织装备能源管理系统；纺织短流程和自动化装备，纺织专用机器人，纺织智能系统；碳纤维、芳纶、超高分子量聚乙烯等高性能纤维生产成套装备，绳网、纤维复合材料成型装备，非织造布成套装备。

2. 纺机企业智能化装备。纺织机械主机和专用基础件生产及应用的智能制造装备，纺织机械智能装备。

3. 纺织仪器。异性纤维分拣机，电子清纱器，假人测试系统，自动验布、生丝电子检测、化纤卷外观在线监测等质量监测/检测仪器。

三、智能制造

通过 5G、大数据、工业机器人、人工智能等新一代信息技术与先进制造技术的深度融合，建设纺织行业智能场景、智能车间、智能工厂和智慧供应链，贯彻国家智能制造标准体系要求，推进制造技术突破和工艺创新，提升关键过程质量控制的数字化水平和智能制造应用成熟度水平，推进制造模式和企业形态的根本性转变。

（一）装备数字化

化纤大集成、低能耗智能物流、自动落筒、自动包装等装备，涤纶加弹设备自动生头装置；化纤设备远程监控管理系统，生产工艺仿真系统，在线质量监测及管理系统，智能化和信息化纺纱生产管理系统。

全自动转杯纺纱机、喷气涡流纺纱机、高速无梭织机、全自动穿经机、自动验布机等重点数字化、智能化纺纱织造单机台；清梳联、粗细联、细络联等连续化、数字化纺纱设备；棉纺织厂信息化生产管理系统，智能仓储系统；全成型电脑横机、全成型圆纬机、高速电脑横机、高速经编机、细针距圆纬机等新型数控装备；数字化羊毛衫智能生产设备，智能化缫丝设备，数字化丝绸织造设备。

数字化颜色管理技术及电脑分色、制网系统，自动调浆、染液、助剂配送系统，印染生产全流程在线数据采集、动态监测和现场管控技术，配色、染色、运输、烘干等筒子纱染色工序全流程自动化生产技术，印染废水处理及深度膜处理中控管理系统。

高速数字化针刺机、水刺机、纺熔联合机；柔性化、模块化非织造布专用功能性后整理设备，非织造布自动分切机等关键单机装备；非织造布柔性化模块化控制系统，自动剪裁、缝制单元，模板自动缝制系统，家纺自动绗缝系统，智能吊挂系统，柔性整烫系统，自动立体仓储和物流配送系统。

（二）生产智能化

实现涤纶、锦纶、氨纶、再生纤维素纤维、碳纤维等化纤生产、棉纺、织造、印染及后整理等全流程智能制造；应用数据采集、信息集成管理和数据智能分析与优化系统，并将其与 WMS、ERP、远程运维系统等集成。

建设纺粘、水刺、针刺等非织造布智能生产线，以及实现多机台设备远程监控和生产管理的智能生产系统、服装智能模块化缝制生产线、服装全流程智能化生产线；应用关键智能化装备建设家用纺织品智能制造生产线。

（三）工业互联网

升级改造企业内外网，利用工业以太网、物联网、智能传感器等新型网络技术与装备改造生产现场网络和系统。加强工业互联网安全保护，建设部署工业互联网安全监测、防御、应急处置等技术手段，对设计研发资料、生产数据、技术手法、工艺流程等核心数据进行加密管理，营造企业智能制造与工业互联网安全发展环境。建立纺织行业工业互联网平台，推动平台在生产可视化、缺陷检测、智慧物流等场景创新应用，开展基于平台的纺织品柔性生产和产需对接，推动基于大数据分析的消费需求挖掘、预测与市场化增值，满足纺织品多样化、个性化消费升级需求。

四、绿色制造

（一）绿色制造

清洁生产。再生纤维素纤维行业绿色环保加工关键技术和低浓度含硫废气治理关键技术。洗毛清洁生产技术，羊毛无氯防缩技术，毛毯前处理、烫光工序中除油、油烟回收治理技术，毛毯全自动大花回圆网印花技术，绒毛微悬浮体原位矿化染色技术，天然染料染色技术，节水型毛纺织产品印花技术。麻纤维生物脱胶加工技术及废水综合利用技术。免浆织造技术，环保浆料常温上浆、低上浆率上浆等低碳环保浆纱织造技术。喷水织机废水近零排放技术，喷水织机废水处理与回用集成装备开发与应用技术。新型智能环保高速退煮漂联合技术，棉织物低温前处理及染色技术，针织物平幅连续前处理和后处理工艺技术，针织物绳状水洗技术，化纤机织物连续平幅前处理工艺技术。电解靛蓝染色技术，植物染料提取及染色技术，少水节能冷轧堆染色技术，小浴比间歇式染色技术，硅基介质、有机溶剂、超临界二氧化碳等非水介质染色技术，涤纶织物少水连续染色技术，液态分散染料印花技术，分散染料碱性染色技术，低盐或无盐活性染料连续轧染技术，低（无）尿素活性染料印花技术，免水洗印花技术，数码喷墨印花技术，物理整理等印染加工技术。

绿色化学品。生态环保化纤阻燃剂、改性剂、母粒、催化剂、油剂，节能、低耗、易生物降解纺织浆料，高吸尽率、高固色率的新型染料，通用性好、稳定性佳、印花色牢度和清晰度高、鲜艳度好的喷墨印花墨水，高效环保型阻燃、纺织用生物酶及酶制剂，生态无氟三防等功能性后整理助剂，环保型浆料、染料和助剂等。

资源综合利用。利用聚酯回收材料生产涤纶工业丝、差别化和功能性涤纶长丝和短纤维、非织造材料等高附加值产品，利用聚酰胺回收材料生产锦纶（PA6）长丝和短纤维，利用聚丙烯回收材料生产丙纶（PP）长丝和短纤维，利用棉纺织品/再生纤维素纤维回收材料生产再生纤维素纤维产品。推进废旧纺织品资源化回收、分拣、拆解、规范化处理。发展羊毛角蛋白提取和高价值再利用技术，羊毛脂深度回收技术，丝胶蛋白回收利用技术，缫丝废水回收利用技术，废水、废气处理及余热、余压回收利用技术，丝光淡碱等纺织化学品回收利用技术。

（二）安全生产

建立安全生产管理、监控预警与应急救援辅助决策信息系统；改造企业防火救火、防雷、防静电等安全技术设施，健全安全生产预警体系；发展纺织企业有毒有害/易燃易爆气体防泄漏、粉尘检测、火灾报警等系统应用技术，易燃液体储运装卸装置防静电设施及联锁紧急切断装置；综合整治纺织行业挥发性有机物污染，对有机溶剂新型储存、输送用材料的替代和生产过程进行密闭化改造；推进预防和紧急处置生产安全事故等功能性产业用纺织品材料的应用。

五、服务型制造和技术改造服务体系

推进服装、家纺产品大规模个性化定制软件系统研发升级，电商平台及配套服务体系建设，产业用纺织品设计及工程化服务应用，纺织装备远程运维等服务型制造。

支持纺织行业工业企业开展数据安全技术手段建设，提升数据安全防护水平和应急处置能力，加强数据安全技术与安全产品应用，建设部署企业侧数据分类分级、分级保护、风险监测和应急处置等技术手段，鼓励使用数据安全技术产品、服务和解决方案。聚焦纺织行业工业企业数据安全保护和开发利用，建立全生命周期的数据安全保障体系。

提供纺织企业信息化系统综合集成服务、纺织企业智能化升级系统解决方案、纺织工业互联网平台整体解决方案，构建具有诊断咨询、技术支持、人才培训等功能的中小企业技术改造公共服务平台等技改服务体系。

工业企业技术改造升级投资指南

（2023 年版）

解读材料汇编

《工业企业技术改造升级投资指南（2023年版）》编制概况、作用和亮点解读材料

中国国际工程咨询有限公司

一、编制依据、原则及概况

工业是国民经济的主体，是立国之本、兴国之器、强国之基。党的二十大报告指出，"建设现代化产业体系。坚持把发展经济的着力点放在实体经济上，推进新型工业化，加快建设制造强国、质量强国、航天强国、交通强国、网络强国、数字中国。"实现新型工业化是我国提升经济实力、科技实力、综合国力的必然要求，也是维护国家产业安全、保持产业国际竞争力的必由之路。在推进新型工业化过程中，要以建设制造强国为目标，全方位实施工业技术改造，采用新技术、新工艺、新设备、新材料对现有设施、工艺条件及生产服务进行改造提升，淘汰落后产能，实现技术进步、生产效率提升、节能低碳减排，促进安全生产，加强传统产业改造升级，加快培育壮大新兴产业，推动制造业高端化、智能化、绿色化发展，全面提升产业体系现代化水平。

（一）编制依据

此次编制《工业企业技术改造升级投资指南（2023年版）》的主要依据：一是国家近两年正式发布的全产业及各类产业发展目录、指导目录、行动计划、行动方案等；二是全行业及各行业"十四五"产业政策、相关规划，如《"十四五"智能制造发展规划》《"十四五"信息化和工业化深度融合发展规划》《机械工业"十四五"发展纲要》《"十四五"机器人产业发展规划》等；三是工业和信息化部规划司、科技司、节能与综合利用司、原材料工业司、装备工业一司、装备工业二司、信息技术发展司、网络安全管理局等业务司局及各行业联合会/协会提出

的行业发展重点。

（二）编制原则

1. 政策符合性原则。深入贯彻落实党的二十大精神，加快构建新发展格局，建设现代化产业体系，着力推动高质量发展，大力推进新型工业化，充分发挥投资对优化供给结构的关键作用，指导各地方、各工业领域加快技术改造。本次编制工作符合国民经济和社会发展第十四个五年规划和 2035 年远景目标纲要总体要求、相关行业"十四五"规划及产业政策，以助力实体经济发展，协助建设制造强国、质量强国、航天强国、交通强国、网络强国、数字中国，推动制造业高端化、智能化、绿色化发展。同时，推进工业、建筑、交通等领域清洁低碳转型。

2. 发展稳定性原则。贯彻落实中央经济工作会议部署，坚持稳中求进工作总基调，加大稳增长工作力度，加强各类政策协调配合，全力促进工业经济回稳向好。扎实推进中国式现代化，完整、准确、全面贯彻新发展理念，更好统筹发展和安全，全面深化改革开放，大力提振市场信心，把实施扩大内需战略同深化供给侧结构性改革有机结合起来，突出做好稳增长、稳就业、稳物价工作，有效防范化解重大风险，推动经济运行整体好转，实现质的有效提升和量的合理增长，为全面建设社会主义现代化国家开好局起好步。

3. 重点突破性原则。瞄准高端、智能、绿色发展，围绕制造业重点产业链，找准关键核心技术和零部件薄弱环节，集中优质资源合力攻关，保证产业体系自主可控和安全可靠，确保国民经济循环畅通。加大投入支持传统产业技术改造，集中力量突破关键共性技术和基础零部件、工艺及材料，针对机械、石化、轻工、汽车、电子等规模大、占比高、带动性强的支柱行业，分业施策、分类研究，制定稳增长工作措施。针对新能源、新材料、新一代信息技术、高端装备等增长快、潜力大的新兴产业，加大培育支持力度，壮大新能源汽车产业，全面提升光伏产业竞争力，推动船舶行业高质量发展。

4. 市场主导性原则。全面深化改革，充分发挥市场在资源配置中的决定作用，强化企业主体地位，激发企业在产业升级和技术改造中的活力和创造力。加强战略布局和规划引导，落实竞争中性原则，加强公正监管，促进各类市场主体公平竞争，为企业发展创造良好生态环境。注重围绕市场主体需求施策，完善政策实施方式，增强时效性和精准性。坚定不移深化改革，更大激发市场活力和社会创造力，形成产业发展良性循环。

（三）编制工作组织

《投资指南》编制工作由中国国际工程咨询有限公司（简称中咨公司）牵头承担，中国机械工业联合会、中国钢铁工业协会、中国石油和化学工业联合会、中国轻工业联合会、中国纺织工业协会、中国建筑材料联合会、中国有色金属工业协会、中国医药企业管理协会、中国船舶行业协会、中国汽车工业协会和中国电子信息行业联合会等单位共同参与。编制工作历时近一年，无论是中咨公司还是各行业联合会/协会都投入了大量精力，组织了百余位专业人员、专家学者及协会下属专业分会的有关人员共同参与；其间，历经数十稿修订，征求工业和信息化部相关司局和有关方面意见，力争使《投资指南》能够指导未来三年工业企业的技术改造和转型升级。

（四）编制结构设置

《投资指南》在整体架构上横向划分为电子信息、机械、汽车、船舶、民用航空航天、钢铁、有色金属、建材、石化与化工、医药、轻工、纺织12个行业；在各行业内，对相关产业规划、行动指南、发展目录等提出的主要任务和发展重点进行了梳理，纵向划分为基础能力、质量提升、智能制造、绿色制造、服务型制造和技术改造服务体系5个部分。

《投资指南》相较《工业企业技术改造升级投资指南（2019年版）》（简称2019年版指南），在结构设置方面，将各行业内6个部分调整为5个部分：一是将创新平台内容融入"基础能力"的公共服务平台内容中；二是强调了"质量提升"的重要性，将其列为第2部分进行描述；三是将工业互联网内容放置到"智能制造"部分进行描述；四是将"绿色制造"部分内容进行了完善，确保每个行业均包含绿色制造及安全生产两个方面内容。在内容修订方面，《投资指南》聚焦未来三年发展方向，考虑在三年内能够实现的关键技术突破和产业化内容，对每个行业各部分内容均进行了逐一修订完善。

《工业企业技术改造升级投资指南（2023年版）》编制概况、作用和亮点解读材料

《投资指南》所列专业条目和技术指标，今后将结合技术和产业发展状况及趋势，每三年进行一次修订。

二、作用和意义

（一）指南功能

"十四五"时期是建设制造强国、构建现代化产业体系和实现经济高质量发展的重要阶段。《投资指南》提出了未来三年工业企业技术改造和创新发展的重要方向，希望能够为未来三年工业企业技术改造升级提供有益指导，为各级政府相关部门、金融机构开展工业投资相关工作提供重要参考。

（二）指南作用和意义

《投资指南》将指导未来三年我国工业尤其是制造业向高端制造、智能制造、绿色发展等方向转型升级，其作用和意义主要体现在以下四个方面。

一是推动工业企业技术改造升级，培育壮大新兴产业。统筹推进核心基础零部件（元器件）、先进基础工艺、关键基础材料和产业技术基础（"四基"）发展，推动整机企业和"四基"企业协同发展。鼓励企业提升质量控制技术，实现制造业质量大幅提升。加快制造业绿色改造升级，提高资源利用效率，构建高效、清洁、低碳、循环的绿色制造体系。推动战略性新兴产业融合集群发展，构建新一代信息技术、人工智能、生物技术、新能源、新材料、高端装备、绿色环保等一批新的增长引擎。

二是促进数字经济和实体经济深度融合，培育发展新模式新业态。突出融合发展在稳定工业经济增长中的坚实地位，把智能制造作为工业化和信息化深度融合的主攻方向，发展智能装备和产品，实施工业互联网创新发展战略，着力打造网络、平台、安全三大体系，全面提升企业研发、生产、管理和服务的智能化水平，提高精准制造和敏捷制造能力。加快重点行业领域数字化转型，激发企业融合发展活力，打造数据驱动、软件定义、平台支撑、服务增值、智能主导的现代化产业体系。

三是构建优质高效的服务业新体系，推动现代服务业同先进制造业、现代农业深度融合。发展与制造业紧密相关的生产性服务业，引导和支持制造业企业延伸服务链条，拓展研发设计、供应链协同、系统解决方案、柔性化定制、全生命周期管理等增值服务，从主要提供"产品"向提供"产品+服务"转变。强化服务功能区和服务平台建设，实现制造业和服务业协同发展。支持智能制造、流程再造等领域新型专业化服务机构发展。发展研发、设计、检测等生产性服务外包，鼓励电子商务等服务业企业向制造环节拓展业务。加快发展物联网，建设高效顺畅的流通体系，降低物流成本。

四是引导社会投资方向，实现产业与金融的良好结合。进一步拓宽制造业融资渠道，引导金融机构创新符合制造业企业特点的产品和业务，通过多层次资本市场，支持符合条件的制造业企业在境内外上市融资、发行各类债务融资工具。引导风险投资、私募股权投资等支持制造业企业创新发展。运用政府和社会资本合作（PPP）模式，引导社会资本参与制造业重大项目建设、企业技术改造和关键基础设施建设。

三、重点和亮点

本次修订对 2019 年版指南的结构及目录框架进行了调整：一是整体要体现未来三年各行业在强基、高端、智能、绿色、服务等方面的具体工作内容，确保与党中央、国务院、工业和信息化部推动的行业重点工作做好衔接，充分发挥指南对各行业的引导带动作用，鼓励行业企业加大技术改造力度，推动产业高端优质发展；二是目录结构要兼顾工业企业、地方政府、金融机构等多方面的使用需求，条块结合，重点突出，各有侧重，既能体现行业内新技术新业态新模式，又能对基础化攻坚、高端化升级、智能化改造、绿色化转型、服务化发展等重点工作做好延展。《投资指南》与2019年版指南相比，在专业条目、章节结构、内容重点等多方面有所调整，主要体现在如下几个方面：

一是对指南涉及的各行业内容及时进行修订。本着对指南内容三年进行一次修订的原则，中咨公司及各行业联合会/协会组织了百余位专业人员、专家学者及协会下属专业分会的有关人员，共同参与了《投资指南》的编制工作，针对涉及

《工业企业技术改造升级投资指南（2023年版）》编制概况、作用和亮点解读材料

的十二个行业，结合各行业发展历程，对未来三年企业技术改造方面的具体条目进行了相应的增加、修改或删除。对未来三年有能力实现的关键技术及产业化领域进行了梳理，本着有所为有所不为的原则，强调重点突破，有利于金融机构按照《投资指南》确定投资方向，有利于企业参考《投资指南》制定发展规划和实施技术改造项目。

二是突出基础强化、质量提升、智能制造和绿色发展。 强化核心基础零部件（元器件）、先进基础工艺、关键基础材料和产业技术基础，实现产需结合、协同创新、重点突破，统筹推动整机企业和"四基"企业协同发展；持续提高产品质量水平、质量层次和品牌影响力，推动我国产业价值链从低端向中高端延伸，更深更广融入全球供给体系；将智能制造作为两化深度融合的主攻方向，着力发展智能装备和智能产品，坚持网络先行，加快工业互联网创新应用，为传统产业升级提供新型业态和应用模式；加快制造业绿色改造升级，推行低碳化、循环化和集约化，提高资源利用效率，构建高效、清洁、低碳、安全的绿色制造体系。

三是推动制造业与服务业的协同发展。 促进生产型制造向服务型制造转变，推动服务功能区和服务平台建设，推动商业模式创新和业态创新。引导制造业企业延伸服务链条，发展个性化定制服务、全生命周期管理、网络精准营销和在线支持服务，从主要提供产品向提供产品和服务转变。加快发展研发设计、技术转移、创业孵化、知识产权、科技咨询等科技服务业，发展壮大第三方物流、节能环保、检验检测认证、电子商务、服务外包、融资租赁、人力资源服务、售后服务、品牌建设等生产性服务业，提高对制造业转型升级的支撑能力。

四是充分发挥第三方作用。 此次《投资指南》仍然采用第三方咨询机构牵头的模式，充分利用咨询机构和行业联合会/协会多方资源，共同开展指南专题研究工作，充分发挥咨询机构科学性、专业化、综合性的优势，力求体现对未来三年产业发展方向的指导意义。通过政府与市场合力协作的方式，推动制造业高端化、智能化、绿色化发展，全面提升产业体系现代化水平，培育有中国特色的制造业文化。

电子信息行业解读材料

中国电子信息行业联合会

电子信息行业是支撑经济发展的战略性、基础性和先导性产业，对经济社会发展的支撑引领作用日益凸显，是发展数字经济和建设数字中国的重要支撑。当前，新一轮科技革命和产业变革重塑全球竞争格局，围绕互联网、云计算、大数据、人工智能、量子计算等数字产业的竞争愈演愈烈，主要经济体纷纷将数字产业作为重塑竞争优势的战略选择。此外，当前国际环境和大国博弈形势日趋复杂多变，我国产业链供应链"卡脖子"问题进一步凸显。这些新形势、新变化都给我国电子信息行业发展带来了新要求和新挑战。加强技术改造，是电子信息行业应对新形势、踏上新征程、实现高质量发展的重要举措。

一、编制依据

党中央、国务院高度重视电子信息行业发展。党的十八大以来，在以习近平同志为核心的党中央坚强领导下，我国电子信息行业规模效益稳步增长，创新能力持续增强，企业实力不断提升，行业应用持续深入，为经济社会发展提供了重要保障。2012—2021 年，我国电子信息制造业增加值年均增速达 11.6%，营业收入从 7 万亿元增长至 14.1 万亿元，在工业中的营业收入占比连续九年保持第一；软件和信息技术服务业业务收入从 2.5 万亿元增长至 9.5 万亿元，年均增速达16.0%，增速位居国民经济各行业前列。同时，我国电子信息行业创新能力持续提升。集成电路、新型显示、第五代移动通信等领域技术创新密集涌现，超高清视频、虚拟现实、先进计算等领域发展步伐进一步加快。基础软件、工业软件、新兴平台软件等产品创新迭代不断加快，供给能力持续增强。

但同时也要看到，与世界先进水平相比，我国电子信息行业发展水平仍有一定差距，在发展中还存在较多的问题和挑战，如关键核心技术受制于人、产业链供应链稳定性不足、整体研发投入强度偏低、资源配置较为分散等。

立足新发展阶段，贯彻新发展理念，融入新发展格局，推进电子信息行业实现产业基础高级化和产业链供应链现代化，是我国电子信息行业新一轮技术改造的新特征、新使命。

二、作用和意义

技术改造是电子信息行业的重要投资方向，是推动电子信息行业实现产品档次升级、质量提升、效率改进、节能环保的重要举措。一方面，技术改造属于内涵式发展，是加快企业技术创新、调整优化产业结构、解决产业发展深层次问题的重要手段；另一方面，技术改造投资乘数效应大，杠杆作用显著，对提振市场和企业信心、快速形成新的经济增长点、促进产业高质量发展具有重要作用。

"十四五"时期是电子信息行业实施技术改造的关键时期，此次《投资指南》的发布，对于推动电子信息行业实现高质量发展具有重要意义，将助力推动产业体系优化升级，健全产业科技创新体系，提升产业链供应链韧性和安全水平，推进高端化、智能化、绿色化发展，全面提升企业竞争力。

三、电子信息行业发展的重点和亮点

《投资指南》电子信息行业部分突出战略性、先进性和指导性，旨在结合电子信息行业发展实际，贯彻落实国家重大部署，强化行业发展与上下游相关领域的联动协同，从基础能力、质量提升、智能制造、绿色制造、服务型制造和技术改造服务体系五个方面，提出了电子信息行业的技术改造投资重点，体现了发展稳定性原则、重点突破性原则和市场主导性原则，是电子信息行业企业技术改造升级的有效指引。

（一）夯实基础能力，助力强链补链

将基础能力放在首要位置，从核心基础元器件、基础工艺、基础电子材料、关键核心软件、产业技术基础公共服务平台五个方面进行系统分类。这些领域投资强度大、技术难度高、附加值高，引领着信息技术的变革，直接决定电子信息

行业的技术进步和产品升级。同时，这些领域也是当前复杂形势下，我国电子信息行业发展的短板领域，加大投资和扶持力度，对于强链补链、提升产业链供应链稳定性和安全性具有积极作用。

（二）提升产品质量，增强竞争实力

设置质量提升章节，列出通信设备、计算设备、软件、数字视听产品、集成电路、新型显示、电子元器件、应用电子、测量仪器、绿色电池、太阳能光伏、电子新材料十二个领域的投资重点和发展方向。在这些领域，我国均具备一定的发展基础和广阔的发展前景，这些领域也是推动行业高质量发展和提升企业竞争实力的关键领域，《投资指南》电子信息行业部分为其下一步的发展明确了重点。

（三）把握发展趋势，抢占未来先机

设置智能制造与绿色制造章节，聚焦生产智能化、工业互联网、绿色制造和安全生产。将生产智能化作为两化深度融合的主攻方向，从研发设计、生产制造和仓储物流三个方面推进全流程智能化；将工业互联网作为推动智能制造的基础，列出行业云计算平台、行业大数据应用、物联网应用示范、电子商务平台及服务等九大重点领域，为行业推进智能制造提供了具体路径；将绿色制造和安全生产并重，通过推动建立绿色制造公共服务平台，建设绿色工程，打造生产过程智能控制系统，构建高效、清洁、低碳、安全的绿色制造体系。

（四）关注协同服务，凝聚发展合力

设置服务型制造和技术改造服务体系章节，将生产制造和服务体系融会贯通，着力促进电子信息行业生产型制造向服务型制造转变。同时，倡议发展与电子信息制造业紧密相关的生产性服务业，推动服务功能区和服务平台建设，引导制造业企业延伸服务链条，将有效凝聚产业链各方合力，推动商业模式创新和业态创新。

四、其他说明

《投资指南》是引导工业企业技术改造升级的重要依据，中国电子信息行业

联合会将发挥行业引领、协调、服务作用，以企业为主体、以提升科技创新水平为导向，大力推动电子信息行业技术改造升级，强化基础能力，促进产业结构调整，提升产业链供应链稳定性，进一步提高国际竞争力，为实现数字强国的战略目标提供重要支撑。

中国电子信息行业联合会将密切关注国内外电子信息行业科技和市场发展趋势，根据行业发展需求，积极参与修订、完善《投资指南》，为政府部门、金融机构和企业提供决策参考。

机械行业解读材料

中国机械工业联合会

一、编制依据

《投资指南》机械行业部分是依据中国机械工业联合会发布的《机械工业"十四五"发展纲要》和 26 个专业规划、9 个专题规划等文件的具体要求和相关精神，根据 2019 年版指南的执行情况和不断变化的经济形势，在专业人士充分论证的基础上，对 2019 年版指南进行必要修改和补充的成果。

二、作用和意义

技术改造是机械行业的重要投资方向之一，通过技术改造可以将先进技术应用于企业生产各个环节，用先进的技术、工艺与设备替代落后的技术、工艺与设备，可改变企业现有的生产制造状况，从而达到提高质量和生产效率、降低成本和能耗、节约资源能源、满足人民群众不断升级的需求、满足国家建设和战略需要、提高企业经济效益和社会综合经济效益的目的。

《投资指南》机械行业部分是新时期指导我国机械行业企业开展技术改造的重要依据，面对科学技术的突飞猛进和全球经济形势的不断变化，其结合实际情况做出必要的补充和修订，以达到引导行业健康发展、助力企业转型升级的目标。

三、机械行业发展的重点和亮点

机械行业是国民经济的基础性和战略性产业，为国民经济各行业的发展和国防建设提供技术装备。目前我国机械行业已基本建成门类齐全、规模较大、具备一定技术水平的完整产业体系，涉及国民经济行业分类的 9 个大类、51 个中类、163 个小类。机械行业既是实施技术改造的重要领域，也为工业企业技术改造提供必要的装备支撑，是技术改造的"主战场"。当前，我国经济已由高速增长阶段转向高质量发展阶段，正处在转变发展方式、优化经济结构、转换增长动力的攻关期。在加快构建新发展格局的背景下，在建设现代化产业体系、全面推进中国式现代化的要求下，我国机械行业技术改造被赋予新的历史使命。

本次修订更加突出强调夯基础、提质量在企业技术改造中的重要性，同时从高端化、智能化、绿色化、服务化等方面，为企业转型升级提供参考。

（一）增强行业自主创新能力

党的十八大以来，习近平总书记把创新摆在了国家发展全局的核心位置，提出了一系列新思想、新论断、新要求。《中华人民共和国国民经济和社会发展第十四个五年规划和2035年远景目标纲要》指出，"坚持创新在我国现代化建设全局中的核心地位，把科技自立自强作为国家发展的战略支撑"。

新时期，推动我国机械行业高质量发展的第一要务，仍是切实增强企业自主创新能力。一是充分发挥企业技术创新主体作用。通过鼓励创造新模式、运用新技术、研制新产品、开拓新市场，培育壮大一批具有产业主导能力的领军企业，以及主营业务突出、竞争能力强、成长性好、专注于细分市场、具有较强创新能力的专精特新"小巨人"企业。二是加快建立完善产业技术创新体系。围绕经济社会发展的重大需求和行业发展方向，强化行业关键核心技术创新平台建设，形成较强的关键核心技术和前沿技术供给能力。三是培育梯次衔接的多层次人才队伍。在技术研发人才培养、生产一线职工队伍建设、经营管理人才和国际化人才培育引进等方面发力，从根本上解决机械行业引人难、育人难、留人难问题。

（二）切实提高产业基础能力

近年来，机械行业将"夯基础"作为主攻方向之一，多措并举提升产业基础能力，攻克了一批制约行业发展的基础共性技术，突破了一批拥有自主知识产权的关键零部件技术，部分基础制造装备及重大技术装备取得重要进展。但总体来看，各项基础能力仍不能满足产业快速发展的需求，突出表现有共性技术研发能力薄弱、关键基础材料对外依存度偏高、核心零部件依赖进口、先进加工工艺技术落后等，亟须多方面协同发力解决。

党的二十大报告强调，要实施产业基础再造工程，这一决定对我国机械行业发展尤为重要。一是要进一步聚焦市场需求量大、质量性能差距大、对外依赖程度高的核心基础零部件、基础元器件、基础材料、基础工业软件和先进基础工艺等开展攻关，攻克一批关键共性技术，突破一批基础产品。二是以需求为牵引，创建一批机械行业产业基础共性技术中心，依托行业龙头企业、科研院所等，长期稳定地开展共性技术研究、产品创新及推广应用。三是充分利用好国家支持基础领域发展的各类基金作用，带动市场社会资本和社会资金投入，着力培育一批拥有核心竞争力的专精特新企业。

（三）提升产业链供应链韧性和安全水平

虽然经过多年发展，我国机械行业已基本建成门类齐全、规模较大、具备一定技术水平的完整产业体系，但"大而不强"问题仍然突出，一些产业链"断点""堵点"环节造成了我国机械行业产业链韧性不足，安全性也亟待提升。

未来几年，机械行业要继续从"强链""补链""串链"多角度发力，打造更有韧性、更具竞争力、更加安全的产业链供应链。一是锻长板。在发电设备、输变电设备、工程机械、重型机械等已经领先的装备领域继续发力，不断采用先进实用性技术对既有优势产品进行迭代升级，使其继续保持世界领先地位。二是补短板。聚焦机床、仪器仪表等基础性领域及各行业关键环节，集中行业优势力量解决"卡脖子"问题，有针对性地制订实施方案并逐一解决。三是促协作。加强从零部件到整机再到用户部门的产业链协同，积极推动跨行业协作，提高产业链与创新链、价值链的紧密度，实现产业链上下游协同发展，发挥产业整体效能。

（四）不断提升产品质量和品牌影响力

高质量发展是全面建设社会主义现代化国家的首要任务。2023年2月，中共中央、国务院印发的《质量强国建设纲要》指出，建设质量强国是推动高质量发展、促进我国经济由大向强转变的重要举措，是满足人民美好生活需要的重要途径。

机械行业作为国民经济的基础性和战略性产业，将瞄准产业升级和消费升级方向，加强机械行业质量品牌建设，增强高端装备和服务供给能力，不断提升供给体系对国内需求的适配性。一是提高企业质量主体责任意识，推行先进的质量管理方法及理念，推进精益生产，健全企业全过程质量管理。二是在标准、计量、认证认可、检验检测、市场监管等方面加强一批产业技术基础公共服务平台的建设力度，全面提升行业产品及服务质量。三是深化实施品牌战略，培育机械行业优质品牌产品，提升产品的形象和市场竞争力，扩大知名企业全球影响力，推动民族品牌走向国际市场。

（五）加快产业结构优化升级

机械行业作为我国制造业最为重要的发展根基，经过多年结构调整，正逐步迈入推进全产业链优化升级的新阶段。"十四五"时期，在国内外经济形势发生重大变化的背景下，继续推动产业结构优化升级，是促进我国机械行业高质量发展的必由之路，也是现代化产业体系建设的重中之重。

一是凭借市场容量大、企业数量多、创新创业活跃等优势，在新能源装备、机器人、增材制造装备等新兴产业领域持续发力，打造行业新增长点。二是深入实施智能制造工程，推动生产过程智能化改造，大力发展智能化产品，打造更具竞争力的产业体系。三是围绕碳达峰、碳中和目标，推动机械行业企业积极开展节能诊断，实施技术改造，深挖企业节能潜力；积极推进太阳能、氢能、风能等清洁低碳能源技术装备的开发；加快推进高效变压器、高效电机系统、高效工业锅炉、新一代内燃机等高效节能产品研发与推广。四是鼓励引导机械行业企业从生产型制造向服务型制造转型，以产品全生命周期服务能力提升为重要抓手，提升服务要素在投入产出中的比重。

汽车行业解读材料

中国汽车工业协会

近年来，汽车产业在我国经济发展过程中扮演越来越重要的角色，作为国民经济的战略性、支柱性产业，其经济地位也在不断上升。汽车产业涉及面广、产业链长、市场规模大，对稳定工业和经济发展具有重要作用。在"双碳"目标驱动下，我国汽车工业进入加速转型升级、由大变强的发展变革关键期。新一代信息通信、新能源、新材料等技术与汽车产业加快融合，产业生态深刻变革，产业结构不断优化，竞争格局全面重塑，汽车产业呈现出电动化、网联化、智能化、共享化的"新四化"发展趋势。下一步，要加快汽车产业补短板、强基础、锻长板，夯实产业自立自强根基，通过技术改造升级提升核心竞争力，实现高质量发展，构建面对新形势、新环境的新发展格局。《投资指南》汽车行业部分依据相关产业政策，从投资角度明确了工业投资的重点和方向，对未来汽车工业发展具有重要影响。

一、编制依据

汽车行业深入贯彻党中央、国务院的决策部署，坚持新发展理念，坚持稳中求进工作总基调，以绿色低碳发展为方向、以技术创新为支撑，积极推进产业转型升级，推动行业高质量发展。2022年，汽车产销分别完成2702.1万辆和2686.4万辆，中国品牌表现亮眼，紧抓新能源、智能网联转型机遇全面向上。当前，汽车工业正处于向制造业高端化、智能化、绿色化转型的关键期，技术改造作为实现这一目标的关键手段，对提高汽车行业创新能力、优化产业和产品结构、转换增长动力、提升中国汽车企业核心竞争力、推进产业转型升级、推动行业高质量发展具有重要意义。中国即将迈入世界汽车强国行列，《投资指南》汽车行业部分提出了汽车行业技术改造体系框架，梳理了汽车行业技术改造的重点领域和重点标准，为汽车行业技术改造升级投资提供重要参考。

二、作用和意义

（一）优化调整产业结构，促进产业转型升级，是建设汽车强国的根本途径

调结构、促升级始终是我国汽车行业发展的中心任务。当前正处于世界百年未有之大变局，全球经济面临多重下行风险的严峻挑战，汽车产业作为国民经济的支柱性产业，结构的调整和优化、产业的转型升级是重中之重。《投资指南》汽车行业部分提出汽车行业要向高新技术、高附加值领域延伸，重点发展智能制造技术以提高制造效率及产品品质；明确发展以新能源汽车、智能网联汽车及关键零部件为核心的高端技术装备；发展绿色制造技术，落实"双碳"目标，切实推进汽车产业转型升级。

（二）智能制造助推汽车产业高质量发展，是建设汽车强国的关键举措

智能制造作为一种极大提高生产效率的先进制造技术，是未来汽车生产制造的方向，通过新一代信息技术与先进制造技术的深度融合，提升全产业链智能化水平。《投资指南》汽车行业部分提出在汽车产品研发、工艺设计、柔性制造、质量管控、仓储物流等重点环节部署智能制造装备，应用工业机器人、柔性加工和装配装备、智能检测和物流装备，构建关键部件和整车柔性化生产线，实现全价值链的质量管控。车企通过应用智能技术赋能先进制造，不断提升产品品质、装备效率、工业网络安全，确保生产制造的稳定、高效，实现汽车工厂的数智化升级。

（三）绿色制造助力汽车产业可持续发展，是建设汽车强国的重要前提

新时代下，碳达峰、碳中和的目标将对汽车产业低碳绿色发展提出更高要求，低碳节能环保将贯穿汽车产品全生命周期乃至汽车全产业链。汽车行业内部应以绿色发展理念引领汽车产品设计、生产、使用、回收等各环节，企业、园区、行业间通过信息共享、标准衔接、设施协同、流程贯通加速产业链条联动，加快推进汽车产业绿色改造升级，积极建设绿色制造体系和汽车零部件循环利用体系。《投资指南》汽车行业部分提出将汽车整车涂装废气 VOC 清洁净技术规模化应

用、动力电池梯次利用和再生利用产业化、报废汽车绿色智能精细拆解与高效分选作为汽车行业发展绿色制造的着力点，推广绿色制造理念，提升绿色制造技术水平，引导企业为实现"双碳"目标承担相应的社会责任。

（四）夯实产业基础，坚持质量为先，是建设汽车强国的基础保障

我国汽车行业在快速发展的同时，亟须提升汽车工业基础技术，补齐发展短板，加速科技成果产业化，提高创新能力，提高产品品质，从而提升核心竞争力。《投资指南》汽车行业部分给出汽车行业在基础零部件、基础材料、基础工艺、汽车工业软件、产业技术基础公共服务平台等方面的重点研究方向。同时也指出应在高端装备、总成产品、汽车零部件、智能控制产品、节能与新能源汽车新材料、公共检测环境方面重点开展质量提升工作；完善以企业为主体、市场为导向、产学研用相结合的制造业创新体系，全面夯实产业基础，提高产品质量，从而提升企业品牌价值和整体形象。

三、支持的重点和亮点

《投资指南》作为指导性文件，具有战略性、引领性和先进性，其中的汽车行业部分旨在结合汽车工业实际，贯彻落实国家重大部署，强化行业发展与上下游相关领域的协同，引领行业高质量发展。

《投资指南》汽车行业部分在充分研究汽车行业现状、存在问题和发展趋势的基础上，广泛听取各方意见，将对行业发展意义重大、急需程度高的项目提炼出来，给出明确的发展重点。在汽车行业转型升级的关键时期，为落实国家"双碳"目标，提出相应转型升级方向，指引车企进行技术改造升级。

《投资指南》汽车行业部分以技术创新为核心，强调加强行业上下游协作和资源整合力度，重点发展基础零部件、基础材料、基础工艺、汽车工业软件和产业技术基础公共服务平台，对加强汽车产业基础能力、摆脱关键零部件和工业软件对国外供应商的依赖、提升效率具有重要意义；推动信息化与工业化深度融合的智能制造，部署智能制造装备和工业软件，提升全产业链在研发设计、生产制造、质量管控、仓储物流等各环节的智能化水平；落实"双碳"目标，着力发展动力电池梯次利用和再生利用产业化、报废汽车绿色智能精细拆解与高效分选回收等低碳环保技术。

《投资指南》汽车行业部分以产品创新为抓手，大力促进高端装备、总成产品、汽车零部件、智能控制产品、节能与新能源汽车新材料等方面产品质量提升技术的创新发展。

《投资指南》汽车行业部分以模式创新为载体，鼓励建立设计资源数据库、成果展示库、工程实验室等公共服务平台，建设汽车行业工业互联网平台、再造资源信息共享平台。鼓励汽车行业开展信息增值服务，加快服务型制造发展。

四、其他说明

总体来看，我国汽车行业高质量发展亟须破解关键挑战，积极创造有利条件，着力解决突出矛盾和技术瓶颈问题。《投资指南》汽车行业部分对促进汽车工业结构优化、汽车产业转型升级，持续推动科技创新，加快建设汽车强国具有重要意义。汽车工业建设是一项系统工程，要统筹发展与安全，加强政策协同，夯实产业发展基础，推进产业链、供应链安全建设。应坚持从国情出发、从实际出发，以全面推进、重点突破、务求实效的原则，建立《投资指南》实施的具体机制，以及对实施效果的评价措施，使《投资指南》能够落地实施。

船舶行业解读材料

中国船舶工业行业协会

一、编制依据

为贯彻落实党的二十大精神，加快"十四五"规划和 2035 年远景目标纲要关于船舶工业的总体要求落实落地，中国船舶工业行业协会联合中国国际工程咨询公司，在《工业企业技术改造升级投资指南（2019 年版）》的基础上，编制了《工业企业技术改造升级投资指南（2023 年版）》中的船舶行业部分，为船舶领域科研设计单位和工业企业技术改造升级的投资方向提供参考。

二、作用和意义

2019 年以来，我国船舶工业以供给侧结构性改革为主线，经受住了新冠疫情的考验，持续深化结构调整和转型升级，加快改革和创新发展，产业国际竞争力进一步提升，有力地支撑了国际航运、国际贸易、海洋经济持续稳定发展。我国作为全球第一造船大国的地位更加稳固，行业发展质量得到显著提升。

2022 年，我国造船完工量 3786 万载重吨，相比 2019 年增长了 3.1%；新接订单量 4552 万载重吨，相比 2019 年增长了 56.6%；截至 2022 年 12 月底，手持订单量 10557 万载重吨，相比 2019 年 12 月底增长了 29.3%。我国造船工业的国际市场份额已连续 13 年居世界第一，我国造船大国地位进一步稳固。2022 年，我国造船完工量、新接订单量、手持订单量以载重吨计分别占世界总量的 47.3%、55.2% 和 49.0%，较 2021 年分别增长 0.1、1.4 和 1.4 个百分点；以修正总吨计占 43.5%、49.8% 和 42.8%，同样保持全球领先。我国骨干船企保持较强国际竞争力，分别有 6 家企业进入世界造船完工量、新接订单量和手持订单量的前十强。

近年来，我国船舶工业在高端装备领域不断取得新突破，绿色动力船舶订单快速增长。全球首艘 LNG 双燃料动力 30 万吨级超大型原油船、全球首制 99000

立方米 B 型舱乙烷运输船、国内首艘 4.99 万吨甲醇双燃料化学品/成品油船、全球箱位数最大的 24000TEU 集装箱船、全球首艘 10 万吨级智慧渔业大型养殖工船、全球首艘第四代自升式风电安装船等一系列高端船舶产品及新型海洋工程装备成功交付。2022 年全年新接订单中绿色动力船舶占比达到 49.1%，创历史最高水平。

国产配套产品应用加速，国产船用主机、船用锅炉、船用起重机、船用燃气供应系统（FGSS）等配套设备装船率持续提高。船用高端钢材研制能力不断提高，大型集装箱船用止裂板全部实现国产替代，化学品船用双相不锈钢国产化率由不足 50%提高至 90%以上，国产高锰钢罐项目顺利开工，产业链供应链安全水平明显提升。

但也应该看到，我国船舶配套供应链稳定仍面临挑战，配套产品价格上涨、供货延期现象较为普遍，特别是船舶通信、导航、自动控制系统及电子电气设备等我国相对较为薄弱的环节受到的影响日益严重。另外，受世界宏观经济影响，船舶工业依然面临较大的下行压力。同时，船舶行业劳动力供给不足的问题还在进一步扩大，劳务工队伍稳定性问题也更加突出，宏观经济和国家整体产业结构的变化对船舶工业的影响在逐步加大。

《投资指南》船舶行业部分聚焦船舶工业发展的主要矛盾，以加快建设造船强国为目标，重点关注基础能力和质量提升，对标新型工业化的要求，加快推进智能制造、绿色制造和服务型制造，对船舶工业加快建设造船强国，推进船舶工业供给侧结构性改革，促进结构调整、转型升级，提高船舶和海洋工程装备设计、制造水平和产品质量及供应链产业链稳定安全等，具有重要作用和意义。《投资指南》船舶行业部分是各级政府部门、金融机构开展船舶行业投资项目相关工作的重要参考，也是全国船舶行业企业推动技术改造升级工作的重要指导，将有力推进船舶行业的可持续发展。

三、船舶行业发展重点

《投资指南》中的船舶行业部分，坚持以企业为主体、市场为导向、产学研用相结合的创新体系，加强关键核心技术攻关，加速科技成果转化，提高关键环节和重点领域的创新能力，从基础能力、质量提升、智能制造、绿色制造、服务型制造和技术改造服务体系等方面制定了技术改造升级的方向。

（一）重点强调基础能力提升

我国船舶工业已具备了大规模产能、大规模市场、完整的产业链条、丰富的创新资源、庞大的产业工人队伍等有利发展条件，但这些有利条件并没有得到充分发挥，在关键基础材料、核心零部件、工业软件、基础工艺等基础能力方面没有构建起应有的优势。

"十四五"以来，中央多次提出"产业基础高级化和产业链现代化"的要求。《投资指南》船舶行业部分以提升基础能力为切入点，围绕基础零部件、基础材料、基础工艺和技术、工业软件、产业技术基础公共服务平台等方面进行引导。

在基础零部件方面，重点围绕齿轮、密封件、RV减速器、薄壁轴瓦等基础部件，水下连接器、水下阀门等水下系统部件，激光雷达、雷达前端信号处理模块等导航部件提出投资指引。

在基础材料方面，围绕高止裂厚钢板、高强度双相不锈钢宽厚板、船用殷瓦钢、极地用低温钢、低温高锰钢等特种钢材，深水平台专用钢材、深海隔水管材等海洋工程用钢，大口径深海输送软管、柔性立管等复合材料，极地船舶低温涂料、船用低含量/无挥发性有机物涂料等环保材料等提出投资指引。

在基础工艺和技术方面，围绕激光焊接、激光切割等高效焊接工艺，精密制造与检测技术、发动机试车系统等检测测试技术，大数据应用等提出投资指引。

在工业软件方面，围绕三维计算机辅助设计软件、生产建造软件等设计建造软件，结构性能分析软件、流体性能分析软件等性能分析软件，船舶行业管理软件、车间制造执行管控软件等管理软件等提出投资指引。

在产业技术基础公共服务平台方面，既强调了船舶与海洋工程装备上下游企业、科研机构等联合建立国家级深海检测试验平台，建立与完善海洋工程通用系统和设备、专用系统和设备以及关键部件的检测试验设施，建立数据服务平台。又明确了重点支持船舶产品原始创新和建造示范项目，例如，开发符合国际新公约、标准和规范要求的氨燃料动力、纯电池动力、燃料电池动力和混合动力等新型动力船舶等；支持海洋工程装备创新示范，如边际油田自安装采油平台、特种海洋资源开发装备等的产业化创新示范。同时，明确提出支持船舶与海洋工程装备关键配套设备创新示范。

（二）重视质量提升

质量事关行业的可持续发展，关系船舶行业的产业竞争力。船舶行业面临着传统产业向现代制造服务业转型升级的艰巨任务，重视质量提升是关键。《投资指南》船舶行业部分从提升核心设备质量和提升船舶与海洋工程装备质量两个方面进行了引导。

在提升核心设备质量方面，进一步从船舶动力系统及设备、船用环保装备、船用推进系统及设备、甲板及舱室机械、燃料储存及供给系统、通信导航系统及设备、海洋工程关键设备与系统、水下系统和作业装备等方面提出需要重点发展的设备和系统。

在提升船舶与海洋工程装备质量方面，提出增强船舶研发、设计、建造、试验等能力，提升海洋工程装备研发、设计、建造、试验、检测、鉴定与标准化等水平，强化配套设备设计制造技术。

（三）加快智能制造在船舶行业中的应用

智能制造是我国推进制造强国战略的主攻方向，是造船强国建设的主要着力点。《投资指南》船舶行业部分分别从生产智能化和工业互联网两个方面对加快智能制造在船舶行业中的应用提出指引。

在生产智能化方面，提出在总装制造领域要突破智能制造关键共性技术，建立船厂物联网系统，开展船舶工业应用标准研究；在安全管控领域要实现面向工厂全环节的安全综合管控，安全事件的快速响应和智能处置；在供应链管理领域要构建面向船舶生产全过程、全业务链的网络化协同体系。

在工业互联网方面，提出要加强信息基础设施建设，建立船舶行业工业互联网平台，构建工业互联网安全综合防护体系。

（四）大力发展绿色制造

构建绿色制造体系是我国船舶行业落实绿色发展理念、实现可持续发展的必然要求，也是我国船舶工业维持全球综合竞争优势的必然要求。《投资指南》船舶行业部分分别从绿色制造和安全生产两个方面对大力发展绿色制造提出指引。

在绿色制造方面，提出要开展绿色设计，选择绿色材料，应用绿色加工工艺技术。

在安全生产方面，提出要建立海洋工程平台、大型邮轮建造火灾安全评价系统、LNG 货物仓焊接综合控制安全管理系统、易燃易爆气体监测系统、焊接和涂装作业防护设备设施等。

（五）强调服务型制造，构建技术改造服务体系

服务型制造是制造与服务融合发展的新业态，是船舶行业企业加快自身转型升级、增强市场竞争力的重要途径。为加快向服务型制造转型，一是要开展工业设计服务，推进全生命周期服务体系建立和关键领域设计突破；二是建立船舶行业共性技术研发平台，为产业链上下游提供整体解决方案；三是建设以制造业企业为中心的网络化协同制造服务体系，鼓励船舶行业企业利用软件和信息通信技术开展信息增值服务；四是支持软件和信息技术服务企业面向制造业提供信息化解决方案，鼓励工业企业采购使用工业云服务；五是支持船舶行业企业提供工程总承包、建设—移交（BT）、建设—运营—移交（BOT）、建设—拥有—运营（BOO）等多种服务；六是鼓励船舶行业企业发展船舶、设备租赁和融资租赁服务，支持企业与金融租赁公司、融资租赁公司加强合作，实现资源共享和优势互补；七是利用并发挥服务型制造示范城市、各级示范企业优势资源与作用，总结推广经典案例与方法，以点带面促进全行业、全区域的船舶工业企业转型升级。

四、其他说明

《投资指南》是引导工业企业技术改造升级的重要依据，中国船舶工业行业协会将发挥行业引导、协调、服务的功能，以企业为主体、以提升科技创新水平为导向，大力推动船舶行业技术改造升级，从而强化基础能力，促进行业结构调整、转型升级，进一步提高国际竞争力，为建设制造强国和造船强国提供重要支撑。

钢铁行业解读材料

中国钢铁工业协会

一、编制依据

为深化钢铁行业供给侧结构性改革，大力推进钢铁企业技术改造，中国钢铁工业协会围绕《国务院关于印发2030年前碳达峰行动方案的通知》（国发〔2021〕23号）、《工业和信息化部 国家发展和改革委员会 生态环境部关于促进钢铁工业高质量发展的指导意见》（工信部联原〔2022〕6号）等相关文件精神，结合钢铁行业发展现状和趋势，参与编制了《工业企业技术改造升级投资指南（2023年版）》中的钢铁行业部分，为钢铁领域工业企业技术改造升级的投资方向提供指引。

二、作用和意义

钢铁工业是国民经济的重要基础产业，是建设现代化强国的重要支撑，是实现绿色低碳发展的重要领域。2020年以来，我国钢铁工业以强大且丰富的产品和市场支撑了国民经济的快速复苏，也促进了世界钢铁产业链畅通和繁荣，在世界钢铁工业及世界钢铁市场中的全球影响力显著增强；世界级钢铁企业和品牌不断涌现，综合竞争力和抗风险能力持续提升，特别是极限条件下的产业独立性不断增强；世界钢铁科技研发的重心已转向中国，围绕低碳冶金、智慧工厂、节能环保等领域的关键共性技术不断创新，为世界钢铁工业做出了与中国影响力相匹配的中国钢铁贡献。

《工业和信息化部 国家发展和改革委员会 生态环境部关于促进钢铁工业高质量发展的指导意见》明确提出，力争到2025年，钢铁工业基本形成布局结构合理、资源供应稳定、技术装备先进、质量品牌突出、智能化水平高、全球竞争力强、绿色低碳可持续的高质量发展格局。技术改造作为推进钢铁工业高质量发展的重要举措，对增强创新发展能力和产业自主性，提高全球影响力和发展贡献度，加快建设现代化钢铁强国具有重要意义。

《投资指南》钢铁行业部分突出前瞻性、战略性和指导性，结合钢铁工业高质量发展主要目标和重点任务，从基础能力、质量提升、智能制造、绿色制造、服务型制造和技术改造服务体系五个方面，提出了发展方向和投资重点，将成为钢铁企业技术改造升级的有效指引，成为各级政府相关部门、金融机构开展技改项目投资相关工作的重要参考。

三、钢铁行业发展的重点和亮点

《投资指南》钢铁行业部分从我国钢铁工业高质量发展需求入手，针对制约钢铁工业发展的瓶颈和薄弱环节，通过对钢铁工业技术改造基础能力、产品实物质量提升、智能制造发展、绿色低碳发展、服务制造体系建设等重点领域的聚焦与深化，梳理了未来几年钢铁工业推进的技术改造重点。

一是夯实创新发展基础能力。 我国钢铁工业已建立完整的产业研发创新体系，推动并引领世界钢铁技术进步和创新。强化企业创新主体地位，营造产学研用一体的协同创新生态，以终端产品需求为导向，突破一批关键共性技术，已成为行业内的共识。《投资指南》钢铁行业部分围绕氢冶金、低碳冶金、纯净钢冶炼、薄带铸轧、高效轧制等关键共性技术，提出增强先进基础工艺、钢铁工业软件的创新能力，推动行业技术基础公共服务创新平台和创新中心建设。

二是推进钢材产品提质升级。 我国钢铁工业可以满足国民经济发展所需的绝大部分钢材需求，每年进口的钢材仅占国内消费量的1%左右，其中绝大部分进口钢材也并非国内不能生产。但有的关键钢铁材料的持续有效供给还存在短板，一些钢材产品的质量稳定性、一致性还需进一步提升。《投资指南》钢铁行业部分以建筑、海洋、交通、电力装备等行业用钢需求和钢铁新材料发展为核心，提出从冶金矿山到冶炼轧钢的全产业链先进共性关键技术，配套智能检验检测先进技术，以促进钢材产品实物质量提升，满足新型基建、新兴产业的钢铁材料新要求。

三是大力发展智能制造。 智能制造是钢铁工业自身转型升级、实现高质量发展的重要途径。我国钢铁工业迫切需要将智能化融入钢铁制造和运营决策过程中，实现数字化研发制造、大规模定制化生产、网络协同化制造、精准化运营管控的业务模式和产业形态创新。《投资指南》钢铁行业部分以推进5G、大数据、人工智能等技术在钢铁行业的应用为基础，推进钢铁行业智能工厂铁钢轧全流程一体化建设，提升智能制造应用成熟度水平，在工业互联网框架下实现全产业链优化。

四是深入推进绿色低碳发展。落实国家碳达峰、碳中和决策部署，实现绿色低碳发展，钢铁工业责无旁贷。综合考虑我国资源禀赋、能源结构和钢铁工业发展现状，钢铁行业要实现"双碳"目标，根本解决途径在于低碳技术进步，核心是技术创新、技术突破和技术推广。《投资指南》钢铁行业部分聚焦低碳冶金技术，提出冶金副产煤气和烟气二氧化碳高效低成本富集提取技术、二氧化碳催化合成制化工产品技术、二氧化碳矿化固定技术、多产业联合提碳减碳固碳技术、二氧化碳在钢铁制造流程的资源化利用技术等一批钢铁行业低碳共性前沿技术。

五是加快服务型制造转变，完善技术改造服务体系。钢铁企业要牢固树立质量为先、品牌引领意识，深入推进以用户为中心的服务型制造，开展规模化定制、远程运维服务、网络化协同制造、电子商务等新业态，提升产品和服务附加值。《投资指南》钢铁行业部分明确提出鼓励钢铁企业与下游用钢企业主动对接，为用户提供全方位钢铁材料解决方案，创造和引领高端需求；推进钢铁制造信息化、数字化与制造技术融合发展，支持数字化管理、智能化生产、服务化延伸及产融结合等新模式发展。

四、其他说明

《投资指南》是引导工业企业技术改造升级的重要依据，中国钢铁工业协会将遵循为会员企业服务的宗旨，发挥组织、协调、桥梁、纽带的职能，大力推进钢铁企业技术改造升级，为中国及世界钢铁的可持续发展做出重要贡献。同时跟踪国内外技术进步的新动态，研判预测技术发展的趋势和方向，结合钢铁行业发展实际，及时完善与修订该指南，为政府、企业提供决策参考。

有色金属行业解读材料

中国有色金属工业协会

随着科教兴国战略的实施，科技为各行各业的发展带来了巨大活力和发展空间。在有色金属行业，无论是采选冶还是材料加工产业链，科技都折射出无限潜能。谁在技术上领先一步，谁就在这个行业有话语权，甚至有生存发展权。

一、强化创新平台建设

我国有色金属行业已经建设了一批国家级技术创新平台。截至 2021 年，有色金属行业共有国家认定企业技术中心 90 家、国家重点实验室 20 个、国家工程实验室 9 个、国家工程（技术）研究中心 33 个、国家级国际联合研究中心 8 个，初步形成了以企业为主体、产学研用相结合的协同创新机制。但与发达国家相比，以企业为主体的新材料研发平台较少，高性能材料产业发展缓慢，仍然是制约有色金属行业发展的短板。虽然近年来技术水平得到显著提升，但基础研究和应用验证能力还比较薄弱，前瞻性、战略性研究滞后，"生产一代、开发一代、预研一代"的发展格局尚未形成。

有色金属行业，在创新平台建设方面，要建设新材料技术研发平台，重点推进新材料中试、工程化及产业化共性工艺技术研究及跨学科融合发展创新平台建立，开展材料性能测试、分析检测、表征评价等研究开发及重大应用，建设高性能复合材料创新中心、轻量化材料创新中心、极端环境材料创新中心、有色金属新材料制造业创新中心、有色金属智能制造产业创新中心等。

二、大力提升有色金属工业信息化、智能化制造水平

在智能制造领域，有色金属行业提升空间巨大。在有色金属行业共性智能化

技术方面,要加快过程模拟仿真软件、先进过程控制软件、计划排产软件等基础软件研发,形成我国自主可控的有色金属工业软件生态,支撑行业精细化管控和智能化转型。在矿山领域,要建立矿山生产综合管理与决策平台,加快建设数字矿山,发展智能采矿装备。开发以矿石开采为核心的矿山智能化生产体系,建立生产执行系统(MES)和企业资源计划(ERP)系统,实现矿山生产流程智能设计、生产系统的高度集成和生产调度优化控制。在冶炼领域,要提高冶炼生产过程自动化、信息化、智能化水平。以湿法冶金为例,建立在线原料成分检测系统、在线流量控制系统、智能物料均衡反应系统、能源管理系统,使生产过程信息化、智能化水平明显提升。建立矿冶工业智能服务云平台,以矿产资源开发利用共性技术为核心、以信息化技术和通信技术为支撑,开展矿冶云平台的设计开发、矿冶大数据中心建设、基于大数据分析的矿冶生产过程监测及远程故障诊断技术开发,以及形成装备、工艺、工程解决方案的设计、优化和运营所需要的知识服务、技术服务和作业服务。

三、促进有色金属产业绿色低碳发展

党的二十大报告指出,"推动经济社会发展绿色化、低碳化是实现高质量发展的关键环节。"推动绿色低碳发展是国际潮流所向,大势所趋,绿色制造已成为全球产业竞争的制高点。随着气候变化和环境保护形势日趋严峻,温室气体排放治理能力、重金属污染防治能力和大气污染防治能力已成为衡量各国有色金属行业技术水平的标准。欧盟等发达经济体陆续设定了绿色壁垒,征收碳边境税。随着国内污染防治攻坚战深入推进,碳排放和环境问题已成为制约有色金属产业发展的关键因素,有色金属工业实施绿色低碳化改造意义重大。

赤泥综合利用技术研发和产业化、多元复杂有色金属矿产资源清洁高效利用技术及相应的成套装备、碳素焙烧炉烟气脱硝技术及产业化、高端领域钛合金返回料综合利用、锑清洁冶炼新工艺、钢锡多金属矿尾砂资源综合利用、盐湖锂资源综合开发利用、新型结构铝电解槽和铝电解槽双端节能技术、稀贵金属清洁分质高值化利用等都是今后的技术发展方向,并在《投资指南》中明确列为发展重点。

四、重点发展高端有色金属材料

近年来,新科技革命方兴未艾,经济社会发展促使人们的生产方式和生活方式不断变革,人类需要更多具有特殊性能的新材料。这给有色金属材料提供了更大的发展空间,也对有色金属材料生产提出了许多新的要求。当前,有色金属材料呈现智能化、绿色化、个性化发展趋势。

1. 智能化。智能化既表现在应用领域,又表现在生产环节。在应用领域,主要是能够对力、热、声、电、光、磁环境进行感知和自应对的智能材料。例如,梯度硬质合金刀具,能够根据切削对象的硬度调整效能,延长使用寿命;用记忆合金制造的飞机机翼,当飞机遇到涡流或逆风时,机翼能够迅速变形,从而消除涡流或逆风影响,减少机身颠簸。智能材料将适应未来社会劳动力成本提高和消费者个性化需求日益丰富的特点,有巨大发展空间。在生产环节,主要是用云计算、大数据、互联网等技术,改造传统生产流程,通过工业大数据积累,对现有生产制造工艺流程进行深度优化,从而提高产品的稳定性、一致性、均匀性性能。

2. 绿色化。绿色低碳发展已经成为全人类的共识,有色金属材料必须绿色,才有发展前景。绿色材料至少有三个特点:首先是绿色生产,少破坏环境,少消耗能源。按这个标准,大部分有色金属工艺技术都需要进一步完善。其次是在整个使用生命周期是节能的,这方面,铝等可循环的有色金属表现非常突出。自1880年以来,全球累计生产电解铝超过 11 亿吨,目前有 8 亿吨左右还在循环使用中。人们往往认为铝产业是高耗能产业,但是由于铝可以反复使用,在全生命周期中,铝比钢要节省几十倍的电量,这是其他一些大宗材料不能比拟的。最后是有利于全社会绿色低碳发展,如光伏多晶硅、风电稀土永磁材料、锂电池材料和金属空气电池用材料等,其制成品有利于替代化石燃料,只要技术能够突破,将有日益广阔的市场空间。

3. 个性化。全球大宗产品的供应饱和,以及人们需求的多元化,要求有色金属材料向高精尖、个性化、差异化方向发展。其中最典型的一个方向就是以 3D 打印为代表的增材制造。例如,医疗上使用 3D 打印技术制作钛合金骨骼和关节,可以实现精准医疗。再如,运动手环等可穿戴智能产品正在成为消费热点,但是目前能够实现的功能有限，未来要真正做到感知人体的健康指标信息，实现远程诊疗和全流程健康管理，需要进一步开发柔性材料制备新工艺与技术，才能适应不同用户的个性化需要。

《投资指南》有色金属行业部分在"基础能力"和"质量提升"中明确提出了有色金属材料发展方向。重点发展电子信息、新能源、航空航天、现代交通、海洋工程等高技术领域用高性能铜铝镁钛和稀贵金属材料。包括轻质高强铝镁合金材料、高性能低成本钛合金材料、高精度铜合金材料、贵金属材料、有色金属电子信息材料、粉末冶金材料、新型涂层材料、硬质合金材料、稀有金属材料，钽铌铍等特种稀有金属材料，功能元器件用有色金属关键配套材料、新型能源材料、稀土功能材料、先进半导体材料、新型医用材料、3D 打印材料等。要求进一步提高成材率，提高中高端材料有效供给能力和水平，实现关键材料与产品自主可控。同时，突破制品精深加工及工程化应用等关键技术，开展基于互联网与工业大数据的智能制造技术，加强高端材料的集成创新，加快绿色制备技术与装备开发应用，完善有色金属材料产业链，提升产业整体竞争力和高质量发展水平。

建材行业解读材料

中国建筑材料联合会

一、编制依据

为切实推进企业技术改造，助力建材行业供给侧结构性改革和绿色化、智能化、高端化发展，中国建筑材料联合会围绕《"十四五"原材料工业发展规划》（工信部联规〔2021〕212号）、《建材行业碳达峰实施方案》（工信部联原〔2022〕149号）、《高耗能行业重点领域节能降碳改造升级实施指南（2022年版）》（发改产业〔2022〕200号）及《建材工业"十四五"发展实施意见》（中建材联行发〔2022〕70号）、《水泥行业碳减排技术指南》《平板玻璃行业碳减排技术指南》（中建材联行发〔2022〕105号）等文件精神和要求，结合我国建材行业发展实际情况，参与编制了《工业企业技术改造升级投资指南（2023年版）》中的建材行业部分，为建材行业企业开展技术改造升级投资提供指引。

二、作用和意义

建材行业是我国国民经济的重要组成部分，是支撑工农业生产、基础设施建设的重要基础原材料产业，是改善民生、满足人民日益增长的美好生活需要所不可或缺的基础制品和消费品产业，也是发展循环经济的重要节点产业，更是与其他产业相互融合支撑国防军工、航天航空，以及节能环保、新能源、新材料、信息产业等战略性新兴产业发展的重要产业。长期以来，建材行业服务于国民经济诸多领域，始终肩负着"大国基石"的重要职责。"十四五"以来，建材行业加快转向绿色低碳发展模式，进一步发挥社会经济循环的节点作用，深度融入绿色低碳循环经济体系，生产工艺和制造技术水平加快提升，建材产品从产业链前端或中低端向制品化、终端化、绿色化转变。通过组织实施重大关键技术攻关和推动绿色、低碳、智能化改造，有力推动行业发展转型，促进行业绿色低碳安全高质量发展，为建设现代化产业体系提供基础支撑。

三、建材行业发展的重点和亮点

此次修订《投资指南》，是落实党的二十大精神，积极支撑建设现代化产业体系、推进新型工业化的具体举措。根据修订总体要求，建材行业从基础能力、质量提升、智能制造、绿色制造、服务型制造和技术改造服务体系五个方面，为企业和市场筛选出支撑建材行业实现绿色低碳安全高质量发展的产业发展和技术改造升级方向。

（一）明确了科技创新在建材行业技术改造升级中的基础性作用

党的二十大报告强调，必须坚持科技是第一生产力、人才是第一资源、创新是第一动力。《投资指南》建材行业部分以建材行业"六零"示范工厂技术攻关与建设作为主线（"六零"示范工厂，即零外购电工厂、零化石能源工厂、零一次资源工厂、零碳排放工厂、零废弃物排放工厂、零员工工厂），筛选出支撑建材行业进一步转型升级的既有成熟技术、产品、装备，同时指出支撑建材行业节能降碳、强链补链的前沿技术研究方向。重点列出建材行业减污降耗、固碳用碳、增材制造、氢能在建材窑炉中的应用等方面的技术及装备。同时，重视工业软件在工程建设、企业决策、资源配置、运维管理等方面发挥的作用，以提升建材行业数字化、信息化管理能力及决策水平。推动成果的孵化转化和落地实施，围绕建材行业细分领域，鼓励企业资源、社会资本投入具有代表性、成长性、先进性的成果孵化平台，实现特定产品或技术转化应用，以点带面，全面推动建材行业绿色低碳安全高质量发展。

（二）明确了质量提升在建材行业技术改造升级中的导向性作用

《质量强国建设纲要》明确提出，到 2025 年，质量整体水平进一步全面提高，中国品牌影响力稳步提升，人民群众质量获得感、满意度明显增强，质量推动经济社会发展的作用更加突出，质量强国建设取得阶段性成效。《投资指南》建材行业部分面向保障国家重大工程服役、助推行业绿色低碳转型升级、支撑国家重大战略、提升人民生活水平的需要，明确提出发展绿色建材、新型建材及无机非金属新材料等多种高品质产品，并提出重点领域节能降碳和关键工艺改造技术与方向，为生产过程质量管理和产品质量提升提供有效支撑，将以质量提升为主要抓手，推动建材行业高质量发展。

（三）明确了智能制造在建材行业技术改造升级中的带动赋能作用

加快新一代信息技术在建材工业推广应用，促进建材工业全产业链价值链与工业互联网深度融合，夯实建材工业信息化支撑基础，是实现建材行业生产方式和企业形态根本性变革、引领建材行业迈向高质量发展的重要支撑。《投资指南》建材行业部分以新一代信息技术与先进制造技术深度融合为导向，以建材产品生产全过程、全链条为核心，以智能制造典型场景为基本单元，提出加快智能装备、工业软件等先进技术的研发应用，明确各主要生产管理环节的智能化应用技术和方向，提出工业互联网与5G融合应用、产品追溯认证、绿色低碳融合发展的模式，为建材行业智能化建设提供参考指导，以加速生产方式和企业形态根本性变革，推动建材工业转型升级。

（四）明确了绿色制造在建材行业转型发展中的主导地位

建材行业是国民经济和社会发展的重要基础产业，也是工业领域能源消耗和碳排放的重点行业，实现绿色制造可以有效助力工业领域和国家"双碳"目标实现。在"绿色制造"方面，《投资指南》建材行业部分重点围绕促进建材行业绿色低碳转型，列出相关内容。一是按照《高耗能行业重点领域节能降碳改造升级实施指南（2022年版）》等文件要求，严格约束水泥、平板玻璃、建筑卫生陶瓷等产品的生产线能耗。二是支撑节能降碳水平提升，支持企业技术改造，推广清洁能源、脱硫脱硝、固碳用碳、资源综合利用等减污降碳、降本增效新技术、新工艺、新装备，加快实施重点领域清洁生产改造。三是加快推进循环经济发展，充分发挥建材行业协同处置工艺优势，不断提高资源综合利用水平，推动资源循环利用发展。四是推进绿色建材产品提速发展，提出保温隔热、卫生洁具、防水材料等领域新的一批技术成熟、性能良好、宜业宜居的绿色建材产品，促进提升绿色建材高质量供给能力。

（五）明确了服务型制造和技术改造服务体系对建材行业转型升级的支撑保障作用

建材行业实现转型升级高质量发展，需要打造契合时代特点、满足企业需求、服务社会大众的服务型制造业体系。《投资指南》建材行业部分围绕产业链延伸和产业发展配套资源，鼓励社会资本、大型建材企业聚焦建材产业链上下游，为建材企业提供规划咨询、污染治理、研发设计、创业孵化、计量测试、检验检测、产权保护、数据共享、工艺诊断、风险预警等方面的服务，形成稳定系统、全面细致的建材行业全产业链条；支持成立产业联盟及建设现代产业园区，打造优势互补、资源共享的企业合作模式。

四、其他说明

《投资指南》是引导工业企业技术改造升级的重要依据，中国建筑材料联合会将发挥组织协调作用，推动《投资指南》在企业技术改造中的指导和应用。同时也将不断结合建材行业发展实际和需求，根据国内外发展形势，提出完善与修订建议，为政府、企业提供决策参考。

石化与化工行业解读材料

中国石油和化学工业联合会

《工业企业技术改造升级投资指南（2019年版）》发布以来，为石化与化工行业结构调整工作指明了方向，也为石化与化工企业新建项目和实施技术改造升级提供了重要参考。2019年至今，石化与化工行业面临的环境和形势发生了很大变化，特别是延续了三年的新冠疫情和2022年初爆发的俄乌冲突，在对世界经济造成巨大冲击和影响的同时，也给石化与化工行业发展带来了更多不稳定性和不确定性。同时，行业自身技术创新的持续推进和下游需求的不断变化，也使行业各领域的发展方向和任务发生了改变。为此，中国石油和化学工业联合会（简称石化联合会）在广泛征集专业协会、石化与化工企业、科研院所等相关单位意见的基础上，对2019年版指南进行了修订。

一、修订依据

《工业企业技术改造升级投资指南（2023年版）》石化与化工行业部分修订工作的主要依据是工业和信息化部等六部委发布的《关于"十四五"推动石化化工行业高质量发展的指导意见》和石化联合会发布的《石油和化学工业"十四五"发展指南及二〇三五年远景目标》。

《关于"十四五"推动石化化工行业高质量发展的指导意见》（简称《意见》）提出，到2025年，石化化工行业基本形成自主创新能力强、结构布局合理、绿色安全低碳的高质量发展格局。《意见》给出了提升创新发展水平、推动产业结构调整、优化调整产业布局、推进产业数字化转型、加快绿色低碳发展、夯实安全发展基础六个方面的重点任务，以及强化组织实施、完善配套政策、健全标准体系三个方面的保障措施。新版《投资指南》根据《意见》指出的发展方向，对石化与化工行业及重点领域的质量提升、智能制造、绿色制造工作进行了细化。

《石油和化学工业"十四五"发展指南及二〇三五年远景目标》（简称《发展

指南》）是贯彻落实国民经济"十四五"规划纲要的重要举措，提出了"十四五"期间我国石化行业的七大重点任务：增强油气保障能力，加快产业结构调整，大力提升产业创新自主自强能力，深入实施绿色发展战略，提升数字化和智能化发展水平，培育具有国际竞争力的企业集团和石化园区，构建国内大循环为主体、国内国际双循环相互促进的新发展格局，强调要大力发展化工新材料、专用化学品、生物化工产品等高端产品，争取到"十四五"末，化工新材料自给率达到75%，占化工行业整体比重超过10%。新版《投资指南》吸纳了《发展指南》的很多内容并进行了细化。

二、作用和意义

石化与化工行业是国民经济支柱产业，经济总量大、产业链条长、产品种类多、关联覆盖广，关乎产业链供应链安全稳定和民生福祉改善。近年来，我国石化与化工行业转型升级成效显著，石化大国地位进一步巩固，但行业创新能力不足、结构性矛盾突出、产业布局不尽合理、绿色安全发展水平不高等问题依然存在。尤其是受新冠疫情和俄乌战争等因素影响，行业经济运行下行压力持续加大。"十四五"是我国建设世界石化强国的关键时期，石化与化工行业发展方式将由规模扩张型向提质增效型转变。大宗石化产品、基础化工原料日趋饱和的同时，化工新材料、专用化学品、生物化工产品等领域的发展将得到业内更多关注，塑料降解与回收利用、二氧化碳减排和制备化学品、工厂数字化与智能化改造等工作也将持续深入推进。新版《投资指南》将为地方政府、石化与化工企业、科研院所、金融机构的投资决策提供重要依据和参考，促进技术、资金、人才等要素科学配置，有效避免低水平重复建设，推动石化与化工行业调结构、转方式、增效益。

三、石化与化工行业发展重点

（一）加快高端产品补短板

围绕航空航天、电子信息、新能源、汽车、轨道交通、节能环保、医疗健康、国防军工等行业高端需求，加快突破高端聚烯烃专用树脂、高性能工程塑料、高端功能膜材料、特种合成橡胶、高性能纤维、电子化学品等化工新材料，高效催化剂、环保型溶剂和添加剂、特种助剂等专用化学品的供应瓶颈。加快提升现有新材料产品的质量和性能，增加品种和牌号。支持生物化工创新发展，加快开发丁二酸、1,3-丙二醇等生物化工产品及中间体的新型制备技术。

（二）加快传统产业转型升级

加快推广先进煤气化、氮肥生产废水超低排放、半水-二水法/半水法湿法磷酸制备、膜极距离子膜制备、热解球团制电石制备等先进技术。加强中低品位磷矿、磷矿伴生资源、磷石膏等废弃资源综合利用。大力发展中微量元素复合肥、缓（控）释肥、水溶肥（液体肥）等新型肥料，绿色农药及制剂、绿色涂料、绿色染料、绿色轮胎、绿色胶黏剂等环保型产品。推进无机盐行业清洁化改造，加快液相碱溶氧化电解生产重铬酸钠、盐湖卤水高效低成本提锂等技术推广应用。

（三）加快核心技术和成套装备开发

聚焦新能源、化工新材料、绿色化学和循环经济、现代煤化工、农业化学品、生命科学等重点领域，开发一批处于全球领先水平、具有自主知识产权的核心技术。加快千万吨级炼油、150万吨级乙烯、百万吨级芳烃、大型半废锅及全废锅煤气化炉、百万吨级甲醇与合成氨等的成套装备开发，推进与之配套的反应器、合成塔、压缩机、控制系统等专有设备国产化。加快工业机器人、智能输送线等装备及控制系统研发和应用。

（四）加快实施智能化改造

推进智能工厂建设，将新一代信息技术与石化生产进行深度融合，打造石化与化工行业大数据分析平台，提升研发设计、生产运营、远程运维、供应链管理等方面的智能化水平。打造数字化生产环境，实现从现场设备层向上贯穿过程控制层、生产执行层、经营管理层的数据贯通和集成，实现生产经营全流程与全生命周期的信息快速获取与感知。推进智慧园区建设，运用信息化手段提升园区本质安全与环境保障水平，加强应急处置和循环经济能力建设，促进能源管理和高效物流服务。

医药行业解读材料

中国医药企业管理协会

一、编制依据

医药行业是关系国计民生、经济发展和国家安全的战略性产业，是建设健康中国的重要基础，为疫情防控和经济平稳发展作出重要贡献。当前我国产业发展的内外部环境发生深刻变化，世界百年未有之大变局加速演进，经济全球化和产业格局面临调整，新一轮技术变革和跨界融合加快，同时人均预期寿命不断增长，居民健康消费升级，这些因素对我国医药行业发展提出了更高要求。

为贯彻落实党的二十大精神，以习近平新时代中国特色社会主义思想为指导，按照国家"十四五"规划、《"十四五"医药工业发展规划》、《"十四五"国家药品安全及促进高质量发展规划》、《"十四五"生物经济发展规划》等有关规划的最新要求，中国医药企业管理协会组织编写了《工业企业技术改造升级投资指南（2023年版）》中的医药行业部分。该部分内容与上述"十四五"规划的重点领域和主要任务进行了全方位对接，突出了发展重点，聚焦了创新亮点，体现了制造强国目标，以期全面提高医药产业链现代化水平，为建设健康中国提供坚实保障。

二、作用和意义

《投资指南》医药行业部分明确的"十四五"时期医药企业技术改造升级投资重点涵盖医药生产、医疗服务等产业链上下游的各个领域，对于指导企业创新驱动发展、深化供给侧结构性改革、保障产业链稳定可控、帮助地方部门科学管理、引导市场理性投融资，都将产生积极的影响和重要的作用。

一是有利于指导企业创新驱动发展。《投资指南》医药行业部分提出了化学药、生物药、中药、医疗设备等领域的新技术、新产品、新业态，方向明确、分类细致、前瞻性强，对医药企业技术创新的指导作用显著。

二是有利于深化供给侧结构性改革。《投资指南》医药行业部分明确了化学药、生物药、中药、医疗设备、医药新材料等领域的质量提升方向，指导企业提升产品先进性和设备稳定性，加快满足重大疾病、突发传染病、罕见病防治等临床用药需求。

三是有利于保障产业链稳定可控。《投资指南》医药行业部分梳理了医药工业产业链上游的基础薄弱环节，指导全行业在基础零部件、基础材料、基础工业软件、基础公共服务平台方面，加快基础能力建设与配套，保障产业安全和产品稳定供应。

四是有利于帮助地方部门科学管理。《投资指南》医药行业部分支持智能制造、绿色制造，明确了智慧工厂建设、数字化改造、绿色生产线建设、安全生产等方面的重点内容，将为行业和地方主管部门科学管理及强化服务提供参考。

五是有利于引导市场理性投融资。《投资指南》医药行业部分将会引导社会资金等要素投向，激发资本对接市场需求，增强技术改造升级的动力，提升医药行业整体生产技术和装备水平，形成科技、资本、产业良性循环发展的局面。

加快医药企业技术改造升级，既是当务之急，更是长远大计。其是推动医药产业迈向中高端、形成竞争新优势的必由之路，是提质增效、改善供给和扩大需求的重要举措。聚焦医药重点领域，发挥指南引导和企业主体作用，以市场为导向，以提高质量效益为目标，启动实施一批重大技改升级工程，有效降低企业生产经营成本，必将推动医药行业持续健康发展。

三、医药行业发展的重点和亮点

自 2019 版指南发布以来，医药行业取得长足发展。规模效益快速增长，营业收入达到 3.3 万亿元。研发创新能力和水平不断提升，全行业年研发投入近 2000 亿元。产业技术稳步升级，质量标准逐步与国际接轨，国际化步伐加快。但也存在一些问题，如原始创新能力不强、产品质量稳定性较差、产业链上下游存在短板等。新版《投资指南》聚焦新形势、新问题，经过多次讨论完善，重点支持以下内容。

（一）强化工业基础能力，发展基础零部件、基础材料，搭建医药产业技术基础公共服务平台

在基础零部件方面，重点发展大容量 X 射线管、新型 X 射线光子探测器、超声诊断单晶探头、面阵探头、血管或内窥镜检测用微型高频超声探头、CT 探测器、大容量 CT 球管等。在基础材料方面，重点发展可降解血管支架材料、透析材料、医用级高分子材料、动物细胞无血清培养基、生物药新型载体、佐剂、稳定剂和保护剂等新型药用辅料。产业技术基础公共服务平台主要聚焦创新药物发现、化学药物先进制备、古代经典名方复方制剂生产、新型抗体构建等产业发展共性关键技术，整合各方研发力量和资源，实现重点技术突破；主要支持缓释与控释、脂质体、纳米微球、靶向微丸、黏膜及肺部给药、经皮给药等新剂型、新疗效、新释药系统的高端制剂及用于高端制剂的药用辅料、新型包装系统等的开发，以及联合疫苗、治疗性疫苗、ADC 药物、新型抗体药物等生物技术新药和生物类似药大品种开发。此外，建设医药研发数据和公共资源平台，整合疾病临床信息数据库、生物样本库、药用化合物库、中药化学成分库、药物杂质标准品库、药包材添加剂数据库，实现数据和资源开放共享，为全行业医药研发提供服务。

（二）提升生物药、化学药、中药、医疗设备和医药新材料等产品质量水平

1. 生物药领域。 开发用于难治疾病、用于紧急预防和治疗感染性疾病的抗体药物，如国内市场紧缺的凝血因子Ⅷ、抗巨细胞病毒免疫球蛋白等产品。加快针对重大或新发传染病预防和治疗的新疫苗开发。发展针对新靶点、新适应证的嵌合抗原受体 T 细胞（CAR-T）、嵌合抗原受体 NK 细胞（CAR-NK）等免疫细胞治疗、干细胞治疗、基因治疗产品和特异性免疫球蛋白等。

2. 化学药领域。 开发抗病毒、抗多药耐药菌、抗耐药结核杆菌等新型抗感染药物，高发性肿瘤疾病用毒副作用小、临床疗效高的靶向、高选择性抗肿瘤药，

基于反义寡核苷酸、小干扰 RNA、蛋白降解技术（PROTAC）等新型技术的药物，以及短缺药、罕见病药和儿童药。

3. 中药领域。围绕重大疾病及中医药治疗优势病种，开展古代经典名方复方制剂和确有临床疗效的中药新品种，以及具有民族医药理论特点、资源特色和治疗优势的民族药新药的研发和生产。针对重大疾病，利用我国特色天然药物资源，开发一批有效成分明确、作用机理清楚、剂型先进的中药有效成分或有效部位新药。

4. 医疗设备领域。实施国家医疗器械标准提高行动计划，提升医疗设备的稳定性和可靠性。促进数字化 X 射线机、多层螺旋 CT 机、超导磁共振成像系统、核医学影像设备、超声成像设备、体外膜肺氧合机（ECMO）等核心部件和整机生产能力提升。开发数字化、智能化的新型体外诊断系统，以及具有应急救治、生命支持、保健康复等功能的医疗器械。

5. 医药新材料领域。加强药用辅料和直接接触药品的包装材料和容器的标准体系建设。推动仿生医学、再生医学和组织工程与生物技术的融合，促进新型高生物相容性医用材料的研制和产业化。开发支架瓣膜、心室辅助装置、颅骨材料、神经刺激器、人工关节和脊柱、运动医学软组织固定系统、人工晶体等高端植入/介入产品。

（三）贯彻国家智能制造标准体系要求，通过新一代信息技术与先进制造技术深度融合，建设医药行业智能场景、智能车间、智能工厂和智慧供应链

一是支持提高制药装备的数字化、自动化、智能化水平。发展生物药生产所用的生物反应器及控制系统、蛋白分离纯化系统；化学原料药生产所用的发酵罐搅拌和控制系统、先进结晶罐、连续反应设备、核酸合成仪；制剂生产所用的符合欧美质量要求的造粒、包衣、压片、胶囊充填设备，口服固体制剂连续生产设备，流化床包衣设备，塑料"吹灌封"设备，透片贴剂、粉雾剂、膜剂等新型制剂生产设备。

二是支持人工智能、云计算、大数据等技术在药物研发领域的应用。通过对生物学数据挖掘分析、模拟计算，提升新靶点和新药物的发现效率。在实验动物模型构建、药物设计、药理药效研究、临床试验、数据分析等环节，加强信息技术应用，缩短研发周期，降低研发成本。

三是提高生产过程自动化和信息化水平。支持企业在工厂设计、生产制造、物流仓储、经营管理等各个环节应用数字化手段，全方位提高质量控制水平和运营效率。建立生产质量信息实时监控系统，应用基于过程分析技术（PAT）的智能化控制系统，有效保证产品质量稳定。建立集中式公用工程自控系统，降低能耗，提升生产效率。

四是发展智能制造新模式。建设定制研发生产（CDMO）智能工厂，通过数字化体系建设，实现生产柔性化、透明化、质量可追溯，更好满足委托方对生产过程管理的要求。

五是建设医药行业工业互联网。引导建立基于工业互联网平台的产品全生命周期管理系统，实现医药产品可识别、可追溯，保证药品安全。

（四）提升绿色制造和安全生产水平

在绿色制造方面，支持制药生产过程清洁工艺和设备应用，促进酶法生物转化工艺的各种酶的生产，开发应用抗生素菌渣无害化处理技术；采用新型技术和装备改造提升传统生产过程，开发和应用连续合成、生物转化等绿色化学技术，加强生产过程自动化、密闭化改造；以厂房集约化、生产洁净化、废物资源化、能源低碳化为目标，打造一批低排放绿色工厂。在安全生产方面，支持企业完善环境、健康、安全（EHS）管理体系，提升 EHS 相关硬件和软件能力，最大限度减少环境污染、安全事故和职业病发生，培育履行社会责任、以人为本、可持续发展的企业文化；加强生物安全管理，强化药物研发、生产等环节的生物安全风险防控能力建设，推动重点领域企业建立生物安全管理体系。

轻工行业解读材料

中国轻工业联合会

一、编制依据

《工业企业技术改造升级投资指南（2023年版）》中的轻工行业部分，是依据工业和信息化部等五部门联合发布的《关于推动轻工业高质量发展的指导意见》及中国轻工业联合会制定的《轻工业"十四五"高质量发展指导意见（2021—2025年）》《轻工业技术进步"十四五"发展指导意见》《轻工装备技术进步"十四五"发展指导意见》《食品工业技术进步"十四五"发展指导意见》等文件的具体要求和相关精神进行编制的。

二、作用和意义

轻工行业90%以上的固定资产投资属于社会或民间投资。技术改造是轻工行业的重要投资方向之一，在带动社会投资尤其是民间投资中发挥了重要的引领和示范作用，极大地促进了行业的创新发展。通过大力推进数字化、网络化和智能化改造，家电、食品、五金、制鞋、缝制机械等行业装备自主化、智能化水平不断提高，智能制造技术取得重大突破。

《投资指南》的发布将指导我国轻工业向创新、绿色、智慧方向转型升级，引导企业技术改造投资方向，推动轻工业技术和装备进步，更有利于加快制造业与服务业协同发展，引导社会投资发展方向，指导金融业服务轻工业发展，推动我国轻工业整体迈向中高端，由轻工大国向轻工强国迈进。

三、轻工行业发展的重点和亮点

轻工业是制造业的重要组成部分，关乎人们的衣食住行，是我国国民经济的传统优势产业，具有较强的国际竞争力，是市场覆盖最广的民生消费品行业，承担着满足消费、稳定出口、扩大就业、服务"三农"的重要任务，在经济和社会发展中发挥着举足轻重的作用。2022年，轻工行业规模以上企业实现营业收入24万亿元，同比增长5.4%；实现利润1.53万亿元，同比增长8.2%。轻工商品累计出口9535.4亿美元，占全国出口总额的26.5%，同比增长4.2%。规模以上企业营业收入利润率为6.19%，同比提高0.19个百分点；农副食品加工和食品制造业投资继续保持较快增长，增速分别为15.9%和14.9%。经过多年发展，我国轻工产品不仅在数量上基本满足了消费需求，在品质上也有了大幅跃升。我国轻工产品在世界贸易量中的比重为：小家电占80%，空调器、微波炉、羽绒服占70%，自行车占65%，日用陶瓷占60%，电冰箱、鞋占50%，洗衣机占45%。文体用品、陶瓷、玻璃、工艺美术、乐器、文房四宝等行业产品频繁出现在我国举办的北京奥运会残奥会、上海世博会、G20、APEC等国际活动中，向世界展现了中国轻工中高端产品的风采。在应对国际贸易摩擦方面，造纸、自行车、饮料、电池、陶瓷、皮革、家具、家电、化妆品等行业取得了积极成效，在国际市场的竞争水平有了长足的提高。

《投资指南》轻工行业部分指出了轻工业基础能力（含基础零部件、基础材料、基础工艺、工业软件和产业技术基础公共服务平台）提升的主要方向，强调了轻工重点行业质量提升的重点任务、轻工业技术改造的总体方向，提出了培育发展新兴产业的路径和措施，加大了对传统产业的智能制造改造升级力度，聚焦绿色制造、安全生产和服务型制造及技术改造服务体系等方面，致力于解决行业创新能力、产品质量、工业基础等一系列阶段性的突出矛盾和问题。

（一）聚焦科技自强，领航创新轻工

坚持创新在轻工业现代化建设中的核心地位，把科技自立自强作为轻工业发展的战略支撑。加强科技创新平台建设，整合行业优势资源，重点建设150家中国轻工业重点实验室、150家中国轻工业工程技术研究中心，形成比较完善的公共科技资源共享和服务体系。针对轻工行业关键技术方面存在的薄弱环节和瓶颈制约，梳理"卡脖子"技术短板，加强核心技术攻关，加快研究实施关键核心零部件、技术的可替代性措施，进一步提升基础能力建设，采取产学研结合模式，

统筹组织突破一批制约轻工重点行业发展的"四基"项目。针对轻工重点行业关键装备依赖进口的现状，以关键技术、设备和重点项目为突破口，集中力量开发造纸、食品、塑料、皮革、制鞋、电冰箱等行业高端专用装备，提高重点装备自主化水平。以信息技术、生物技术、新能源为支撑带动轻工新兴产业发展。突破一批核心技术，并实现产业化应用，带动轻工业基础能力建设的全面提升。

（二）锚定数字转型，推动智慧轻工

贯彻国家数字化战略，持续推动两化贯标，提升智能制造水平。加大轻工产品追溯标准制定及平台建设，推动酒、盐、糖、肉、乳品产品的质量安全追溯。支持企业电商平台发展，搭建工业互联网公共服务平台，为中小企业转型提供低成本、简便、快捷的数字化服务。组织企业跨界融合，推动智能家居产业快速发展，全面建设"智慧轻工"。近年来，轻工业各领域加速推进数字化转型，轻工业数字化研发设计工具普及率、电子商务普及率稳步提高，网络化协同、服务型制造、个性化定制的轻工企业比例持续提升，数字经济动能强劲。

轻工重点行业要积极参与本行业工业机器人等智能制造装备和智能化生产线的关键核心技术研发、设计和制造；加大智能制造方向的技术改造力度和投入，在造纸、缝制机械、食品、酿酒、家电、皮革、塑料、洗涤用品、五金等行业推进智能制造试点示范。在造纸、家电、轻工机械、文教体育等行业推进两化融合，推动轻工制造业向数字化、网络化、智能化发展。加快传统家居产业转型升级，全面推动互联网、大数据、人工智能技术在家电等产品上的应用。加快基于物联网的智能家居集成技术，以智能互联为抓手，促进家电、家居、五金、照明等产业跨界融合发展，形成智慧家居用品产业，实现产品智能感知、智能交互、智能网络服务等功能。大力推进制造过程的智能化，从产品的设计智能化、关键工序智能化、供应链优化管控等方面推进轻工重点行业智能制造单元、智能生产线、智能生产车间和智能工厂的建设。

（三）落实"双碳"目标，创建绿色轻工

推动行业绿色制造改造升级，提升绿色设计水平，进一步提高产品可回收性和可再生利用率。在皮革、玻璃、电池、造纸、塑料、家电等行业完善科学规范

的回收处理体系。在制鞋、油墨、人造革合成革、家具等行业，推广低挥发性有机溶剂工艺，削减挥发性有机化合物排放。发布《轻工行业重点领域碳达峰实施方案》，推进能源消耗量较大的行业向低碳转型，支持企业率先达到碳排放峰值。引导企业采用新技术、新工艺、新装备提升绿色制造水平，推进造纸、食品等行业向绿色健康低污染负荷方向发展，家电、家具、五金、照明电器等行业向节能、环保、智能方向发展，玩具、文教用品行业向生态设计发展。加快绿色设计产品、绿色工厂评价要求和节水规范等绿色制造相关标准的立项和制定实施。

（四）深入实施"三品"战略，打造时尚轻工

消费品工业"三品"战略实施以来，轻工消费品品种丰富度、品牌认可度、品质满意度正在大幅提升，呈现出多层次、多元化的升级新趋势。农副食品、酒和饮料等快速消费品，向安全、品质、绿色、健康发展的趋势更加明显；家电、家具等耐用消费品，向创新、智能、美观、时尚发展的趋势更加明显；玩具、文教用品、健身器材等文娱用品，向先进设计、多元集成、智能互联发展的趋势更加明显。

为更好满足人民美好生活需要，要进一步深化实施"三品"战略，鼓励企业通过技术改造追求卓越品质，注重工业设计，形成具有自主知识产权的名牌产品，不断提升企业品牌价值和"中国制造"整体形象，在家电、五金、化妆品等行业培育一批高端品牌，推动中国产品向中国品牌转变，推动我国轻工产品整体迈向中高端。

（五）与现代服务业深度融合，加快建设轻工强国

加快制造业与服务业的协同发展，推动商业模式创新和业态创新，推进创意设计与轻工制造业融合发展。鼓励将互联网大数据服务融入轻工业管理与服务体系，建立社会化、专业化、信息化的现代物流服务体系，降低物流成本。鼓励轻工企业开展个性化定制、网络协同制造、信息增值等服务，探索柔性化生产等服务型制造新模式。强化服务型制造试点示范的引领作用，针对企业、行业、地区等不同主体，在现有优势基础上先行探索经验，重点开展轻工业改造提升试点示范，同时在个性化定制、工业设计、供应链管理、公共服务平台建设、标准培育

等方面推进一批试点示范，为推广实施轻工业改造提升树立典型。

综上所述，《投资指南》是引导工业企业技术改造升级的重要依据。《投资指南》的发布将促进轻工传统产业的转型升级，为贯彻国家发展战略，全力推动行业高质量发展提供更好支持，更为实现轻工强国梦想提供强劲动力。

纺织行业解读材料

中国纺织工业联合会

一、编制依据

近年来，我国纺织行业面临的外部形势更趋复杂严峻，市场需求疲软、大宗原料价格高位、贸易环境风险上升等一系列不确定不稳定因素持续考验行业发展韧性。加强技术改造升级投入，通过提高技术装备水平，不断改善生产效率、提升产出品质，是纺织行业加快推动高质量发展的重要任务内容，也是纺织行业有效应对复杂发展形势、努力保持平稳健康发展的重要途径。

党的二十大报告指出，要"建设现代化产业体系""推动制造业高端化、智能化、绿色化发展""巩固优势产业领先地位""推动现代服务业同先进制造业深度融合"，为纺织行业进一步优化技术改造投资结构、深入推动产业升级发展指明方向。为全面贯彻落实党的二十大精神，依据国家"十四五"规划中关于加快发展现代化产业体系、深入实施制造强国战略、加强产业基础能力建设、提升产业链供应链现代化水平、推动制造业优化升级等战略部署，以《纺织行业"十四五"发展纲要》《纺织行业"十四五"科技发展指导意见》等行业指导文件为基础，结合纺织行业现阶段市场需求趋势，特编制《工业企业技术改造升级投资指南（2023年版）》纺织行业部分。

二、作用和意义

根据《纺织行业"十四五"发展纲要》，到"十三五"末期，我国已基本实现建成纺织强国的发展目标，"十四五"时期将在此基础上，进一步推进以"科技、时尚、绿色"为特点的高质量发展。新时期，在规模长期位居世界首位的产业基础之上，纺织行业的规模增长速度将显著放缓，行业将进入以存量产能高水平优化升级为主的发展阶段，行业投资将主要集中于推动技术改造，促进全产业链实现智能化、绿色化、高端化升级，同时着力在少数产业链技术短板环节取得突破。

《投资指南》纺织行业部分是指引纺织企业优化技术改造升级投资方向的重要引导性文件，一方面可以发挥引导企业锻长补短、有效扩大优质投资的作用，鼓励广大纺织企业通过扩大投入，推进产业链上下游协同加强产品开发及新技术装备应用，加快突破现有技术瓶颈，补齐技术短板，同时进一步强化纺织新材料、智能制造及绿色制造等重点领域基础能力，确保关键核心技术达到国际先进水平，有效推动产业结构调整和转型升级，加快高质量发展。另一方面，也能为各级地方政府部门加强投资管理和引导提供依据，为企业投资决策提供参考，避免低效重复投资，有利于社会精准投资、金融精准支持，助力纺织全产业链高质量发展。

三、纺织行业发展的重点和亮点

新版《投资指南》与 2019 年版指南相比，在纺织行业部分最大的变化是，立足纺织行业在新时期的高质量发展重点领域，对投资内容进行了重新梳理和调整，突出体现新时期纺织行业建设现代化产业体系、加快推进产业基础高级化和产业链现代化的投资需求和导向。

从内容上看，主要围绕加快突破高性能纤维领域的尖端技术空白，强化高端纺织装备专用基础件制造能力，推动纺织技术装备柔性化、高端化、智能化、绿色化升级，引导行业优化投资结构，着力补齐产业链技术短板，强化长项优势。同时，结合新时期技术升级特征，促进纺织制造产业链与现代数字化技术深度融合，推动纺织行业加快服务化转型升级，实现制造业与消费终端的有效链接，同时通过投资驱动模式更新，不断提升综合竞争力。

从具体投资领域上看，投资方向主要围绕以下四大重点领域。

（一）纤维新材料

与 2019 版指南相比，新版《投资指南》纺织行业部分重点强调发展更高性能的纤维新材料，例如 T1100 级、M65J 级等具有更高强度、模量指标的碳纤维已进入我国纺织行业投资视线；同时，高性能纤维材料领域更强调扩大低成本、高品质制备技术投入，解决产品高成本、高价格影响下游企业应用开发的问题，努力推动高性能纤维材料扩大应用领域，形成纺织产业链高端化发展新动力。

在功能性、差别化纤维材料领域，《投资指南》纺织行业部分强调结合纺织产业链中下游产品开发需求，鼓励在具有更好舒适性、高保型等服用性能，以及在具备保健、环保等功能的纤维材料领域扩大优质投资。

此外，在化纤成套装备的关键基础件、组件领域，我国还存在一些短板，如喷丝板、高速卷绕头，以及碳纤维宽幅预氧化炉、高低温碳化炉等，或与国际先进水平仍有差距，或尚未突破国外技术垄断，相关纺织企业仍需加大投资，努力实现产业化技术突破，补齐产业链短板。

（二）先进纺织品

先进纺织品领域的投资重点主要结合国民经济和社会发展新需求及内需消费升级新动向提出，重点是满足国民经济有关部门对功能化、轻量化材料及产品的应用需要，以及国内市场更趋多元化、个性化、功能化的消费需求。产业用纺织品的投资重点主要集中在具有病毒防护功能的医用纺织产品、具有特种防护功能的安全防护用产品、用于新基建的新型结构增强材料及土工建筑用纺织品等领域。服用及家用产品领域的投资重点主要包括更好满足个性化消费需求的大规模定制技术，大健康、生态化等具有更多元功能的产品，以及具有感知调节等功能的智能化纺织品。

（三）绿色制造

纺织绿色制造领域的投资重点，一是继续鼓励企业扩大全产业链清洁生产技术的应用，包括再生纤维素纤维环保加工关键技术、节能少水印染加工技术、印染废水分质分流及回用技术等。二是从全面提升纺织全产业链绿色发展能力角度，鼓励纺织企业自主开发或与上游化工企业合作投资开发绿色纺织化学品，包括染料、助剂、油剂、催化剂、母粒等，尽快突破纺织行业绿色发展瓶颈制约。三是加强废旧纤维制品循环利用。在固体废旧纺织品数量逐渐增多的背景下，鼓励企业在废旧聚酯瓶片、纯纺废旧纺织品等为原料的相对成熟的化学法回收技术上进一步扩大投入，建立起回收及循环利用体系。

（四）智能制造与装备领域

近年来，纺织行业在纺纱、化纤长丝、筒子纱染色等领域的智能化生产线（车间）已较为成熟，具备了扩大产业化投资应用的条件；印染、针织、非织造布、服装及家纺智能化生产线已取得较好进展，但仍有一些关键环节需要进一步突破，因此鼓励企业继续扩大投入。一些智能化关键单机台，如喷气涡流纺纱机、自动穿经机、高速数字化针刺机等也是现阶段投资重点。同时，鼓励纺织企业在智能化生产管控软件、工业机器人、工业互联网等智能制造基础领域扩大投资，促进智能制造水平整体升级，拓展创新应用场景。

四、其他说明

《投资指南》纺织行业部分所列的一部分技术和装备已处于产业化成熟应用阶段，有一部分仍处于产业化攻关研发阶段，将这两类技术和装备同时列入本版指南，目的是鼓励企业多角度扩大创新发展投入，兼顾存量产能的改造和全产业链的技术升级，更好达到有效补齐产业链短板、巩固长项优势的效果，提升产业发展基础与产业体系现代化水平。

纺织行业产业链条长、产品门类多，因此，在《投资指南》中未能对所有鼓励投入的技术、装备和产品做到细致描述，对有些领域特别是产业用纺织品仅做了方向性的描述，如果各级地方政府部门在应用过程中对鼓励投入的产品及装备技术性能基础要求有需要探讨之处，或者企业在实际应用中有不确定之处，均可与行业协会进行沟通。

《投资指南》纺织行业部分所列的一些技术、产品在国民经济行业分类中不属于纺织行业，是纺织行业配套产品，如化纤单体、助剂、母粒、催化剂、油剂等严格来说属于化工行业产品，但这些产品与纺织产业链的技术升级发展具有重要关联性，现阶段很多纵向一体化发展的大型纺织企业主营业务也涉及这类产品及技术，故为了提高技改投资项目的可行性与连贯性，将这些产品同时纳入纺织行业投资重点。

工业企业技术改造升级

典型案例汇编

第一部分

地方工业和信息化主管部门篇

黑龙江省促进企业技术改造工作情况

黑龙江省工业和信息化厅

黑龙江省聚焦重点发展的战略性新兴产业和传统优势产业，将技术改造作为产业提质增效扩能的基础路径，以高端化、数字化、绿色化、服务化、安全化改造为主攻方向，推动企业采用新技术、新工艺、新设备、新模式实施技术改造，推动全省制造业从中低端向中高端迈进。2022年上半年，技术改造投资同比增长57.1%，为历史同期最高水平，增速位列全国第2。

一、黑龙江省促进企业技术改造的做法

（一）实施高端化改造

一是推进产业基础高端化。围绕核心基础零部件、基础电子元器件、关键基础软件、关键基础材料、先进基础工艺、产业技术基础（"六基"），组织实施一批产业化工程化项目，提升产业基础高级化水平。**二是推进产品高端化**。加快推动首台（套）产品、首批次材料、首版次软件，实施增品种、提品质、创品牌"三品"战略，加快开发一批中高档新产品，推动产品向价值链高端跃升。**三是推进装备高端化**。依托黑龙江省装备制造行业龙头骨干企业，联合省内外重点高校、科研院所等优势科研力量，加快研发服务于制造业的高端工业母机及先进技术装备。

（二）实施数字化改造

一是加快研发设计数字化改造。利用数字孪生、增材制造、大数据、人工智能等技术，提高企业研发能力、质量和效率。强化工业设计赋能，推广设计成果在各环节的示范应用。**二是加快生产制造数字化改造**。加快应用智能装备提升生产过程数字化水平，建设工厂级的工业互联网和数据中心。开展数字化车间、智能示范工厂，实现制造技术突破、工艺创新、场景集成和业务流程再造。**三是加快运营管理数字化改造**。推动对工业现场"哑设备"的网络互联能力改造，引导

中小企业设备上云、管理上云、服务上云、数据上云，提升企业数字化运营管理能力。

（三）实施绿色化改造

一是**强化节能降碳改造**。组织实施重点领域工业节能降碳行动，建设省级绿色工厂，稳妥有序分类推进钢铁、有色金属、建材、化工等重点行业碳达峰，力争工业在全省各领域率先碳达峰。二是**强化污染物源头治理改造**。鼓励企业采用先进清洁生产技术实施改造，从源头减少和避免污染物的产生和排放。提升清洁生产能力，加快重点行业有毒有害原料（产品）替代品的推广应用。三是**强化工业废弃物循环利用改造**，发展资源综合利用产业，促进工业固废深度资源化利用，加快再生资源综合利用试点示范项目建设。

（四）实施服务化改造

一是**发展服务型制造新模式**。围绕网络协同制造、个性化规模定制、智能化生产、远程运维服务等服务型制造新模式开展改造，提升企业"制造+服务"能力。二是**建设服务型制造平台**。聚焦制造业与服务业深度融合，推动建设面向服务型制造的专业服务平台、综合服务平台和共性技术平台，健全服务型制造公共服务体系。三是**培育系统解决方案供应商**。推动生产性服务业向专业化和价值链高端延伸，梳理一批服务型制造典型场景，培育一批掌握核心技术的应用服务供应商。

（五）实施安全化改造

一是**推动"工业互联网+安全生产"**。依托全省大数据中心，建设"工业互联网+安全生产"行业分中心和数据支撑平台，加快软件和信息技术服务业发展工业设备安全软件研发和应用。二是**推动安全生产水平提升**。严格落实国家、省产业政策和相关准入条件，引导和支持重点行业企业建立产业管理、安全、环保、应急救援和公共服务一体化信息管理平台。三是**推动应急处置水平提升**。支持制造业企业建立事故应急救援系统，建设应急指挥平台，定期开展重大事故应急演练。引导企业建立安全生产案例库、应急演练情景库、应急救援队伍库和应急救援物资库，提升企业应急处置能力。

二、黑龙江省促进企业技术改造的成效

（一）技术改造投资快速增长

2022年上半年，技改投资增幅高于全国工业投资43.2个百分点，高于全社会固定资产投资（不含农户）50.2个百分点，高于全省工业投资32.6个百分点，高于东三省平均水平29.5个百分点。

（二）重点行业技改投资快速增长

2022年上半年，装备工业、石化工业、能源工业、冶金工业、医药工业、建材工业、食品工业技改投资实现增长，增幅分别为117.7%、82%、78.4%、74%、69%、49.8%、22.3%。

（三）民营企业技术改造贡献突出

地方企业技术改造贡献较大，2022年上半年，地方工业企业技术改造投资实现同比增长60.1%，高于全省技术改造投资3个百分点；中央工业企业技术改造投资同比增长22.4%，低于全省技术改造投资34.7个百分点。

（四）重大项目加速集聚

2022年上半年，全省投资500万元以上工业技术改造项目数同比增长45%，投资亿元以上技改项目数同比增长71.4%，完成投资同比增长66.9%；技改新开工项目数同比增长75%，完成投资同比增长42%；技改投产项目数同比增长13.6%，完成投资同比增长79.2%，其中：投资5000万元以上技改投产项目数同比增长40%，完成投资同比增长142.2%。

上海市促进企业技术改造工作情况

上海市经济和信息化委员会

近年来上海市按照国务院关于加强企业技术改造工作的总体要求，把技术改造作为调结构促转型、稳定工业投资的重要抓手，加大技术改造推进力度。技术改造投资占工业投资比重逐年上升，2021 年达 65%，有力拉动工业投资同比增长 8.2%，创历史新高。

一、上海市促进企业技术改造的做法

（一）完善顶层政策设计

一是加强战略定位。在《深入推进技术改造 巩固提升实体经济能级三年行动计划》基础上，结合新动能新赛道发展机遇，正式启动编制新一轮三年行动计划，通过打造"技改焕新计划"升级版，持续强化高端产业引领功能，进一步赋能工厂生产制造，为建设"全球卓越制造基地"提供有力支撑。**二是推进精准施策**。大幅提高政策支持效率。2020—2022 年，技改专项采取前补助与后补助相结合方式，对重点项目采取前补助方式。市级推进的重点项目占 40%，总投资占 80%，专项政策聚焦及示范效应不断显现。

（二）持续推动政策创新

聚焦重点产业关键环节，建立差别化支持政策。**一是动态更新支持目录**。结合产业发展实际，围绕集成电路、人工智能、生物医药三大先导产业及战略性新兴产业，瞄准价值链高端环节，编制年度重点技术改造支持目录，2020—2022 年，市区两级累计集中支持 500 项重大技改项目，不断扩大有效投资。**二是聚焦支持三类模式**。聚焦智能改造提升、服务制造转型、绿色安全升级三类改造，对面上技改项目进行针对性支持。另外结合疫情因素，将"智能工厂"作为产业数字化改造的重要发力点进行重点支持，发布《上海市建设 100+智能工厂专项行动方案》，持续推进智能工厂建设，全面推进重点行业数字化、网络化、智能化升级，通过研发、设计、仓储、运维等环节的"全流程改造"，带动相关软硬件投入，加快全市企业智能化改造步伐。

（三）强化项目主动策划

主要体现"两个高质量"，即"高质量组织、高质量推进"，对重点领域、重点项目提前介入、提前组织，为不同项目制订差别化推进方案。**一是加强组织策划**。对重点领域、投资亿元以上的重大技改项目，安排项目专员进行一对一跟踪辅导，做好项目前期的组织策划。**二是支持重点技改项目**。对各区和重点产业园区推荐的重点招商引资项目、列入市经信委与市住建委发布的"两个一批"清单项目，密切跟踪服务并优先支持。**三是加强稳增长稳外贸工作**。按照市政府办公厅关于进一步做好工业稳增长、稳外贸工作的要求，对重点保障稳定供应链技改项目、受中美贸易摩擦影响的企业技改项目实施差别化政策。

（四）全方位加强项目服务

一是建立专班推进机制。特大技改项目市级成立项目推进专班，10亿元级项目由市经信委会同各重点区域每季度召开专班协调推进，亿元级项目由各区产业主管部门建立专班负责推进。**二是建立市重大工程协调机制**。对列入市重大工程建设的47个优质产业技改项目，试行土地、绿地、林地等相关指标跨年度统筹平衡，建立多部门联合高效推进模式。**三是建立"两个一批"机制**。联合市住建委等，定期发布确保"开工一批"和确保"竣工验收一批"技改项目清单，加强与各相关部门沟通，高效协调推进项目进度。**四是建立技术改造服务体系**。市区两级涵盖政策咨询、行政审批、专项资金、投融资管理等多项服务，不断加大政策宣传。2020—2022年，市区两级共举行技术改造、投资管理等宣讲会超100场，以调研形式实地走访企业超500家。

（五）全力保障投资要素

一是保障好技改项目土地供应。会同市规资局，加快土地出让和控规调整，支持园区滚动收储、及时供地，做到"地等项目""房等项目"。二是加快技改项

目环评审批。会同市生态环境局，对需要开展环境影响评价的重大技术改造项目做好服务，对于工艺流程复杂项目建立一对一机制，主动提前介入，指导编制环评文件，持续提升服务质量。**三是完善产融合作体系**。搭建由市经信委、银监局、证监局、保监局等单位组成的"上海金融支持制造强国建设"工作协调机制，推动国家先进制造业基金与技术改造项目对接。

二、上海市促进企业技术改造的成效

（一）有力拉动工业投资

近年来上海大力开展"六化"改造，充分发挥技改周期短、见效快的特点，有力支持了本市工业稳增长稳投资工作。技术改造投资占工业投资比重逐年上升，2021年达65%，有力拉动工业投资同比增长8.2%，创历史新高；规上工业增加值同比增长11%，突破万亿元规模。

（二）加快产业提质增效

技术改造通过优化生产和改善产品结构，不断提升企业核心竞争力和市场效益，产业全方位改造升级不断加快。从100个重点监测的技改项目来看，改造后平均销售收入较改造前增长1.7倍，利润增长2.4倍。智能化改造加快企业向智能工厂迈进，企业平均生产效率提升30%以上，成本平均降低30%。

（三）强力支撑疫情防控

技术改造政策机制活，见效快，通过实施技术改造，精准对接疫情催生的产业新需求。保障应急生产任务，在应急技改政策推动下，全市重点防疫物资产能快速提升，2020年2—3月期间，口罩产能从疫前40万只/天提升到730万只/天，防护服和隔离衣产能分别由0提升到2.6万件/天、7.9万件/天。

江苏省促进企业技术改造工作情况

江苏省工业和信息化厅

江苏省按照党中央国务院关于加强技术改造工作的部署要求，坚持将技术改造作为调结构、促转型、稳增长的重要抓手，积极引导和支持企业开展大规模技术改造，为促进工业投资稳中有进、投资结构持续优化发挥了重要作用，为产业转型升级发展打下了坚实基础。

一、江苏省促进企业技术改造的做法

（一）以智能制造赋能制造业高质量发展

一是加强顶层谋划设计。 围绕推进智能制造，着力加强顶层设计和目标规划，细化重点任务和政策举措，编制发布《江苏省制造业智能化改造和数字化转型三年行动计划（2022—2024年）》等政策文件，进一步细化明确重点任务和工作举措。**二是开展智能车间建设。** 从引导企业建设智能车间"破题"，针对不同行业、不同生产流程特点设定不同的评价标准，组织编制分行业智能车间建设指南，在苏州、南通等地召开智能车间现场推进会，鼓励引导企业应用自动化、智能化装备和对系统、软件进行智能化改造。截至2021年底，全省累计建成省级智能车间1639家。**三是全力推动智能制造。** 积极开展智能工厂建设试点，以"设施高度互联、系统高度互通、数据高度互享、业态高度互融"为创建理念，引导企业建设覆盖生产全流程、管理全方位和产品全生命周期的智能工厂，全省已累计建成智能工厂138家。

（二）以技术创新提升企业改造内生动力

一是加快创新成果转化运用。 以发明专利、引进先进高端技术成果、消化吸收再创新的技术成果等为重点，通过技术改造推动创新成果转化应用。持续深化制造业创新中心建设，目前已建成先进功能纤维创新中心、国家集成电路特色工艺及封装测试创新中心 2 家国家级制造业创新中心。**二是加快关键核心技术攻关**。围绕重点培育的先进制造业集群，开展产业链技术短板评估，梳理产/行业关键环节"卡脖子"技术（产品）短板，建立短板技术库。定期发布关键核心技术揭榜攻关方向，3 年累计实施攻关项目 126 项。**三是推进实施工业强基工程**。认真贯彻落实国家关于产业基础再造的相关意见和规划，编制起草江苏产业基础再造实施方案，引导企业开展联合攻关和产业化。

（三）注重模式创新，增强发展动力

一是加强产业集群培育。印发《江苏省"产业强链"三年行动计划》，部署"一机制一竞赛四行动"，聚焦优势产业链，推动省委省政府建立省领导挂钩联系制度，组建产业强链工作专班，形成具体工作方案，在增强创新能力、加快改造提升、培育骨干企业等方面细化工作任务举措并积极推进。**二是推进集群项目建设**。深入贯彻落实《省政府关于加快培育先进制造业集群的指导意见》，按照强链补链目标要求，突出产业链关键环节、薄弱环节、缺失环节，每年遴选超 1000 项省、市分级调度的全省先进制造业集群技改项目库。

（四）以重大项目夯实技术改造有效投入

一是完善项目推进机制。按照"一个平台、八项机制"的架构，建立完善重大项目推进机制。一个平台即重大项目服务平台，八项机制包括月度跟踪调度、季度通报进展、适时现场推进、定期部门会商、滚动实施调整、项目储备管理、目标责任考核、投资风险评估等 8 项机制。**二是组织实施重大项目**。聚焦大项目引领、产业链协同、智能化升级、绿色安全低碳等重点，编制年度重大工业项目清单，印发各地工信部门和省级相关部门协同推进实施。强化重大项目跟踪调度，按月度进行跟踪，并按季度由省制造强省建设领导小组通报各设区市。**三是优化项目协调服务**。建立省领导挂钩联系推进省重大项目建设制度，每个省领导挂钩联系 1~2 个重大项目，按项目形成工作专班，加强部门衔接，凝聚工作合力，协同推进重大项目建设。依托省重大工业项目平台，定期汇总分析企业、地方反馈的项目存在的问题，及时帮助协调解决项目在立项审批、行业准入、要素协调等方面的诉求。

（五）以一流环境厚植企业发展良田沃土

一是积极开展产融对接。建立省级银企融资洽谈联席会议制度，自2002年起连续20年组织开展银企融资洽谈对接活动，引导信贷资金更多投向重点技术改造项目。定期摸排有融资需求的重点项目，编制发布重点技改项目导向计划，积极向金融机构推介。**二是落实落细惠企政策**。修订出台《江苏省中小企业促进条例》，制定《保障中小企业款项支付条例实施方案》。持续组织"送法送政策进企业"，累计发布惠企政策信息5000多条，精准推送企业848万家次，确保企业对惠企政策应知尽知、应享尽享。培育省级以上中小企业公共服务示范平台113家、双创基地16家，其中国家级示范平台12家、居全国首位，纳入"白名单库"优质中小企业超3.5万家，帮助软件、集成电路企业享受税收优惠80多亿元。

二、江苏省促进企业技术改造的成效

（一）投资结构持续优化

2021年全省工业投资同比增长12.1%，技术改造投资同比增长10.3%，高技术制造业投资同比增长21.0%，高于工业投资8.9个百分点。31个制造业大类中有24个技改投资实现正增长，增长面达77.4%，负增长的主要是黑色金属冶炼和压延加工业、有色金属冶炼和压延加工业、化学纤维制造业等行业，高耗能和过剩行业得到抑制。

（二）综合实力明显提升

截至2021年，全省工业对GDP贡献超过40%，位居全国第一，工业增加值达到4.46万亿元，其中制造业增加值突破4万亿元，占地区生产总值35.8%，占比全国最高。机械、纺织行业规模居全国第一，电子、石化、医药行业规模全国第二。2021年全省高新技术产业产值占规上工业总产值比重达47.5%，战略性新兴产业产值占规上工业比重达39.8%，产业结构进一步优化升级。

（三）绿色转型成效显著

截至 2021 年，累计创建国家绿色工厂 199 家、绿色花园 17 个、绿色供应链管理示范企业 23 家，累计认定省级绿色工厂 186 家。推广新能源汽车 23.9 万辆，同比增长 233.7%。建成省级动力电池溯源管理平台，加快推进梯级利用和无害化处置。新型墙材、散装水泥等绿色建材产品得到全面应用。

浙江省促进企业技术改造工作情况

浙江省工业和信息化厅

2020年以来，浙江省将技术改造作为扩大制造业有效投资、推进制造业高质量发展的重要手段，大力推动企业实施数字化、服务化、绿色化技术改造，加速新技术、新业态、新模式推广应用，取得积极成效。2022年上半年，全省技术改造投资同比增长18.4%，比全国高4.5个百分点。

一、浙江省促进企业技术改造的做法

（一）强化规划管理，践行战略定位

一是加强技术改造系统谋划。制定《浙江省先进制造业投资专项行动方案》，加强对全省技术改造投资工作的引导。分解下达年度重点技术改造投资和新增工业机器人应用目标任务，将技术改造投资增速纳入对地方政府考核，压实地方责任。定期分析、研判全省技改投资形势，组织项目摸排，开展投资预测，按月通报投资完成情况，强化跟踪调度，对排名靠后的地方下发提醒函，营造比学赶超良好氛围。**二是实施千亿技术改造投资工程**。制定年度千亿技术改造投资项目计划，纳入全省"4+1"重大项目建设计划和省"六个千亿"投资工程计划。明确年度目标和任务清单，省市县三级联动，每年合力推进5000个左右技术改造项目建设实施，牢牢把住全省技术改造投资的基本盘。

（二）加快项目建设，培育产业优势

一是实施"五个一批"重点技术改造示范项目。制定"五个一批"省级重点技术改造示范项目计划，着力实施一批智能化改造示范项目、一批新兴产业示范项目、一批产业基础再造示范项目、一批绿色制造示范项目、一批服务型制造示范项目，切实加快传统制造业改造提升，促进新兴产业发展，全力打好产业基础高级化、产业链现代化攻坚战。**二是加大工信专项资金对技改支持力度**。发挥省

级财政资金引导作用，按照"区域+项目清单"形式，重点支持省级生产制造方式转型示范项目，带动全省企业加快推进数字化、绿色化、服务化改造。同时推动市、县各级通过技改补助、设备奖助、贴息、机器人购置补助等多种形式支持企业技术改造。

（三）力促绿色智能，塑造新增长点

一是**推进节能减碳技术改造**。制定浙江省万企节能降碳技术改造三年行动计划，组织实施一批重点节能减碳技术改造示范项目。推广应用节能减碳先进适用技术和高效节能设备，支持企业实施清洁能源应用和储能技术改造项目。实施一批园区能源系统优化和梯级利用、光伏储能等新能源应用、资源循环利用项目，打造一批达到国际先进水平的绿色低碳工业园区。二是**推进技术改造项目数字化应用**。按照省委省政府数字化改革的决策部署，积极推进项目管理数字化进程，着力开发"浙江制造项目投资在线"管理平台，实现项目立项、开工、竣工、投产、达产全生命周期在线管理。通过浙江制造项目投资在线平台，每月跟踪监测项目前期、投资进度、要素保障等情况，及时掌握项目节点信息，了解项目业主需求，协调解决项目推进过程中遇到的问题。

二、浙江省促进企业技术改造的成效

（一）技术改造投资实现逆势增长

2020年全省技术改造投资增速为2.6%；2021年技改投资稳中有进，同比增长13.9%，比上年提高11.3个百分点，比全国高出7.7个百分点；2022年技术改造投资保持较快增长势头，上半年同比增长18.4%，比全国高出4.5个百分点。

（二）工业投资结构进一步优化

2021年，技改投资占工业投资比重的52%，工业投资占固定资产投资比重达到21.8%。炼化一体化与新材料、高端装备、节能与新能源汽车、生物医药等新兴领域技术改造投资动力强劲，2022年上半年，石油加工业、化学制品加工业、医药制造业、电气机械行业、专用设备制造业、汽车制造业行业投资同比分别增

长 73.3%、48.9%、36%、29.7%、26.2%和 22.7%。

(三) 技改投资项目建设稳步推进

2020 年千亿技术改造投资工程组织实施项目合计 5035 项, 完成投资 1685 亿元。2021 年千亿技术改造投资工程组织实施项目合计 5083 项, 完成投资 1662 亿元。2022 年千亿技术改造投资工程计划完成 1800 亿元, 截至 2022 年 7 月底累计投资 1250 亿元, 已完成全年目标的 69%, 比序时进度快 11 个百分点。

(四) 推进浙江制造质量效益持续改善

2021 年规模以上工业企业营业收入和利润总额分别为 97967.6 亿元和 6788.7 亿元, 分别居全国第 4 位和第 3 位, 营业收入利润率达 6.9%, 高于广东、江苏、山东和全国平均水平。全省规上工业企业全员劳动生产率为 28.5 万元/人, 比 2020 年提高 3.5 万元/人; 规上工业亩均增加值同比增长 15.0%; 亩均税收同比增长 16.3%。

山东省促进企业技术改造工作情况

山东省工业和信息化厅

近年来，山东省始终坚持把技术改造作为推进制造强省建设、加快新旧动能转换的重要抓手，创新工作思路，积极引导和支持企业开展新一轮高水平技术改造。2022 年上半年，全省工业技改投资同比增长 9.0%，增速高于全部投资 1.5 个百分点。

一、山东省促进企业技术改造的做法

（一）注重战略引领，明确推进路径

一是加强政策引导。制定印发《山东省传统产业智能化技术改造三年行动计划（2020—2022 年）》、山东省《工业技改提级 2022 年行动计划》等一系列政策文件，明确技术改造重点方向和关键领域，加快实施"万项技改、万企转型"。**二是强化市场供需对接**。坚持"线上线下、条块结合"推进思路和"一县一策、一业一策"技改方针，常态化推行"云技改"模式，为工业企业技术改造提档升级按下快进键。**三是突出典型带动示范**。连续举办三届智能化绿色化技改展洽会，每届组织 1000 余家企业参展、观展，累计发布智能化绿色化技改优秀案例 30 个，通过示范项目实施企业经验介绍和效果展示，调动企业技术改造积极性，推动各行业整体改造升级。

（二）注重技术攻关，加强重点突破

一是建立完善部门工作机制。建立产学研融合工作机制，促进产业链、创新链、人才链有效对接。50 多项技术（产品）已列入省重大科技创新工程项目指南，采取竞争立项、定向委托、组阁揭榜等方式重点突破。**二是加快创新载体建设**。成功创建先进印染和高端智能化家电两个国家制造业创新中心，创建高端铝合金材料、虚拟现实等 22 家省制造业创新中心；累计培育 63 家国家技术创新示范企

业，421家省技术创新示范企业；累计认定1696家"一企一技术"研发中心，推动实施省级企业技术创新项目2937项。**三是推动关键技术实现突破**。积极对接国家产业基础再造工程指南，支持省内有实力、有条件的生产企业、科研机构、应用单位等协同开展核心技术攻关，实施省级技术创新项目年均4000项以上，解决制约全省重点产业发展的"卡脖子"问题。

（三）注重模式创新，增强发展动力

一是深入推进智能制造。编制印发《山东省智能制造场景数字化车间智能工厂培育认定办法》等文件，深入实施智能制造"1+N"带动提升行动，创建省联合智能制造研究院，组建系统解决方案供应商联盟，组织推荐33个项目入围首批国家智能制造示范工厂和优秀场景，排名全国首位。**二是大力推进绿色制造**。在全国率先制定实施绿色制造体系评价地方标准，累计创建国家级绿色工厂223家、绿色设计产品313种、绿色园区13个、绿色供应链18家。国家绿色数据中心4个，占全国数量的10%。**三是加快推进服务型制造**。打造总集成总承包、个性化定制、全生命周期管理等示范标杆，连续高标准举办"省长杯"工业设计大赛，累计培育国家工业设计中心43家，居全国首位；山东省工业设计研究院成为智能制造领域全国唯一的国家级研究院；11家企业获得中国优秀工业设计奖金奖，占金奖总数的28%。

（四）注重平台搭建，强化行业支撑

一是打造优良产业生态。大力推行"链长制"，聚焦制造业9大产业领域43条重点产业链，配套建立"链主"企业牵头主导、产业链联盟合作等4项工作机制，精准绘制"1张图谱+N张清单"。实施标志性产业链突破工程，建立"4个1"推进模式，11位省领导牵头挂帅担任"链长"。**二是强化产业链群发展**。鼓励引导龙头骨干企业加快技术改造，提升产业高端化发展水平。青岛智能家电产业集群和轨道交通装备产业集群入选国家先进制造业集群。培育30个国家级新型工业化产业示范基地，数量居全国首位。**三是积极推动数字赋能**。实施"云行齐鲁、工赋山东"专项行动，在全国率先推出《关于大力推进"现代优势产业集群+人工智能"的指导意见》，济南、青岛国家级互联网骨干直联点开通运行，成为全国唯一的"双枢纽"省份。

（五）注重服务管理，形成推进合力

一是**深化重点领域制度改革**。有序推进工信领域流程再造，69 项依申请政务服务事项全部实现"零跑腿"或"只跑一次"，推进"亩产效益"评价改革等重大制度创新成果显现。二是**优化扶持政策**。研究制定《新一轮高水平技术改造省级激励实施办法》《山东省高水平技术改造省级财政支持政策实施细则》，实施工业企业技术改造综合奖补、重大技术改造项目贷款贴息、技术改造设备奖补等政策，充分发挥财政资金的引领撬动作用。三是**做好项目管理服务**。加强项目分类跟踪管理，指导国家专项项目承担单位建立健全管理制度，定期调度项目进展情况，对工程设计、工程施工、工程质量、资金使用等进行全过程监督，督促承担单位严格执行项目建设合同，保质保量完成实施目标。

二、山东省促进企业技术改造的成效

（一）工业技改投资持续发力

2022 年上半年，山东省工业技改投资同比增长 9.0%，高于全部投资增速 1.5 个百分点。制造业技改投资增长 9.4%，其中通用设备制造业、计算机通信和其他电子设备制造业、化学纤维制造业等 13 个行业技改投资增速均超过 30%。

（二）新动能新产业加速发展

2022 年上半年，高技术制造业增势良好，同比增长 15.5%，高于规模以上工业 10.7 个百分点，新能源汽车、工业机器人、集成电路产量同比分别增长 261.0%、33.1%和 18.2%。"四新"经济投资增长 14.9%，高于全部投资增速 7.4 个百分点，占全部投资的比重为 53.4%，同比提升 3.5 个百分点。

（三）企业效益持续优化改善

2021 年，全省规模以上工业企业实现利润 5268.8 亿元，同比增长 20.9%，高于全国 2 个百分点；实现营业收入 102271.5 亿元，同比增长 18%。盈利水平、资产负债率同比持续改善，营业收入利润率达到 5.15%，较上年同期提高 0.12 个百分点。

河南省促进企业技术改造工作情况

河南省工业和信息化厅

河南省以制造业高质量发展为主攻方向，突出"项目为王"导向，抢抓产业"风口"实施"换道领跑"战略，优化企业服务开展"万人助万企"活动，全力以赴推动工业企业技术改造升级。2022年7月工业企业技术改造增速32.6%，高于全国19.2个百分点、高于上年同期24.1个百分点，居全国第6位、中部第1位。

一、河南省促进企业技术改造的做法

（一）高位谋划，高标部署

一是领导重视，加强组织保障。成立了以省长为组长、相关单位主要负责人为成员的河南省制造业高质量发展领导小组，统筹研究制造强省建设全局性工作，推动工业企业技术改造升级，办公室设在省工业和信息化厅。**二是完善政策，强化引导作用**。出台了《中共河南省委 河南省人民政府关于加快建设先进制造业强省的若干意见》《河南省人民政府办公厅关于开展企业技术改造提升行动促进制造业高质量发展的实施意见》等一系列文件，设立省级制造业高质量发展专项资金，支持企业实施高端化、智能化、绿色化改造，提升企业技术创新能力，推进产业基础再造和产业链现代化，推动制造业高质量发展。**三是换道领跑，开辟新赛道**。实施换道领跑战略，重塑全省制造业规划体系和政策体系，出台《河南省人民政府办公厅关于印发河南省加快传统产业提质发展行动方案等三个方案的通知》，开展传统产业提质发展、新兴产业重点培育、未来产业谋篇布局3大专项行动，加快产业链再造、价值链提升。编制重点产业链图谱，全面推行产业链链长和产业联盟会长"双长制"，强化外引内育、延链补链，聚力打造10大先进制造业集群、30条重点产业链。

（二）项目为王，提质增效

一是将项目建设目标作为绩效考核重要指标。围绕"推动规上工业企业三年实现一轮技术改造、五年实现一轮产业转型升级"的目标，将技术改造项目建设目标任务分年度分解到地市，作为各地市目标绩效考核的重要指标，强力推动项目建设提质增效；二是建立了"省、市、县、企业"互联、互通的"河南省工业和信息化项目系统"。企业线上填报、工信部门逐级审核，实现了全省制造业高质量发展项目的报送、监测统计分析等功能。同时，每月将各地市项目建设情况通报至各地政府，营造奋勇当先的氛围、形成你争我赶的态势。三是**运用省级财政资金支持工业企业技术改造**。2018—2021年，累计支持技术改造项目405个、智能化改造项目70个、绿色化改造项目43个，较好发挥了财政资金撬动技改投资的杠杆作用，取得了一定的经济效益、社会效益和生态效益。

（三）贴心助企，优化服务

一是着力在助企惠企上打歼灭战。全省累计派驻助企干部7.3万多名、包联服务企业近13万家，2021年收集企业诉求72874个、已解决71540个，解决率98.16%；2022年1—7月，全省解决企业诉求17449个，解决率95.16%。**二是着力在纾困解难上真帮实扶**。以应急周转、金融服务、减税降费、稳岗扩岗、市场拓展、账款支付、用素降本等为重点，抓好中小企业纾困帮扶"1+N"政策措施完善和落地工作；制定出台《支持"专精特新"中小企业高质量发展政策措施》，联合省直7部门推出"专精特新贷"，共认证企业1473家，已获批授信企业231家、授信总金额26亿元。**三是着力在育企强企上发力下劲**。制定出台了《河南省人民政府办公厅关于印发河南省制造业头雁企业培育行动方案（2021—2025年）的通知》，聚焦做强做优6大战略支柱产业链和培育壮大10大新兴产业链，加快资源整合，健全培育机制，推动传统优势企业在转型升级中持续做优做强、战略性新兴企业在创新引领中实现跨越发展，着力形成一批引领产业基础高级化、产业链现代化的头雁企业；制定出台《促进小微工业企业上规模的实施意见》和推动"万人助万企"向升规纳统等8个方面深化拓展，开展单项冠军企业、专精特新企业培育行动。

二、河南省促进企业技术改造的成效

（一）工业投资快速增长，工业保持企稳态势

实施加快灾后重建和支持企业复工复产系列措施，推动 3271 家受灾规上工业企业 2 个月复工复产；积极协调煤炭增产保供，完成原煤产量 9335 万吨，基本保证了全省特殊时期煤炭平稳供应和用电需求；深化产业和金融合作，发布工信"白名单"支持企业 612 家，实施"育鹰计划"支持企业 229 家。2022 年 1—7 月份，全省工业投资同比增长 22.3%，高于全国 11.8 个百分点、高于上年同期 13.0 个百分点，居全国第 10 位、中部第 1 位；全省规上工业增加值同比增 5.4%，高于全国 1.9 个百分点，居全国第 16 位。

（二）产业结构优化，新兴产业快速崛起

2021 年，全省战略性新兴产业增加值同比增长 14.2%，增速同比提高 11.6 个百分点，占规上工业增加值的比重达 24.0%，对规上工业增加值增长贡献率达 51.1%；高技术产业增加值同比增长 20.0%，增速同比提高 11.1 个百分点，占规上工业增加值的比重达 12.0%。

（三）好项目增多，先进模式持续涌现

累计创建国家级服务型制造示范单位 19 家，建成省级智能车间 641 个、智能工厂 278 个，打造省级智能制造标杆企业 44 家；实施"企业上云上平台"提升行动，2022 年上半年新增上云企业 1.7 万家、累计达到 17.3 万家；初步建立"1+37"工业互联网平台体系，天瑞集团入选国家跨行业跨领域工业互联网平台；成功创建了国家级制造业创新中心 1 个（国家农机装备创新中心），培育省级制造业创新中心 16 个，培育国家级技术创新示范企业 28 家、省级 250 家；发展全国质量标杆 31 个、省级质量标杆 305 个；建成国家级工业设计中心 5 个、省级工业设计中心 90 个；工业和信息化部认定国家级制造业单项冠军企业 18 家、单项冠军产品 11 个、专精特新"小巨人"企业 207 家。

湖南省促进企业技术改造工作情况

湖南省工业和信息化厅

近年来，湖南省认真贯彻落实党中央、国务院决策部署，将技术改造作为工业稳增长的重要抓手，不断健全机制、夯实底座、强化服务，多措并举推动技术改造迈上新台阶。2022 年上半年，全省工业技改投资同比增长 17%，增速高于全部投资 0.4 个百分点。

一、湖南省促进企业技术改造的做法

（一）推动产业链群发展

一是强化高位推动。充分发挥省领导联系产业链群制度的作用，明确产业链优质企业培育、产业集群基础能力升级、特色产业园区建设、产业链协同创新提升、开放合作促进、要素保障等"六大行动"，以及省领导联系产业链群、工作推进、竞赛评价、综合协调和检查评估等"五大机制"，全方位支持产业链群高质量发展。**二是注重部门联动**。省工信厅聚焦优质企业培育，整理出各链群优质企业名单，引导大企业带动中小企业强链补链延链。省委组织部围绕产业发展人才需要，实施高层次人才"百人计划"，引进新材料、智能制造等领域高层次人才 132 名、创新团队 19 个。省科技厅实施产业链协同创新提升行动，开展重大基础研究项目"揭榜挂帅"，省内外 58 家单位联合攻关核心技术。**三是加大政策支撑**。研究出台打造国家重要先进制造业高地若干财政支持政策，以及深化新一代信息技术与制造业融合发展、支持先进制造业供应链配套、加快"五好"园区建设等政策，对稳定产业链供应链出台明确条款，加大政策支持力度。

（二）推动大中小企业融通发展

一是推动公共服务一体化网络化。加快完善以中小企业公共服务平台为骨架、以中小企业核心服务机构为支撑的中小企业公共服务体系。全省平台网络共入库中小企业 17.5 万家，注册各类服务机构 9680 家，2021 年开展服务活动 2200 场次，服务企业 15.1 万家次。**二是推动融资渠道多元化便利化**。联合人民银行长沙中心支行筛选发布制造业产融合作重点企业累计 4 批 3695 家次，利用大数据技术对企业进行"精准画像"，助力制造业企业获得贷款 300 亿元以上，全省企业累计获得贷款 1300 亿元以上。**三是推动企业培育专业化特色化**。建立梯度培育和动态调整机制，培育国家级专精特新"小巨人"企业 232 家。组织实施中小企业技术创新"破零倍增"行动，聚集创新服务资源，积极组织创新服务培训活动，搭建校企对接合作平台。

（三）推动技术改造项目建设

一是建立健全项目管理体系。建立覆盖项目入库申报、资金安排、绩效评价、完工验收的全流程闭环式管理体系。建立重点项目定期调度机制，对省级十大产业项目和"万千百"工程重点项目实行月调度。加强对重大产业项目的协调服务，不断积累总结经验，提升服务项目能力。**二是持续提升项目支持力度**。设立制造强省、中小企业发展等财政专项资金，重点支持企业技术改造项目建设。2021 年，制造强省专项资金安排重大产业项目补助 5.57 亿元，支持项目 377 个，带动完成工业投资 595.81 亿元。**三是实施技改奖补政策**。自 2017 年以来，组织实施工业企业技术改造税收增量奖补政策，共支持企业 2194 家，发放奖补资金 11.72 亿元。通过事前引导、事后奖补的方式，吸引企业积极开展技改投资，鼓励企业加快技术改造，促进产业转型升级。

二、湖南省促进企业技术改造的成效

（一）技改投资快速增长

2018 年以来，湖南省技改投资保持快速增长，2018 年、2019 年分别增长 38.10%、35.7%，居全国前列。2020 年受疫情影响，仍然保持了 6.9% 的增速。2021 年恢复性增长到 17.5%，较全国平均增速快 7.2 个百分点。

（二）创新能力不断增强

打造形成"1 个国家级+10 个省级"制造业创新中心发展格局，建设国家级创新平台 139 个。累计突破 110 项基础零部件（元器件）、97 项基础材料、123 项基础工艺、149 项基础技术、16 项基础软件关键技术。

（三）绿色制造深入推进

推进企业科学用能、合理用能，在全省规模工业增加值年均增长 8.5%的情况下，全省规模工业单位增加值能耗年均下降 8.98%。培育形成了铁建重工、山河智能等 22 个国家绿色制造系统集成项目和 11 个国家绿色制造供应商企业。

（四）数字化水平不断提升

移动互联网产业"从无到有""从有到强"，连续八年保持 20%以上的高速增长。培育 1 个国家级"双跨"工业互联网平台、44 个省级工业互联网平台，主要工业互联网平台连接设备超过 410 万台（套），推动实现 44.5 万家中小企业"上云"、2.2 万家中小企业"上平台"。

广西壮族自治区促进企业技术改造工作情况

广西壮族自治区工业和信息化厅

近年来，广西壮族自治区党委、政府贯彻落实党中央、国务院关于稳定制造业投资的决策部署，积极引导企业提高技术改造层次和水平，促进企业提高核心竞争力，取得了良好成效。

一、广西促进企业技术改造的做法

（一）制定行动计划，引导技改方向

2021年，广西党委、政府印发《关于推进工业振兴三年行动方案（2021—2023年）》，明确实施企业提质增效行动，推动企业采用新设备、新工艺、新材料、新产品、新模式实施技术改造。一是实施产业链补链强链改造，推动企业聚焦产业链的缺失和后续环节开展技术改造，引导协作企业、配套企业加快协同改造升级，促进全产业链整体跃升。二是实施提质增效改造，围绕产业智能化升级、绿色化转型、高端化发展推进技术改造。推进装备改善和工艺改进，提高先进装备占比，提升集成应用水平。加快六大高耗能行业节能技改。加快产品更新换代，不断丰富产品品种，提升高端产品供给能力。支持建设市场前景好、经济效益优的扩能改造项目。

（二）搭建项目平台，强化技改协调

2019年5月，印发实施《广西"千企技改"工程实施方案》，推动全区工业企业围绕补链补线、扩大先进产能、提升工艺装备、推进智能制造、加快绿色改造"五大重点"实施技术改造。2020年以来，全区累计推进"千企技改"工程项目2519个，累计完成投资1021亿元，建成投产628个，累计新增产值1252亿

元。一是完善项目推进机制，实行自治区、市、县三级联动推进机制，将"千企技改"工程项目建设纳入关键产业链发展推进工作范围。二是强化项目协调调度，各市采取集中调度、现场调度、专题调度等方式，加大协调服务力度，采取针对性措施强化跟踪督办。三是优化行政审批服务，加强规划环境影响评价和建设项目环境影响评价联动，开通审批"绿色通道"，深化工业企业"零土地"技术改造项目审批制度改革。四是建立督促指导机制，自治区按季度开展"千企技改"工程推进情况专项调研，深入企业及项目现场，推动工业企业加快技术改造，将各设市区实施"千企技改"工程情况以"红黑榜"的形式按季度通报。

（三）加大财政扶持，激发技改活力

2020年以来，广西制定实施设备投资补助等财政政策并安排资金18.77亿元支持企业技术改造。特别是2021年以来，自治区每年安排100亿元一般公共预算资金专项用于支持工业振兴，财政对技术改造的扶持力度也进一步加大。一是支持"千企技改"工程项目，对纳入"千企技改"工程的项目择优给予不超过10%的设备投资补助，补助资金最高可达1000万元。2020年以来，共安排资金9.73亿元，支持了366个技术改造项目。二是支持工业绿色发展，对重点耗能企业实施的节能技术改造项目，按照项目节能量给予不少于500万元的补助资金。2020年以来，节能技改补助奖补累计发放4.29亿元，支持了一批节能效益明显的项目。三是支持工业数字化转型，围绕企业数字化网络化智能化升级、工业互联网标杆示范应用推广等关键环节，给予符合条件企业最高可达300万元的补助资金。2020年以来，共统筹安排4.75亿元专项财政资金支持一批互联网与工业融合创新项目。四是支持重点工业企业扩大投资，特别是围绕智能化升级、绿色化转型、高端化发展的扩大投资项目、引进上下游制造业企业项目，对符合条件的给予不超过10%的设备投资补助，补助资金最高可达1亿元。

（四）优化金融服务，保障技改投入

2021年，自治区人民政府印发《关于深入开展"桂惠贷"支持广西经济高质量发展的实施方案》，为实施技术改造项目的规模以上工业企业提供"技改贷"产品。引导银行机构对符合条件的项目发放优惠利率贷款，区市县统筹资金给予

2%的贴息，并争取人民银行实施普惠小微企业贷款激励、中长期信用贷款支持等措施。2020年以来，"技改贷"累计发放40亿元，惠及企业302家。推出新兴产业融资担保基金，简化反担保措施，促进更多项目企业获得担保贷款；将国家专精特新"小巨人"企业纳入广西先进制造业重点企业"白名单"并向金融机构推送；推动各地建立重点工业企业专项转贷资金。

二、广西促进企业技术改造的成效

（一）技改投资规模扩大，支撑工业平稳增长

2020年、2021年广西工业技术改造投资增速分别为-11.2%、5.8%；2022年上半年同比增长16.0%，高于全国平均水平2.1个百分点，技改投资的平稳增长为全区工业发展增添了强大后劲。2020年、2021年全区工业投资增速分别为7.7%、27.5%；2022年上半年同比增长35.8%，高于全国平均水平24.8个百分点，有力地带动了工业规模与实力大幅提升。

（二）技改投资结构优化，推动产业转型升级

2020—2021年，全区食品、纺织服装、木材加工等轻工产业技术改造投资两年平均增长7.8%，占技改投资的比重从13.8%增加至15.8%；汽车、机械等装备制造产业两年平均增速为-1.5%，占技改投资的比重由16.3%降低至15.7%；电子信息、生物医药等新兴产业两年平均增长12.2%，占技改投资的比重由10.1%增加至10.2%；石化、冶金、有色、建材、电力等传统资源型产业两年平均增长8.9%，占技改投资的比重由54.9%降低至52.9%。投资结构调整推动了工业产业结构优化，改善了轻重工业发展不均衡的问题，提升了工业总体经济效益。

（三）技改层次水平提升，促进工业高质量发展

2020—2021年，全区累计推进90项高成长性行业冠军培育技改项目，培育国家级专精特新"小巨人"企业81家，涌现出一批技术先进、产出效益好、带动作用强、有代表性的技术改造示范项目。新增增材制造设备、口腔超声手术刀、大型超细粉体装备、高倍率高容量锂离子动力电池、信息感知器、车桥齿轮等一

批新产品，填补了全区产业链缺失环节/后续环节，带动上下游集聚发展。突破轻量化专用汽车关键技术、铝合金整体挤压壁板展平关键技术、多金属固废综合利用技术、液晶触显技术等一批新技术，提升了产业核心竞争力。建成桂林福达、华磊新材料、澳加粮油、六和方盛等一批数字化工厂，玉柴智慧工厂处于国内领先水平，提高了产业智能化水平。

贵州省促进技术改造工作情况

贵州省工业和信息化厅

近年来,贵州省认真贯彻党中央、国务院及工业和信息化部相关决策部署,落实全省新型工业化暨开发区高质量发展大会精神,完整、准确、全面贯彻新发展理念,扎实推进工业企业技术改造,加快产业转型升级,促进新型工业化高质量发展。2022年上半年,全省工业技术改造投资同比增速达72.9%,拉动工业投资同比增长28.4%。

一、贵州省促进企业技术改造的做法

(一)强化项目建设,加快企业改造步伐

一是加强政策引导。出台《关于实施工业倍增行动奋力实现工业大突破的意见》等顶层设计文件,明确持续推动企业技术改造,"十四五"期间年均启动实施技术改造项目1000个以上。**二是加强项目调度管理**。建立省领导领衔推进重大项目建设机制,从十大工业产业中筛选出投资规模大、行业前景好、经济效益高的重大项目,由省领导带头,强力推进重大项目建设。依托全省工业投资项目库,将全省工业技术改造项目入库管理,实施省市县三级调度和包联帮扶项目工作机制,按月调度项目推进情况,及时掌握项目建设进度,协调解决项目推进过程中存在的困难和问题。**三是加强资金激励**。充分发挥贵州省工业和信息化发展专项资金、新型工业化发展基金、新动能产业发展基金等积极作用,通过"资金刚性投入+基金弹性叠加"的方式,多措并举支持工业企业技术改造。

(二)强化数字赋能,推进企业数字化转型

一是深化帮扶指导和诊断服务。协调各级工信部门参与"市州行",深入企业进行帮扶指导。加强宣贯培训,组织数字化转型专题讲座、工业互联网应用培训等多项活动。组织省内外支撑服务机构与工业企业精准对接,开展诊断、咨询、

评估等服务。二是**加快标杆建设和普及推广**。聚焦十大工业产业，着力打造行业标杆示范，以点带面促进十大工业产业智能化改造提升。加快模式和经验推广，引导更多链上企业参与数字化建设，做好工业互联网服务商遴选工作，打造服务资源池。三是**加强协同合作和环境优化**。支持产学研用合作，联合高端智库、领先服务商、工业龙头、科研院所、金融机构等主体，建设应用推广中心等载体，发挥行业协会、产业联盟作用，协调更多省内外资源投入数字化领域。

（三）强化平台建设，夯实企业技改基础支撑

一是**全面推进园区提质升级**。切实发挥开发区作为产业发展的主阵地主载体作用，出台开发区高质量发展"1+5"政策文件，指导各类开发区明确首位产业，围绕首位产业抓发展谋划、抓招商引资、抓企业培育、抓退城进园，推动上下游企业向开发区集聚，打造共生互补的产业生态体系。截至2021年底，全省建成千亿级开发区2个、500亿级以上开发区5个，成功创建13个国家新型工业化产业示范基地。二是**加快推进创新平台建设**。强化企业创新主体地位，引导企业加大创新投入，创建制造业创新中心、企业技术中心、工业设计中心等创新平台，对新认定的国家级或省级技术创新示范企业、工业设计中心给予一次性补助奖励。

（四）强化双碳引领，推动企业绿色化改造

一是**大力推进工业能效提升**。认真落实国家能源"双碳"节点要求和能耗"双控"政策，出台严格能效约束推动重点领域节能降碳工作实施方案，建立能效目录清单，推动节能降碳技改。聚焦重点用能企业，深入开展节能监察，通过节能监察倒逼企业实施节能技改，提升能源利用水平。二是**深入实施绿色制造专项行动**。制定出台《贵州省绿色制造专项行动实施方案（2021—2025年）》，大力培育创建绿色制造示范单位，引导企业加快绿色化改造，提升清洁生产水平，着力打造绿色制造标杆。三是**着力推动资源综合利用**。利用磷石膏资源综合利用资金、锰产业绿色发展和锰渣综合利用专项资金，扎实推动磷石膏、锰渣、赤泥无害化资源化利用。重点实施磷化工企业"以渣定产"，通过抓责任落实、抓项目建设、抓产品推广、抓政策支持、抓技术进步五个方面，持续推动磷石膏"以渣定产"。

二、贵州省促进企业技术改造的成效

（一）工业投资实现快速增长

2021年，贵州工业技术改造投资同比增长30.2%，高于全国工业技术改造投资19.9个百分点；拉动工业投资同比增长19.7%，高于全国工业投资8.3个百分点。2022年上半年，贵州工业技术改造投资继续保持快速增长，同比增速达72.9%，拉动工业投资同比增长28.4%，高于全国17.4个百分点。

（二）工业经济效益不断提升

在技术改造促进下，贵州工业经济增速连续保持全国前列，2022年上半年，规模以上工业增加值增长12.1%，居全国第3位。规模以上工业企业利润总额连续保持两位数增长，产品附加值、全员劳动生产率、资金利税率等明显提高。

（三）数字化水平明显提高

建成国家互联网骨干直连点、国际数据专用通道、根服务器镜像节点和国家顶级域名节点，成为全国少数几个同时具备三大信息基础设施的省份之一，实现同全国25个城市直联。截至2022年上半年，全省数字化研发设计工具普及率为66.5%，关键工序数控化率达44.2%，工业企业两化融合发展水平达52.7。数字经济增速连续7年保持全国第一。

（四）绿色化水平持续提升

2021年，全省规模以上工业单位增加值能耗同比下降7.4%。2022年上半年，全省磷石膏综合利用466.92万吨，综合利用率达75.77%，比2021年同期提高4.97个百分点。

宁夏回族自治区促进企业技术改造工作情况

宁夏回族自治区工业和信息化厅

2020年以来，宁夏加快实施结构改造、智能改造、技术改造、绿色改造（简称"四大改造"），工业技改投资保持了年均15%左右的高速增长。2022年1—6月，全区工业技改投资同比增长50.4%，排名全国第三；规模以上工业增加值同比增长8.5%，位居全国第6位。

一、宁夏促进企业技术改造的做法

（一）强化政策引领，营造更优发展环境

相继出台《关于实施"四大改造"推进工业转型发展的实施方案》《关于加快"互联网+先进制造业"发展工业互联网的实施意见》等支持政策，加快实施"四大改造"。制定《关于提升产业基础能力和产业链现代化水平的实施方案》《工业十大行业数字化转型实施方案》，绘制产业链"图谱"。制定《关于发挥"链主"企业作用增强产业链供应链稳定性和竞争力的工作方案》，支持重点延链补链项目加快建设。创新资金使用方式，每年设立3亿元技术改造贴息专项资金，采取按项目贷款额贴息的后补助方式；每年设立2亿元技改综合奖补资金，按因素法切块至市、县（区）实施。

（二）强化责任分工，构建更强发展动力

建立省级领导包抓"四大改造"工作机制，五市、宁东分别制定了《"四大改造"攻坚方案》并配套政策和资金。通过贴息、融资租赁、综合奖补等方式，支持企业技术改造。召开全区工业数字化转型暨"四大改造"工作推进会，对各地推进"四大改造"工作成绩进行晾晒排名。编印《宁夏智能工厂、绿色工厂和

数字化车间典型案例汇编》，通过示范引领，引导企业增强改造的主动性。

（三）狠抓项目建设，力促工业有效投资

在全区总投资1亿元以上的工业项目中，遴选实施"三个100"重点项目（100个新建项目、100个投产项目、100个技术改造项目），作为厅内资金、能耗等要素的重点支持方向，以及培育新动能、延长产业链、推动数字化转型、促进节能环保的重要抓手。开展项目"四抓四促、四率评比"、精准包抓帮扶、贷款贴息、融资增信等活动，力推项目建设跑出加速度。两年来，全区实施总投资10亿元以上的工业项目89个，累计实施以新材料、电子信息、清洁能源装备等新兴产业为重点的工业项目240个；实施以数字化设备更新、智能模式应用、软件投入为重点的智能化改造项目150个；实施重大节能技改项目110个。

（四）加大技术攻关，提升创新驱动能力

分行业建立《关键技术攻关目录》，在先进装备制造、新材料、电子信息和绿色食品等9个领域发布揭榜任务74项，遴选揭榜企业62家，实施揭榜攻关项目66个，形成科技成果47项。持续开展制造业领先示范企业（产品）培育，累计认定制造业行业领先示范企业（产品）54个。累计培育认定自治区"专精特新"中小企业1164家。出台《工业企业行业对标奖励管理办法》，建立对标指标体系，开展标杆企业评选和奖励。截至目前，对标标杆企业84家、进步企业61家，全区规上工业企业实现对标全覆盖。发布《工业企业单位产品能源消耗限额》标准，培育评审认定10家自治区绿色工厂。

二、宁夏促进企业技术改造的成效

（一）"四大改造"支撑显著

一是工业经济稳中有进，2022年1—6月，规模以上工业增加值同比增长8.5%，高于全国平均水平5.1个百分点。制造业增加值占全区GDP比重达到23.1%，拉动规模以上工业增加值增长4.6个百分点。二是两化融合向纵深推进，1—6月，全区实现数字化研发设计工具普及率56.2%、关键工序数控化率56.12%。

建设国家一体化算力网络枢纽节点、国家新型互联网交换中心，建成西北首个标识解析二级节点，国家北斗数据（宁夏）中心建成试运行。三是绿色改造注入亮色，累计创建绿色工厂 70 家、节水型企业 32 家，评选认定 8 家资源综合利用示范企业。1—6 月，单位工业增加值能耗同比下降 6.1%，企业用能效率和水平进一步提高。四是创新能力逐步增强，规上工业企业有研发活动比例达到 34%，工业企业中有研发活动的企业占比名列西部第二、西北第一。累计培育国家和自治区工程技术研究中心 53 个、重点实验室 35 个、企业技术中心（含分中心）98 个、国家地方联合工程研究中心 26 个。

（二）重点项目全速推进

引进东方希望、天津中环等一批国内知名企业落户宁夏，晓星氨纶年产 36 万吨氨纶等一大批项目建成投产。2022 年 1—6 月，项目进展显著加快，开工率达到 95%。"六新"产业重大项目"压舱石"作用突出，52 个总投资 10 亿元以上项目完成投资，占"三个 100"总数的 63%。新开工项目建设进度加快，开工率达 84%。18 个项目实现了当年开工、当年投产或试产。重点拟投产项目全部开工，1—6 月累计投资 106 亿元，占重点项目完成投资总额的 56%。目前投产、试生产项目达 73 个，较 2021 年同期增加 22 个，累计贡献产值突破 200 亿元。

（三）技改投资高位增长，投资结构持续优化

2022 年 1—6 月，全区工业技改投资同比增长 50.4%，较上年同期提高 47 个百分点，连续 4 个月保持 50%以上高速增长，排名全国第三，技改投资占工业投资比重由 2020 年的 20.5%提高到 30.4%。制造业投资同比增长 29%，制造业投资占工业投资比重为 60.1%，2022 年以来呈现逐月升高态势，拉动工业投资增长 14.3 个百分点。"六新"产业投资快速增长，新型材料、数字信息、装备制造投资同比增长超过 25%。高耗能投资比重持续下降，占工业投资比重由 73.7%下降为 61.9%，高耗能行业技改投资同比增长 86%。

宁波市促进企业技术改造工作情况

宁波市经济和信息化局

近年来，宁波市坚持工业强市战略不动摇，持续推进工业企业技术改造工作，为工业稳增提质增效提供支撑。2020年至2022年7月，全市累计实现技改投资1696亿元，占工业投资比重达到64%，有力推动制造业企业规模化、数字化发展，取得明显效果。

一、宁波市促进企业技术改造的做法

（一）坚定不移走工业高质量发展道路，营造技改投资氛围

一是加强顶层设计和政策引导。宁波市先后出台实施了《宁波市人民政府办公厅关于加快推进制造业高质量发展的实施意见》《宁波市制造业高质量发展"十四五"规划》《宁波市工业企业技术改造三年行动计划（2022—2024年）》等多项政策文件，集中财力和政策资源，引导社会资本和各类要素向制造业重点领域倾斜。**二是加强动员部署**。连续3年组织召开由市委主要领导参加的全市制造业发展大会，营造全社会崇尚实体经济、重视工业投资的浓厚氛围，激发企业转型升级的积极性和主动性。

（二）全面推行企业数字化改造，引导企业投资积极性

一是推进规上企业技术改造全覆盖。连续两轮实施宁波市加快促进企业实施技术改造三年行动计划、规上企业智能化改造诊断服务，全面推动规上企业技术改造和有需求企业智能化诊断两个"全覆盖"工作。坚持诊断和改造并举、内外延改造同进，市、县两级经信部门通过主动上门帮助企业技改挖潜、政策宣讲、代办前期手续等多种方式，全面形成了企业多元技改投资的新格局。**二是加快实施新智造试点示范**。全面启动以企业提升、行业推广、生态培育为特征的新一轮智能智造行动，积极争取国家级、省级新智造试点。全市2022年新增市级数字

化车间/智能工厂 85 家，累计 343 家。**三是积极构筑服务支撑体系**。以汽车零部件、服装服饰、模具等重点行业/细分领域为切入点，各地实施重点行业数字化转型推广，结合年度"百场千企"数字化赋能对接系列活动，以政策宣讲行、服务企业行和对接专场行三个维度开展活动对接。

（三）突出投资目标导向，强化政策扶持激励

一是**明确工业投资重点方向**。围绕宁波市制造业高质量发展规划、各相关行业发展规划和重点产业链培育方案等文件要求，制定发布了《宁波市"246"产业集群和前沿产业投资导向目录》《宁波市重点培育产业链投资导向目录》等系列文件，进一步明确工业投资（技术改造）项目的重点和方向，引导社会资本和各类要素向重点领域倾斜。二是**强化资金扶持政策**。从宁波推进制造强国战略试点示范城市建设工作开始，市级财政每年都确保不少于 15 亿元资金用于扶持工业投资、技改投资相关工作。在确保财政资金总量的基础上，宁波还创新财政资金投入方式，对重点企业、重点项目提高补助比例、扩大补助内容，聚焦产业基础高级化和产业链强链补链延链，加大政策扶持力度。三是**加强投资考核目标激励**。为适应宁波工业投资和技术改造推进工作新形势，每年对工业投资考评指标进行修订完善，突出对技术改造投资和重大项目建设的考核和奖励，根据工作重点对部分考核指标进行调整完善，形成全市上下推进工业投资的合力。

（四）持续优化项目服务，加强项目要素保障

一是**建立完善年度项目库**。按照"开工一批、竣工一批、前期一批、储备一批"的要求，每年建立 1000 万元以上技术改造项目、5000 万元以上工业投资项目库，每月对项目库项目进行动态跟踪监测，梳理汇总项目建设中的困难问题，年中适时调整项目库内容，推动项目早开工、早投产。二是**推进"增资扩产"专项项目**。年度制定"增资扩产"工作要点，按照"加快推进一批在建的、努力留住一批转移的、争取回归一批在外的、重点扶持一批总部型"的工作要求，建立"增资扩产"项目库。三是**强化项目跟踪服务**。制定发布《宁波市经信系统联系服务重大项目、企业和基层工作方案》，按照"一个领导挂帅，一个处室负责，服务一个区域重大项目"的要求，每年筛选重点工业投资项目，由局领导开展"三服务"工作，每季度分组实地联系服务重点项目，并对存在的问题现场予以解决或及时予以流转。

二、宁波市促进企业技术改造的成效

（一）工业投资持续增长

2020—2022 年，宁波工业投资连续 3 年保持 10%以上增长，高于全国、全省平均增速，技改投资占全市工业投资比重始终超过 60%。其中，2021 年全市工业投资和技改投资同比分别增长 20.4%和 21.7%，技改投资占工业投资比重为 63.4%，比 2019 年提高了 0.7 个百分点。

（二）投资结构不断优化

近年来，化学原料及化学制品制造业、汽车制造业、电气机械及器材制造业、计算机通信和其他电子设备制造业、通用设备制造业等资金、技术密集型行业已成宁波投资的热点，2021 年这五大行业投资占全市制造业投资比重为 71.6%，比 2019 年提高了 3 个百分点。高新技术工业投资占工业投资的比重不断上升，已由 2019 年的 52.0%大幅提升到 2021 年的 60.5%，增长了 8.5 个百分点。

（三）企业提质增效明显

经过广大企业持续不断地实施技改项目，加大新产品、新技术的研发应用，2021 年全市规上工业企业营业收入利润率达到 7.6%，分别高于全国、全省 0.6 个和 0.7 个百分点，居全国城市领先水平；每百元营业收入中的成本为 83.3 元，分别较全省、全国低 0.1 元、0.4 元；规上工业新产品产值增长 2.0%，产值率达到 34.6%。

（四）绿色制造体系加快构建

深化企业节能降碳排污等绿色化改造，推进星级绿色工厂创建，累计建立国家级绿色工厂 21 家、绿色供应链管理企业 6 家，推出绿色设计产品 113 种，创建三星级绿色工厂 403 家。深化"亩均论英雄"改革，整治销号高耗低效企业 1290 家，淘汰落后产能企业 278 家，整治提升"低散乱污"企业 2716 家，规上工业企业亩均增加值增长 12.2%、亩均税收增长 10.5%。

第二部分

企 业 篇

重庆惠科研发应用液晶面板制造先进工艺

重庆惠科金渝光电科技有限公司

一、企业基本情况

重庆惠科金渝光电科技有限公司（简称重庆惠科）成立于 2015 年 4 月，位于重庆市巴南区界石数码产业园内，注册资本 60 亿元，由惠科股份有限公司、重庆巴南经济园区建设实业有限公司、重庆渝富集团共同投资。公司是一家集半导体显示器件、整机及相关产品研发、生产、销售于一体的大型企业，主营产品为 32 英寸液晶显示屏、43 英寸液晶显示屏、55 英寸液晶显示屏等，平均良品率已达 98%，产能利用率达 100%，设备运行保持着最佳使用状态。

二、企业技术改造情况

重庆惠科建设的液晶面板生产工厂，自主研发应用了多道光罩、多尺寸面板套切、剥离液循环利用、水循环利用等技术，提高了生产效率，降低了生产成本，减少了废弃物排放量，技术达到国内领先水平。项目建设主要包括以下三个方面。

一是研发应用多道光罩技术，提升生产效率。TFT-LCD 制作技术的核心是光罩工艺，目前，TFT-LCD 面板行业常用的是 9 次或 10 次光罩技术（CF 5 次+Array 4 次或 5 次），其工艺复杂，掩膜版需求数量大，光罩工艺能耗高。重庆惠科通过自主研发 Array 4 次光罩技术、BPS 光阻技术及新的结构设计，实现 8 次光罩技术（CF 4 次+Array 4 次）的开发及成熟应用，有效减少了掩膜版的数量和光罩次数，提高了成品率，缩短了制作周期。

二是研发应用多尺寸面板套切技术，降低生产成本。重庆惠科通过研发多尺寸面板 MMG（套切）技术，实现了在同一基板上生产不同型号的液晶面板，减少了不同型号产品的生产线切换时间及研发期间掩膜版等治具开发生产费用，降低了生产成本。以单一切割 65 英寸液晶面板为例,其玻璃母基板利用率仅为 60%,当采用基于单张玻璃基板 65 英寸+32 英寸 MMG（套切）技术,其基板利用率达 91%,提升利用率达 31 个百分点。

三是应用剥离液循环利用、水循环利用技术,降低废弃物排放。重庆惠科建设剥离液回收循环利用系统,根据废剥离液中水、剥离液、光阻的沸点差异较大的特点,采用蒸发精馏的原理,实现剥离液有效回收；并建设水回收利用系统,采用生物滤膜技术与微生物固定化的 A/O 生物滤池技术,降低 $NH_3\text{-}N$ 等主要污染物指标。

三、取得的成效

项目实施以来,重庆惠科产品所使用掩膜版数量较传统技术降低 20%,且阵列曝光工序节省 20%,能耗下降 10%,产能提高 20%,废剥离液有效回收率达 96.4%,每天减少自来水使用 13800 吨,达到国际领先水平。

江苏徐州徐工建设工程机械核心零部件智能工厂

徐州徐工液压件有限公司

一、企业基本情况

徐州徐工液压件有限公司（简称徐工液压件）位于徐州经济开发区，是国家级智能制造试点示范及工业互联网试点示范企业、国家级绿色工厂。公司始终专注于中高端液压油缸、液压阀、成套液压系统及软硬管产品的研发、制造、销售及再制造服务，致力于成为成套液压系统解决方案价值创造者。

二、企业技术改造情况

为解决自主高端液压缸、液压阀制造的"封喉之痛"，徐工液压件围绕智能制造关键技术研究及产业化，投资22538万元建设智能工厂。该项目主要从工厂布局仿真、生产线规划与自动化设计、数字化与信息化生产、系统互联互通等4个维度进行宏观布局，建立以工业通信网络为基础、装备智能化为核心的智能工厂。项目建设主要包括以下五个方面。

一是建成全球协同研发平台。建立全球协同研发平台，作为产品数据管理（PDM）系统、模块化设计 Ci-CDS 系统、仿真数据管理系统、工艺辅助设计系统、数字化三维发布物系统等各大数据管理平台的统一接口，实现各研发平台统一规划、统筹管理、并行推进。

二是搭建 5G 工业互联网平台。引入 5G 定制网实现生产车间内智能化工业终端和手持移动终端接入徐工集团工业物联网 IoT 平台，实现对重点数控设备的数据高效采集，对设备的高效点检、维修和检验，以及远程智能辅助维修，满足 AGV 小车的低时延、高可靠性要求。

三是升级核心设备及生产线智能化水平。打造液压阀生产线、液压缸生产线等智能化生产线，采用智能机械手与传送模块实现自动上下料。采用数字孪生、视觉识别等手段，实时监控生产现场异常情况。通过现场传感器的数据采集，实现生产、质量、设备、工艺过程的参数集中分析及应用。

四是搭建智能工厂工业物联网平台。构建智能工厂全周期的信息数据链；搭建以工业通信网络为基础，以信息数据链为驱动，以模型和高级分析为核心，以开放和智能为特征的徐工液压件智能制造工业互联网平台。

五是建设基于大数据的智能远程运维平台。通过对产品全生命周期数据进行分析，建立产品故障指标体系和故障诊断知识库——失效模式系统，实现智能化故障检测和基于优化资源调度的维修与服务，开发故障诊断与服务系统，并面向装备制造行业进行应用示范。

三、取得的成效

项目建成后，月产值提升56%，效率提升50%以上，人工成本降低36%。智能生产线满足多品种、小批量、离散型产品的智能制造，在智能化机加工、焊接、物流、检测及一人多机水平等方面达到了国际先进水平，其中智能化焊接率90%，智能化加工率78%，智能化检测达到行业先进水平。

安徽海天重工打造绿色低碳生产线

海天重工科技发展有限公司

一、企业基本情况

海天重工科技发展有限公司（简称海天重工）是一家专业从事工程机械耐磨零部件研发、生产、销售和服务的国家级专精特新"小巨人"企业。公司具备年产耐磨铸件 3 万吨的生产能力，是三一重工、中联重科、徐工集团等国际知名企业耐磨零部件核心供应商，产品覆盖国内 20 多个省市，并远销日本、韩国、欧盟等国家和地区，产品市场占有率位居全国第一。

二、企业技术改造情况

海天重工开展了基于工业互联网的高端耐磨铸件智慧铸造技术改造项目，在原有年产 3 万吨高端耐磨铸件生产线的基础上改造升级。项目建设主要包括以下三个方面。

一是淘汰老旧设备与技术。通过淘汰现有垂直造型线，建设智能化垂直造型线。采用错排散热砂温调节技术，对现有消失模砂处理线进行升级改造。淘汰现有老旧电炉，应用串联谐振节能中频电炉。停用 3 台空压机，对其他空压机进行变频改造。

二是采用先进系统提升能源利用效率。通过采用 PLC 控制铁水转运系统，对每台炉、每条线的产量数据进行收集、输出、打印。根据熔炼生产工艺，通过加配料系统智能化选择原材料，对熔炼过程实行数字化控制、实时反应，保证整个熔炼过程中，设备始终可以处于满功率运行。同时，通过全自动化的物流、投料、生产、出料、入库，实现无粉尘、无污染绿色智能化铸造。

三是构筑先进平台实现运行监控。建设工业互联网平台及大数据中心，搭建设备远程监控与数字孪生、厂区三维模型与监管安全、计算机视觉与动作识别、厂区智慧定位、厂区集控中心可视化等五大平台，打造国内领先的"工业互联网+"智慧铸造示范标杆。采用铸造工艺仿真技术、在线热处理工艺等先进技术，保证产品的形状精度和超高耐磨性，显著提高产品的使用性能和寿命。

三、取得的成效

技术项目建设完成后，生产线总能耗从4781.17吨标煤/年降低到4007.59吨标煤/年，年节约773.58吨标煤、电力506.5万千瓦时、天然气11.36万立方米，能耗降低16.18%。生产线所需工人从125人减少到102人，减少18.40%，生产效率提升22.5%，可减少生产成本526.63万元。产品结构由低附加值转变成高附加值产品，产品单价由8000元提高到1.8万元，可新增产品销售收入3亿元。

山东豪迈打造轮胎模具绿色工厂

山东豪迈机械科技股份有限公司

一、企业基本情况

山东豪迈机械科技股份有限公司（简称豪迈科技），是国家高新技术企业，工业和信息化部首批绿色工厂、清洁生产示范企业、制造业单项冠军示范企业。公司主营轮胎模具及橡胶机械、数控机床等业务，目前已成为轮胎模具行业冠军，国际市场占有率达30%，国内市场占有率达55%，出口额占全国同类产品出口总额的90%以上。2021年实现营业收入60亿元，同比增长13.5%；利税16.4亿元，同比增长4.1%。

豪迈科技开展了轮胎模具绿色制造关键工艺技术和装备突破及集成应用研究，建立并运行了能源管理体系、质量管理体系、环境管理体系、职业健康安全管理体系，通过开展技术、工艺、装备创新，实施了绿色工艺，开发了绿色专用装备，减少或替代了污染重、能耗高的生产技术及工艺，在工厂内实现了全流程的绿色、节能管理。

二、企业技术改造情况

豪迈科技建设的轮胎模具绿色工厂，实施应用绿色制造关键工艺，升级采用高端数控装备，依托轮胎模具智能设计系统，通过能源管控平台的监测与分析，经一年有效时间的运行与优化，取得了明显成效。具体措施主要包括以下三个方面。

一是实施绿色化工艺改造，突破行业关键绿色工艺瓶颈。项目应用了公司自主研制的轮胎模具激光熔覆工艺及专用装备，利用高能激光和纳米材料对模具侧板进行合金强化处理，显著提高了侧板的表面硬度、耐腐蚀性、耐磨性，延长了侧板的使用寿命。同时，采用了轮胎模具再制造工艺技术及装备，形成废旧轮胎模具分类、无损清理、无损拆解、再制造评估、修复、检验，以及维护清洗等服务，有效延长了轮胎模具的生命周期以及产品价值链，减少了资源浪费。

二是研制应用高端数控装备，实现绿色升级。项目应用了自研的微细深孔加工专用装备，完全替代了人工，解决了该领域人工密集、打孔效率慢、一致性差的世界难题，实现大深径比排气孔的高质量、高效率、低成本、自动化加工。

三是巧用绿色制造管理体系及工具，持续开展绿色升级。豪迈科技运行了能源管理体系，利用系统管理方法不断改进能源绩效，使公司逐步转变能源管理方式；建立了年度能源绩效目标，每月追踪、分析，指导公司持续创新，不断实施节能措施。同时，豪迈科技自主建设了能源管控平台，为企业节能分析和方案制定提供基础数据支持。

三、取得的成效

豪迈科技通过打造绿色工厂，研发出能够完全替代电镀工艺的轮胎模具激光熔覆工艺，避免含铬等重金属的污水产生，有效保护环境，减少水资源污染。通过应用再制造技术，轮胎模具花纹圈加工环节可平均节省铝资源353kg/付，侧板加工环节可平均节省钢资源654kg/付。采用微细深孔立式加工中心，打孔效率较人工提升了3倍。

山东天润工业生产线智能化升级改造

天润工业技术股份有限公司

一、企业基本情况

天润工业技术股份有限公司（简称天润工业）成立于 1995 年，是国内规模最大、全球第二的曲轴生产企业，是全球最大的商用车成品曲轴制造基地、国内最大的中重型商用车胀断连杆生产企业。公司主营业务包括曲轴、连杆、铸锻件、空气悬架等板块，年产 230 万支优质锻钢和球墨铸铁曲轴、776 万支胀/锯断连杆、8 万吨铸件、11 万吨锻件、47 万支铸锻件成品（非曲轴/连杆）。2021 年公司实现营业收入 47.23 亿元，同比增长 6.6%。

二、企业技术改造情况

天润工业近年来快速推进生产线智能化升级改造项目，以人工智能、云计算、大数据、工业物联网等新一代信息技术为核心，以智慧研发、柔性生产、个性化定制为抓手，通过 ERP、MES、PLM 软件协同集成，实现生产过程可视化和管理透明化，使智慧制造贯穿于设计、生产、管理、服务等生产制造活动中，有效提升生产效率和产品质量。项目建设主要包括以下三个方面。

一是实现管理系统信息共享，实现全流程智慧管控。天润工业以 MES 管理系统为核心，以 EDI 模式交互客户，将各个子系统数据无缝集成、信息统一共享，实现智能计划排产，智能生产过程协同，智能设备互联互通，智能生产资源管理，智能质量过程管控。

二是实施产品与检验数字化管理，推动产品全生命周期监测。天润工业通过任务动态驱动，建立以 BOM 为主线的产品数据管理，实现新产品开发过程管理和产品数据管理的矩阵式结合的产品研发管理。同时，通过采用 MOM 系统数理统计方法，设定质量控制点，通过对整道工序检验数据进行统计分析，实现工序质量智能控制。

三是搭建智能化仓储管理系统，提升仓库管理精细度。 天润工业实施 WMS 系统，利用条码、RFID 等技术，通过 RF⇆WMS⇆ERP 之间的数据交互，加强对仓库的科学管理和有效监控，实现仓储物流管理的数字化，有效提高库容可利用率、仓库作业准确率，提升仓库管理精细度以及库存准确度。

三、取得的成效

天润工业针对关键工序对合并上下料节拍进行优化提升，有效提高生产率达 33.43%；通过配置非接触式检测设备及 MES 系统对质量进行实时监控，使不良品率由 6000PPM 下降至 1000PPM，不良品率降低 83%。智能化升级改造后，公司生产线平均加工能耗降低 36.68%，单条生产线配置减少 17 人，运营成本降低 62.96%。

广西柯瑞金斯加速推进智能化数字化改造

广西柯瑞机械设备有限公司

一、企业基本情况

广西柯瑞机械设备有限公司（简称柯瑞金斯）是一家集科技创新、自主研发、智能化生产于一体的现代化工程机械设备制造高技术企业，是"2022年广西智能工厂示范企业""2022年自治区'专精特新'中小企业第一批入库培育企业"。公司主营履带移动颚式破碎站、履带移动反击式破碎站、履带移动圆锥式破碎站、履带移动筛分站等大/中/小型智能化的移动破碎、筛分设备及林业砍伐设备。产品已覆盖国内29个省、自治区、直辖市，在国内细分市场占有率达70%。

柯瑞金斯通过投入制造装备智能化、产品模拟仿真设计化、生产管理信息化、质量管理系统化等，实现工艺、制造、管理、物流等各个环节的智能化生产，用数据流、信息流指导生产、控制成本、改进管理，使设备生产效率得到大幅度的提升，相比2019年，2020年设备生产效率提高了269%。

二、企业技术改造情况

为满足市场变化的需求，柯瑞金斯采用升级改造技术、装备、软件和系统等手段，打通企业生产经营全部流程，实现从产品设计到销售，从设备控制到企业资源管理所有环节的信息快速交换、传递、存储、处理和无缝智能化集成，为企业实现快速响应、降本增效、提升竞争力提供有力支撑。具体措施主要包括以下两个方面。

一是引进先进的制造设备。设备是生产的第一要素，为打造更先进的智能化工厂，公司先后引进多功能抛丸油漆线、在线编程激光切割机、自动焊接机器人等先进智能化设备，提高生产效率。其中，抛丸油漆线采用悬挂线配备 PLC 控制自动和手动双模式，通过调节链条运行速度、抛射速度、抛丸量和电机功率等参数，使抛丸器达到其最优性能，实现了工程机械设备外观喷油的智能化生产。在线编程激光切割机通过先进的 CypNest/CypCut 编程软件离机编程，在线传输到设备，操作者可一键完成上下料及板材切割的全过程，同时，机器采用离机编程排版，通过合理的生产安排，充分利用激光切割机的最大产能，提高生产效率，板材原材料的利用率也从 75%增至 81%以上。焊接机器人采用三维模拟和现场示教编程相结合的编程模式，通过激光寻位进行校正纠偏，实现编程后自动焊接，同时通过群控设备、焊机全控系统，适时收集焊接参数、焊机开工率、焊接设备故障率等，在线监控焊接质量、焊接产出以及设备预警等，有效提高生产效率，大幅降低人工作业强度。

二是开发多种管理系统。 利用现有的编程技术，二次开发集成 PDM 系统与金蝶 K3 系统软件，将产品设计、工艺设计、生产 ERP、财务成本分析管理、生产管理模块信息集成，形成设计、工艺、制造无缝对接，用数据流、信息流指导生产、控制成本、提升效率。开发设备在线监控管理系统，基于云端管理的完整解决方案，通过在移动破碎筛分站等产品设备出厂前安装 GPS 定位模块和数据收集模块，将产品设备的质量信息通过采集网关送入云平台，可通过 Web 与 App 访问，远程监控、随时随地实时了解各监控设备运行状况，并在 GIS 地图上显示产品设备客户厂家或产品设备具体使用位置，对产品设备运行状况实现实时在线监测、预警，对产量、油耗、工作压力、转子速度等设备信息进行实时监控，按日、周、月、季、年进行统计分析，为产品设备使用的节能、提产、维护保养方面提供数据依据。

三、取得的成效

先进智能化生产设备的投入使用，使公司产品的产量显著提升，同比人员降幅达 20.3%，劳动生产率提高 9.21%。通过 PDM 与 K3 系统集成开发，ERP 和生产管理模块的导入，形成设计、工艺、制造的无缝连接，相比 2019 年，2020 年产品生产效率提高了 269%；生产成本方面，通过对 2019—2021 年柯瑞金斯同类型产品生产成本对比分析，2021年产品设备单台生产成本与2020年相比下降最高达到35.65%，最低15.6%，生产成本降低幅度大于10%。在线监控管理系统的应用，实现了产品投放市场后的质量控制与追溯、智能物流追溯，为投放市场的产品质量提供云端管理的完整解决方案，保证产品设备用户的权益，为公司逐步打造"柯瑞机械"移动破碎筛分设备产品的全球品牌战略，提供有效的产品信息化管理系统。

宁波拓普促进产品高端化提升

宁波拓普集团股份有限公司

一、企业基本情况

宁波拓普集团股份有限公司主要产品分为汽车 NVH 减震系统、内外饰系统、轻量化车身、智能座舱部件、热管理系统、底盘系统、空气弹簧、智能驾驶系统八大业务板块。拓普集团的同步研发及系统集成能力符合世界知名整车制造商全球采购的技术指标，具有较强的国际竞争力。公司建有国家企业技术中心、国家博士后工作站、浙江省企业研究院、浙江省企业技术中心，研发中心下设的"产品测试中心"已通过中国合格评定国家认可委员会审核，符合 ISO/IEC 17025 实验室检测能力标准，成为"国家级测试中心"。

二、企业技术改造情况

一是实施产业链关键环节强链补链延链。包括开展新能源汽车前后桥总成技改项目、汽车轻量化底盘系统生产线技改项目。新能源汽车前后桥总成技改项目产品应用铝合金替代了铸铁材料，实现了更好的轻量化效果，打破了外资垄断局面，销量维持高速增长态势，有望继续打开全球配套市场。

二是推进关键核心技术或进口替代产业化。包括开展汽车轻量化底盘部件技改项目、汽车轻量化转向系统技改项目、年产 10 万套汽车轻量化底盘系统生产线技改项目、汽车底盘减震系统技改项目。其中汽车轻量化底盘部件技改项目，对铝合金底盘的锻造工艺进行了攻关，保证在底盘铝合金材料的控制上，将粗晶环控制在 1mm 以内，达到国际先进水平（国内一般控制在 3mm 以内），实现进口替代，填补国内技术空白。

三是开展产业协同创新产业化升级。开展新能源汽车底盘关键零部件技改项目，实现新能源汽车底盘关键零部件热管理系统总成产业协同创新产业化，从产品结构设计、金属材料研究、高端模具设计及工艺、关键结构件设计、生产加工工艺等环节协同开发，探索实践新能源汽车底盘系统产业链新模式。同步实行数字化改造，以 DPM 的理念，在开发阶段即应用虚拟化仿真技术搭建模拟平台。

四是建设智能制造数字化车间。项目核心数控设备结合 PLM、SAP、EMS、APS 排程软件、安灯系统、调度集成系统、追溯系统等软件，打造设计数字化、产品数字化、装备数字化、制造过程数字化、管理数字化的车间。

三、取得的成效

通过技改项目建设，公司以数控设备为基础，形成以 PLM 为主线、MES 为核心、ERP 为支撑的三大软件系统，建立以机联网为主的现场控制系统，实现公司生产线的全面迭代，完成公司底盘系统全系列产品现代化、智能化、数字化车间的建设。公司逐步达到设计数字化、产品数字化、装备数字化、制造过程数字化和管理数字化的目标。

吉林一汽技术改造驱动产业升级

中国第一汽车集团有限公司

一、企业基本情况

中国第一汽车集团有限公司（简称一汽集团）是国有特大型汽车企业集团。前身为第一汽车制造厂，是我国第一个五年计划时期建设的156个重点项目之一，毛泽东同志亲笔题写厂名。一汽集团经过六十多年的发展，建立了东北、华北、华东、华南、西南等五大生产基地，构建了全球化研发布局，累计产销汽车超过5000万辆，销量规模位列中国汽车行业第一阵营。截至2021年底，一汽集团资产总额6021亿元，连续13年在国资委央企经营业绩考核中获得A级，2021年位居《财富》世界500强第66位。

二、企业技术改造情况

围绕"六个回归"战略，一汽集团实施了排产、产能、配套、创新等四个方面的一系列重大技术改造项目，布局了红旗EHS9、EQM5等一批全新车型，提升了56万辆整车产能，对发动机、变速箱、底盘等一系列关键环节实施了技术升级改造，建设了一汽大众新技术开发中心等一批创新载体，有力地推进企业实现高质量发展。具体措施主要包括以下两个方面。

一是实施一批工艺升级技改项目。2020年以来，一汽集团通过实施一批工艺升级技改项目，全面提升基础工艺水平。实施了一汽红旗冲压车间升级、蔚山工厂装备能力提升、红旗HE焊装车间升级、白车身分总成焊接柔性线（岛）体技术改造、红旗H平台改造、红旗车型装备能力提升、涂装一车间水性漆系统改造、长春二厂涂装技术改造、长春二厂涂装车间黑顶线、一汽解放卡车厂底盘防腐、红旗工厂新总装扩能项目（H总装车间）等一批冲压、焊接、涂装、总装四大工艺升级项目，持续提升产业链整体水平，夯实汽车产业发展的"地基"。

二是实施一批关键环节技改项目。 围绕发动机、变速箱、底盘、新能源三电系统（电池、电机、电控）等关键环节和关键领域，一汽集团全面加快了技术改造步伐，其中，4GC20TD 横置功率版发动机技术改造项目，将为红旗品牌新车搭载 8AT+2.0T 的动力总成；一汽解放传动事业部集成式重型 AMT 变速箱技术改造项目，推进重型商用车驾驶由"手动"向"自动"变革，生产集成式 AMT 变速箱，产品承载能力更高，动力性更强，噪声更低；CTP 电池技改项目，新增 CTP 电池装配线及改造相关配套设施，达到年产 8 万台 111kWh CTP 电池的生产目标。2020 年以来，一汽集团实施了百余项关键环节技术改造项目，有力提升了本地配套能力和全产业链生产水平。

三、取得的成效

2021 年，一汽集团全年销售整车 350 万辆，总营业收入 7070 亿元，同比增长 1.4%。其中，一汽红旗实现销售新车 30.06 万辆，同比增长 50%，增速位居高端豪华车品牌第一位；一汽—大众 2021 年累计销售新车 185.78 万辆（含奥迪进口车），连续三年夺得国内乘用车企业销量冠军。2021 年，一汽集团加大研发投入达到 214.2 亿元，同比增长 3.9%，占营收比重达 3%；取得关键核心技术突破 63 项，完成专利申请 4757 项。

上海宝钢股份构建智慧制造体系

宝山钢铁股份有限公司

一、企业基本情况

宝山钢铁股份有限公司（简称宝钢股份）是全球领先的现代化钢铁联合企业。2000年2月由上海宝钢集团公司独家创立，2017年2月完成吸收合并武钢股份后，宝钢股份拥有上海宝山、武汉青山、湛江东山、南京梅山等主要制造基地，在全球上市钢铁企业中粗钢产量排名第二、汽车板产量排名第一、取向电工钢产量排名第一，是全球碳钢品种最为齐全的钢铁企业之一。公司自主研发的新一代汽车高强钢、取向电工钢、高等级家电用钢、能源海工用钢、桥梁用钢等高端产品处于国际先进水平。

二、企业技术改造情况

宝钢股份开发了"流程管控+数字智能"双驱动的硅钢智慧决策系统，开创了研发、制造、服务等核心业务数字化融合的智能化决策支持新模式，构建起了"1个决策中枢+N个智慧工厂"的智慧制造体系。具体措施主要包括以下三个方面。

一是构筑云边一体化协同的业务平台，助力硅钢运营水平提升。宝钢股份构筑的云边一体化协同业务平台，将流程管控与数字智能相结合，采用灵活、分散部署的方式高效构建起硅钢边缘节点，以ePlat平台及数据中台为基础，采用大数据分析技术及AI技术，构建硅钢智慧决策系统，解决了现有L1~L5系统架构模式下的数字信息孤岛、业务功能割裂等问题，形成"流程管控+数字智能"双驱动的新型系统架构，云端决策优化指令直达边缘，实现云边决策控制一体的紧密耦合，支持硅钢专业化、平台化运营。

二是运用跨业务边界的智慧决策支持模型，推动业务数字化决策。宝钢股份以硅钢智慧决策系统为平台，采用边缘部署、云端优化的云边协同方式，打通单层级静态模型间的数据通道，实现智能优化和业务修正相结合的工艺参数的最优化推荐，提高控制模型的准确率和稳定性。按照"三跨融合"智慧制造理念，开发了跨业务边界的硅钢全生命周期智慧决策支持技术，实现跨人机界面、跨业务边界的数字化、智能化融合，跨域业务互相渗透、互相关联、互相优化，推动硅钢制造管理转型升级。

三是构建全方位人机交互的极致效率工厂，促进硅钢事业部完成网络型组织变革。在"硅钢智慧大脑"协同下，实现"智慧决策+智能装备"的深度融合和协同运用，使制造全过程生命体征实现数字化感知，形成全方位人机交互与自主协同控制方案。按区域"集中操控+现场维调点"多工位柔性布局，辅以"操检维调复合归一"岗位重构，区域内主作业线100%实现远程集中操控，为硅钢事业部"1个决策中枢+N个智慧工厂"的组织变革创造了条件。

三、取得的成效

宝钢股份通过构建"1个决策中枢+N个智慧工厂"的智慧制造体系，推进网络型组织变革和流程变革，与同规模传统工厂相比，智慧工厂劳动效率提升30%，高端产品生产效率提升8.2%，制造失效发生率下降50%，产品研发周期缩短60%。

黑龙江飞鹤乳业打造智慧供应链新模式

黑龙江飞鹤乳业有限公司

一、企业基本情况

　　黑龙江飞鹤乳业有限公司（简称飞鹤乳业）始建于1962年，是中国最早的奶粉生产企业之一，连续3年入选中国制造业500强、亚洲品牌500强。企业主要生产婴配乳粉、成人粉、儿童液奶和美维仕保健品，拥有以婴幼儿配方奶粉为核心的农牧工一体化全产业链，建设了9个现代化智能化工厂，设计产能26.7万吨，自有牧场9个，种植饲草饲料60万亩。2021年实现营业收入227.76亿元，市场占有率近20%，行业排名第一。

二、企业技术改造情况

　　飞鹤乳业打造基于全生命周期的智慧供应链服务，依托于大数据和人工智能的数据驱动、流程管控透明化、生产运维智能化、全流程数据可视化，实现包含产品研发、计划排产、原料采购等各环节制造业与服务业融合发展的智慧供应链新模式。具体措施主要包括以下三个方面。

　　一是建设三大智能平台，提高产业链上下游智能协同能力。飞鹤乳业建设"ERP业务运营管理""智能制造""数字化、智能化办公"三大平台，实现飞鹤乳业全业务、全流程、全触点的全面数字化，可以完整、准确、及时地采集获取业务运营及管理过程中的数据。同时，通过系统规范业务流程，最大限度地与外部生态伙伴及产业链上下游智能协同，优化供应链、生产和资产绩效。

　　二是推进自主数据能力平台建设，提升客户智慧服务能力。飞鹤乳业与阿里巴巴在数据中台、业务中台建设上展开深入合作，共同推进飞鹤乳业自主数据能力平台建设。通过深入分析大数据，实现了消费者会员一体化全生命周期分析，门店、导购智能分析，智慧供应链产销协同等，全面提升了服务能力，实现了数据驱动运营降本增效。

三是运用智能化解决方案，推动供应链服务转型升级。飞鹤乳业运用高阶智能化算法，提出基于成本最优或者时效最优的仓网布局等方面的智能化解决方案，有效应对仓网布局、销售预测、自动排产及自动补货等长期困扰业务的复杂场景，更好地推动并指导业务开展，降低整体供应链库存，加快库存周转，提升门店奶粉的新鲜度，深化智慧供应链运营。

三、取得的成效

飞鹤乳业智慧供应链服务项目贯穿智慧供应链各个节点，建成后可承接全集团产品仓储业务，推动集团供应链服务转型升级逐步完成，助力工厂库存缩减80%，经销商和云仓级别库存缩减50%以上，实现供应链相关方的"协同运作和共赢"。同时，项目可直接服务全国2000多家线下经销商、11万个零售网点、千万级消费者，达到国际领先水平。

后 记

受工业和信息化部委托,中国国际工程咨询有限公司(简称中咨公司)牵头,联合 11 家国家级行业联合会/协会共同编制了《工业企业技术改造升级投资指南(2023 年版)》(简称《投资指南》)。《投资指南》编制历经一年多时间,修改数十稿,其间,调动中咨公司各专业部门项目经理及专家团队力量,充分发挥国家级行业联合会/协会专家学者的作用。在此,特别感谢为此付出努力的所有同志!

《投资指南》整体结构设计及编制汇总工作由王伟、宋志明、沈浩、张建华、胡玥、高鹏、赵若虚、吴昊、种国双、侯宇、张瀛瀚、赵颖君负责。

《投资指南》电子信息行业、机械行业、汽车行业、船舶行业、民用航空航天行业、钢铁行业、有色金属行业、建材行业、石化与化工行业、医药行业、轻工行业、纺织行业十二个章节的编制,以及解读材料的提供由中咨公司、11 家国家级行业联合会/协会共同负责;解读材料及典型案例汇编由中国电子信息产业发展研究院负责。

参编人员如下。

电子信息行业:侯宇、张瀛瀚、赵颖君、鲍士兼、李杰、尹茗、冯锡平、刘巧英。

机械行业:戴洵、丁瑞锋、崔鑫蕾、赵军平、刘晓红、邹连阳、楚玉峰、张金、赵刚、肖俊华、王淼、沈彬、赵曼琳、韩毅、程红、李维荣、陈栋栋。

汽车行业:汪志鸿、于德营、李宗阳、陈炳全、马天泽、孙源涵、李邵华、尚蛟、李辉、李雅静、张隽祎、李卫立。

船舶行业:陶黎敏、李彦庆、陈文波、张琦、周国胜、郑一铭、马兴磊。

民用航空航天行业:吕琨、李胜博。

钢铁行业:李胜辉、赵宏、李延辉、周光辉、王文博、王滨、李全功、余璐、贾建廷、刘建军、王海风、郭琼、王凤琴、杨梅梅。

有色金属行业：李胜辉、尤振平、黄建明、姜涛、闫树芳、贾明星、张龙、王怀国、赵武壮、邵朱强、杨鹏、李丹、孟杰、阳春华、赵婧琳。

建材行业：李胜辉、张标、郭书军、冯帅、刘杨、秦松、罗宁、刘新琪、张萌、张娅妮、张凯博、王韶辉、王志超。

石化与化工行业：陈梅涛、齐景丽、陈达、申传龙、王凡、刘文胜、孙伟善、戚志强、王孝峰、蔡恩明、杨传玮、王秀江、任旸、卜新平、李宇静、庄相宁。

医药行业：陈梅涛、齐景丽、易静薇、刘新颖、陈达、吴海东、王学恭、张红、迟晓巍。

轻工行业：陈梅涛、胡济美、马磊、廖小红、白天然、于学军、骆媛媛、冯志合、周诚、徐栋、王欣、汪孟晋、朱业耘。

纺织行业：陈梅涛、胡济美、马磊、端小平、华珊、赵明霞、白婧、景慎全、吕佳滨、李昱昊、李雪清、刘添涛。

解读材料及典型案例整理编辑：李杨、樊蒙、李柳颖、李振。

限于能力和时限，书中难免有不足之处，敬请广大读者不吝指正。

2023 年 7 月